어두운 숲길을
단테와 함께 걸었다

어두운 숲길을
단테와 함께 걸었다

나다운 삶을 위한 가장 지적이고 대담한 여정

The Way of
Integrity

마사 벡 지음 · **박여진** 옮김

더퀘스트

내 길에 빛을 밝혀준 가족에게
이 책을 바칩니다.

'왜 어두운 숲길을 혼자 헤매고 있는가?' '너의 길이 바로 저기 있는데, 왜 그 멋진 길을 향해 곧장 떠나지 않는가?' 이런 목소리가 내 안에서 들려올 때가 있었다. 외로움과 슬픔에 빠져 있을 때였다. 이 책은 그러한 목소리가 《신곡》의 단테가 우리에게 던지고자 했던 질문임을, 살면서 한번은 자신의 마음에 물어야 할 질문임을 알게 해준다. 이 책의 저자는 얌전한 모범생으로 사회에 순응하며 달려왔으나, 마음과 현실 사이의 괴리와 이중성을 느끼며 오랫동안 괴로워했다. 그리고 절망과 외로움이 가득한 어두운 과오의 숲에서 더 이상 헤매지 않기 위해 단테를 길잡이 삼아 스스로 인생 역경을 극복했고, 그 이야기를 솔직하게 털어놓는다.

삶이 나락으로 떨어진 것 같은 위기의 순간, 그 순간이 비로소 단테처럼 머나먼 여행을 떠나야 할 순간이다. 모두 잘살고 있는데 나만 그렇지 못한 느낌, 세상 모든 것으로부터 공격받는 느낌, 설명할 수 없는 깊은 외로움과 슬픔이 밀려오는 때, 우리는 이 책을 길잡이 삼아 아름답고 풍요로운 내면의 여행을 떠날 수 있다.

부디 그 여행길 끝에서 눈부신 천국의 삶을 발견하기를, 오직 당신 자신으로 온전한 삶에 다다르기를.

-정여울, 《나를 돌보지 않는 나에게》, 《나의 어린 왕자》 저자

그는 마법사처럼 글을 쓴다. 그의 마술은 사람들이 진정한 자신의 모습으로 살게 바꾸는 것이다.

-줄리아 캐머런 Julia Cameron, 《아티스트 웨이The Artist's way》 저자

나는 이 책을 몇 번이고 다시 읽을 것이다. 이 책의 여정을 따르는 것은 영혼을 치유하는 순례와 같다.

-마이클 커리 Michael Curry, 성공회 주교

진정한 나를 발견하고, 이야기하고, 그 모습으로 살아가는 데 필요한 회복력을 다룬 책. 인생의 본질에 대해, 단테 《신곡》과 매혹적인 과학 지식을 한데 버무려 지적이면서 유머러스하게 전한다.

-**엘리자베스 길버트**Elizabeth Gilbert, 《먹고 기도하고 사랑하라Eat Pray Love》 저자

인생이 어두운 숲처럼 느껴질 때 그리고 그곳에서 벗어나려 할 때, 마사 벡은 내가 세상 그 누구보다 신뢰하는 사람이다.

-**수전 케이시**Susan Casey, 《바다의 목소리Voices in the Ocean》 저자

더 큰 행복, 명확한 삶의 의미와 목적을 원하는 사람을 위한 완벽한 가이드. 언제나처럼 마사 벡의 글은 아름답고 통찰력 있다. 이 책은 당신을 예상치 못한 곳으로 데려갈 수 있 겠지만, 그곳은 확실히 당신의 지금보다 더 나은 곳일 것이다.

-**마시 시모프**Marci Shimoff, 《이유 없이 행복하라Happy for Reason》 저자

위로의 책이자 도전인 책. 인생의 현자인 마사 벡은 우리에게 손을 내밀어 저마다의 집 으로 인도해준다.

-**글레넌 도일**Glennon Doyle, 《언테임드: 나는 길들지 않겠다》 저자이자 투게더 라이징Together Rising 설립자

심오하고, 재미있으며, 너무나 아름답다. 이 책은 삶의 여정을 되돌아보고, 모든 순간 나 를 선택할 수 있는 삶을 향해 기쁜 마음으로 나아가게 해준다.

-**엘리자베스 레서**Elizabeth Lesser, 《브로큰 오픈Broken Open》 저자이자 '오메가 협회Omega Institute' 공동 설립자

세상의 규칙과 규율에 끊임없이 순응해 살다 보면 내면의 나를 잇는 연결 고리를 놓치 곤 한다. 마사 벡은 이 걸작을 통해 진정한 자아를 되찾고 모든 것으로부터 자유로워지 는 삶을 보여준다.

-**섀넌 카이저**Shannon Kaiser, 《자기애 실험 the self love experiment》 저자

비행기를 여러 번 타본 사람이라면 한 번쯤 이런 상황을 겪어봤을 것이다(물론 비행기를 자주 타지 않는 사람이라도 언제든 이와 비슷한 상황을 맞닥뜨릴 수 있다). 비행기 안은 만석이다. 막 이륙하는 중이고 승객 모두가 노트북을 덮고 휴대전화를 끈다. 승무원이 안전벨트, 비상조명, 산소마스크 사용법과 구명조끼가 부풀지 않을 때 대처법 등에 관한 안내 사항을 열심히 전달한다. 그런데 갑자기 모든 것이 멈춘다. 비상문으로 탈출해야 할 것 같다. 잠깐의 정적이 흐르고 곧 기장의 안내 방송이 흘러나온다.

    "승객 여러분, 죄송합니다. 지금 저희 비행기에 약간의 문제가 생겼습니다. 사소한 결함이긴 하지만 기계 장치를 점검해야 합니다. 잠시만 기다려주시면 감사하겠습니다."

여기저기서 탄식이 터져 나온다. 마음이 착잡해진다. 가뜩이나 좌석도 불편하다. 싸구려 향수 냄새가 진동하는 남자와 이제 막 이가 나서 잔뜩 짜증이 난 아기 사이에서 언제까지 기다려야 한단 말인가? 이륙 지연 방송이 나올 때 여기저기서 나오던 탄식은 이내 체념의 한숨으로 바뀐다. 승무원이 설명한 주의 사항도 모두 들었다. 이제 이 육중한 기계가 지구 표면 위 약 8킬로미터로 막 날아오르려던 참이었다. 하지만 기계가 '온전하지' 않은 상태에서 비행을 강행하길 바라는 사람은 아무도 없다.

이 책의 제목[이 책의 원제는 'The way of Integrity(온전함에 이르는 길)'이다—편집자]을 봤다면 알겠지만 앞으로 할 이야기는 바로 이 '온전함Integrity'이다. 그러나 여기서 도덕성을 다루려는 것은 아니다. 온전함 혹은 진실함을 의미하는 단어 'integrity'는 현대 영어에서 다소 딱딱하고 엄격한 판단의 잣대 같은 느낌을 준다. 하지만 이 단어의 어원인 라틴어 'integer'는 '손대지 않은, 완전한'이라는 뜻이다. 즉 온전하다는 말은 분열되지 않고 완전한 상태라는 의미다. 비행기가 온전한 상태라는 말은 수백만 개의 부품들이 원활하게 맞물려 제 역할을 잘 해낸다는 의미다. 온전한 상태에서 벗어나면 작동을 멈추거나 흔들리거나 추락한다. 여기에는 어떤 판단도 없다. 오직 절대적인 물리법칙만 존재한다.

우리의 일상도 이와 비슷하다. 의도와 목적과 능력이 하나가 되어 몰입할 때 우리는 마치 냄새를 맡은 사냥개 블러드하운드처럼 진심으로 푹 빠져 즐겁게 일한다. 컴퓨터 프로그래머든, 정원사든,

건축가든 일에 흠뻑 빠져 업무 시간이 끝나도 계속하고 싶은 지경이 된다. 그리고 이렇게 일을 즐기면 사랑하는 사람과 보내는 시간도 즐겁고 세상 그 무엇보다도 달콤한 단잠을 자게 된다. 매일 아침 펼쳐질 하루가 너무 설레서 침대를 박차고 일어나게 된다!

만일 당신이 내가 코치했던 수많은 이들과 비슷하다면 지금쯤 의혹의 눈초리로 이 글을 읽을 것이다. 이 책의 저자가 세상이 온통 장밋빛으로 보이는 색안경을 쓰고 있다고, 아니면 아늑한 소파 위에 누워 달콤한 젤리를 질겅질겅 씹고 있다고 생각할지도 모른다. 하지만 당신은 내가 지금 말하는 지속적인 삶의 환희를 한 번도 느껴보지 못했을 수도 있다. 그래서 이렇게 충만한 삶이 가능하다는 사실을 믿지 못하는 건지도 모른다. 하지만 누구나 언제라도 그런 삶을 살 수 있다.

안타깝게도 많은 사람이 평생 이 사실을 알지 못한 채, 온전함이 주는 느긋한 즐거움을 한 번도 경험하지 못한 채 살아간다. 어떤 이들은 끝도 없는 실패와 좌절된 꿈에서 벗어나지 못하고 평생 어지러운 삶을 살아가기도 한다. 당신의 주위에도 그런 사람이 있는가? 고등학교 졸업 후 교도소를 들락거리는 친구, 인간 같지 않은 상대와 결혼과 이혼을 반복하는 사촌, 맡은 일마다 모조리 망쳐버리는 직장 동료 등. 이런 사람들은 비행기로 치자면 날개나 엔진 같은 주요 부품이 망가진 사람들이다.

당신의 인생은 축복받은 천국과 지독한 진창의 중간 어딘가에 있을지 모른다. 언젠가는 괜찮아지겠지 하며 별다른 목적의식 없이 살아갈 수도 있다. 지금 하는 일이 완벽하진 않아도 그럭저럭 괜찮다. 인간관계도 대체로 괜찮은 편이다. 그저 가끔 배우자나 자녀, 부모님, 직장 상사를 피해 확 죽은 척하고 카리브해에 있는 케이맨제도의 어느 호텔로 숨어들고 싶기는 하다. 솔직히 말하면, 그래도 괜찮다. 모호한 불안과 불편함, 실망만으로 감정이 나빠지지는 않는다. 계획을 지키지 못한 날들을 후회하고 꿈이 과연 이뤄지긴 할지 막막해하는 건 지극히 정상이다.

이런 고객들을 만날 때마다 나는 삶이 더 나아질 수 있다고 분명히 말하지만 그들은 번번이 지금도 괜찮다고, 나쁘지 않다고 말하곤 한다.

"인생이란 게 원래 거지 같은 거잖아요. 누구나 언젠가는 다 죽고요. 성공보다 실패가 훨씬 더 흔하죠. 안달복달하며 살 순 없어요."

그들은 자신이 쓰라린 진실을 수용하고 있다고 생각한다. 하지만 내게는 볼트와 부품들이 제대로 맞춰지지 않아 삐걱대는 소리로 들린다. 몸과 마음, 정신과 영혼이 완벽하게 자리를 찾은 경험을 한 번도 해본 적 없는 인간들의 소리로 들린다.

거듭 말하지만 이는 도덕적 판단이 아니다. 불편하고 힘들다고 해서 실패했다거나 잘못되었다는 말이 아니다. 아마도 대부분 사람이 더 나은 삶을 위해 열심히 노력하고 있을 것이다. 거기엔 아무 문제가 없다. 인간은 고도로 기능적이고 섬세한 피조물이다. 내면 가장 깊숙한 곳을 들여다보면 무엇이 자신을 행복하게 하는지, 어떻게 해야 최고의 삶을 만들 수 있는지 알 수 있다. 그 지혜는 우리의 본성에 암호화되어 있다.

하지만 우리의 본성은 그 지혜를 떼어놓으려는 힘과 끊임없이 충돌한다. 그 힘이란 바로 '문화'다. 여기서 문화는 오페라나 미술 작품 같은 것이 아니라 인간의 사고와 행동을 형성하는 사회적 기준을 말한다. 연인, 가족, 친구들, 학교, 군대, 심지어 바느질 모임이나 등산 동호회에 이르기까지 모든 인간 집단에는 협동을 전제한 문화적 규범과 기대가 있다.

어떤 규범은 교통법규나 직장의 복장 규정처럼 명시적이다. 또 어떤 규범은 '근사한 식당에서 송로버섯 소스를 넣은 돼지고기 요리를 먹을 때는 접시에 얼굴을 파묻고 게걸스럽게 먹지 않고 은수저와 나이프, 포크로 우아하게 먹어야 한다'처럼 암묵적이다.

인간은 이 문화를 매우 정교한 것으로 만든다. 인간은 태어나는 순간부터 타인의 선의에 의존하며 살아가는 고도로 사회적인 존재이기 때문이다. 또한 인간은 주변 사람들의 행동을 그대로 답습하고 모방하는 능력이 뛰어나다. 어린 시절부터 우리는 남들에게 인정받는 법, 문화의 주된 흐름에 소속되는 법을 자연스럽게 배운다. 가족을 기쁘게 하려고 더러는 수다스럽게, 더러는 조용하게, 더러는 용기 있게 행동한다. 친구가 뭔가를 좋아한다고 말하면 덩달아 좋아하기 시작한다. 학업, 육아, 가족 문제 등 사람들 사이에서 자신의 위치를 확인할 수 있다면 기꺼이 헌신한다.

이렇게 성급하게 문화에 순응하다 보면 종종 자신의 진짜 감정을 간과하거나 무시하게 된다. 설령 간절한 바람이나 분노와 같이 강렬한 감정이 생겨도 소속된 문화의 분위기에 맞추기 위해 자신의 감정은 못 본 척하기도 한다. 온전함 속에 머물지 못하고 이중적으로 살아가는 것이다. 때론 여러 집단의 문화에 따라 다중적인 모습으로도 살아간다. 진정한 자신의 본성을 버리고 집단 문화에 의지를 저당 잡힌 채 사는 것이다.

예의상 웃고, 경청하는 자세로 앉고, 너무나 불편한 옷을 입는다. 군인들이 불평 없이 전장의 포화 속으로 진격하는 것도 이런 이유다. 한때 모든 공동체에서 마녀의 화형을 합당하게 여긴 것도 이런 이유다. 인간은 문화를 따르기 위해 정말 끔찍한 일을 벌여가며 자신의 진짜 본성을 버리기도 한다. 하지만 인간이 집단을 만들고 유지하는 관점에서만 보면 이 모든 일이 별 무리 없이 이뤄지곤 한다.

여기에 한 가지 함정이 있다. 정말로 싸워야 하는 상황에서 본성을 포기하는 것이다. 사랑하는 사람에게 날카로운 말을 쏘아붙이거나, 업무 시간에 셀프 문신 용품을 쇼핑하는 것도 내면이 분열되어 있기 때문일 수 있다. 마음 깊은 곳에서는 옳지 않다고 생각하면서도 기어이 그런 행동을 하는 것이다.

그럴 때마다 우리의 삶은 출구는 좁고 몸통은 비대한 서양 배 같은 모양이 된다. 감정적으로는 짜증 나거나 슬프거나 무감각해진다. 신체적으로는 면역체계와 근육이 약해진다. 더러는 몸이 아프기도 하고, 딱히 아픈 곳은 없는데 기운이 없어 축 처지기도 한다. 정신적으로는 집중력과 명료함이 사라진다. 모두 온전함에서 멀어질 때 생기는 증상이다.

이런 내적 반응은 외적 삶에도 영향을 미친다. 직장에서는 집중이 되지 않으니 일이 고되다. 걸핏하면 화를 내고 우울해하니 동료들 사이에서 평판도 나빠지고 인간관계도 줄어든다. 온전하지 못할 때 우리는 우리를 둘러싼 모든 것에 부정적 영향을 미친다. 그런데 우리의 진정한 본성은 다시 온전한 상태로 회복하려는 성향이 있어서 우리의 관심을 단번에 사로잡을 비장의 수단을 끌어낸다. 바로 고통이다.

개인적으로 나는 고통을 좋아하지 않는다. 고통은 나를 상처 입히기 때문이다. 당신이 고통 속에 있다면 나는 판단의 잣대를 들이밀지 않겠지만 이 말은 꼭 하고 싶다. '고통suffering'은 '아픔pain'과 다르다. 적어도 나는 그렇게 생각한다.

언젠가 병원에서 이런 문구를 본 적이 있다. '아픔은 피할 수 없지만 고통은 선택이다.' 물리적 아픔은 특정 사건에서 비롯되며 심리적 고통은 특정 사건을 대하는 방식에서 비롯된다. 고통은 아픔이 가신 뒤 급격하게 커지기도 한다. 고통은 푹신한 의자에 편안하게 앉아 있어도 '차라리 태어나지 않았더라면' 같은 생각을 하게 만든다. 이해한다. 나 역시 몇 년 동안 고통 속에서 보냈다. 그 고통 때문에 수십 년 동안 행복에 집착하며 헤매고 다녔다.

그렇다고 해서 문화를 파괴하는 독불장군이 되라는 말은 아니다. 오히려 정반대다. 나는 부모 잃은 어린 강아지처럼 사람들의 인정을 갈망하는 성격을 가지고 태어났다. 내 본성과 문화가 일치하지 않을 때마다 난 기꺼이 내 본성을 버렸고 그때마다 힘들었다. 물론 효과는 있었다! 나는 온갖 종류의 인정을 받았다. 하지만 살아 있다는 느낌을 주는 일은 견디기 힘들었다. 지나고 나서 보니 이 부분에 감사한 점도 있다. 덕분에 나는 일찌감치 모든 수단을 동원해 고통과 싸우기 시작했다.

비공식적이었던 탐색은 수년간 공식적인 공부로 이어졌다. 나는 열일곱 살 때부터 스물여덟 살까지 약 10년 동안 하버드 대학교 사회과학 분야에서 세 개의 학위를 받았다. 학교를 졸업한 후에는 잠시 경력 개발과 사회학 같은 주제로 강의를 하기도 했다. 하지만 내 안에 숨은 화두는 어떻게 하면 진정으로 삶을 즐기는 법을 찾을까 하는 것이었다.

직업으로서 학문은 적성에 잘 맞았다. 교수들과의 정치적 관계를 조율하거나 학술지에 글을 기고하는 일과 같이 뇌를 치즈 강판으로 갈아버리는 듯한 몇 가지 일만 제외하면 말이다. 솔직히 말해서 학생들을 가르칠 때보다 그들과 진짜 삶을 이야기할 때가 훨씬 즐거웠다. 나중에는 몇몇 학생이 내게 상담료를 지불하며 상담을 받기 시작했다. 그렇다! 나는 '인생 코치life coach'라는 말조차 몰랐을 때부터 이미 인생 코치가 되어 있었다.

실제로 효과가 있는 인생 설계 전략을 찾겠다는 목표를 세우자 가속도가 붙었다. 계속 책을 읽고 회고록, 자기계발서, 기고 글을 썼다. 그러다 보니《오, 디 오프라 매거진O, The Oprah Magazine》에 매달 글을 싣게 되었다. TV에도 출연해 시청자들에게 더 행복한 삶을 위한 방법을 이야기했다. 내 방식을 시험하기 위해 남아프리카의 시골 마을에 사는 사람들, 엘리트 뉴요커, 마약 중독자들, 억만장자들, 유명 인사들, 심지어 교통관리국에서 만난 낯선 이들까지 다양한 사람들에게 인생 상담을 해주었다. 그러자 개인적으로 만났던 사람들부터 공식적으로 열심히 진행했던 연구에 이르기까지 모든 경험이 합해져 하나의 단순한 진실이 드러났다.

'온전함은 불행의 치유제다.' 이상 끝.

사람들은 마음 깊은 곳의 진실을 어디에 버렸는지 그리고 자신이 어느 방향을 따라갔는지 알았을 때 비로소 불행을 치유하기 시작했다. 온전함에서 벗어난 분열은 대부분 무의식중에 일어난다. 이런 경험을 한 사람들이라고 해서 마음이 악한 게 아니다. 오히려 이들은 대부분 아주 좋은 사람들이었다. 자신이 존중하는 문화에서 배운 대로 살아가고 모든 규범과 원칙을 지키려 애썼다. 하지만 겉보기에 멋있어 보이는 삶을 고통스러운 감정으로 살아가는 것은 끔찍한 삶의 방식이다.

그러나 다른 삶의 방식도 있다. 고통에서 벗어나 가능하리라고 생각조차 못 했던 수준의 기쁨과 목적의식으로 이끌어주는 방식이다. 나는 이를 온전함에 이르는 방식이라고 부른다.

이 책은 당신이 그 길로 가도록 이정표를 세워주고 동반자가 되어주고자 한다. 온전함에 이르는 방식을 따르면 당신이 어디에 있든, 지금 어떤 감정이든 그곳에서 벗어나 의미와 환희, 매혹으로 가득한 곳에 도달할 것이다. 나는 수많은 사람이 이 경험을 하도록 도와주었다. 나 역시 온전히 그런 삶을 살고 있다. 물론 그 과정은 쉽지 않았다. 하지만 끔찍했던 시간을 모두 겪은 후 온전함에 이르는 길은 말도 안 될 정도로 축복받은 삶으로 나를 이끌어주었다. 내가 특별해서가 아니다. 다만 그 길을 알기 때문이다.

'길'은 방식이나 과정을 의미한다. 이 책에서는 두 가지 의미로 모두 사용된다. 무엇을 해야 할지 모르겠다면 온전함에 이르는 길이 요리 레시피처럼 방법을 알려줄 것이다. 어디로 가야 할지 모르겠다면 온전함에 이르는 길이 지도처럼 길을 보여줄 것이다. 이 방식을 따르면 결국에는 행복해질 것이다. 이 길이 고결해서가 아니라 우리가 진실과 조화를 이루도록 해주기 때문이다.

이제 우리의 삶은 한 치의 오차 없이 모든 부품이 완벽히 맞물려 돌아가는 비행기처럼 멋지게 비상할 것이다. 이는 선행에 대한 보답이 아니다. 그저 물리적 법칙일 뿐이다.

고통을 버리고 자신의 진정한 본성을 포용할 준비가 되었다면, 원래 느꼈어야 하는 즐거움을 이제라도 제대로 느낄 준비가 되었다면 지금 당장 길을 나서자. 누군가는 온전함에 이르는 길이 어떤 모습이냐고 묻고 싶을 것이다. 한 가지만 이야기해주자면 그 길은 중세 이탈리아의 판타지 모험 서사와 비슷하다! 나와 함께 가자. 내 손을 잡아라.

이 책에서 나는 1300년대 초 단테 알리기에리Dante Alighieri가 쓴 《신곡》에서 수많은 아이디어를 양해도 구하지 않고 빌려왔다. 물론 내가 단테를 전공한 것은 아니다. 단테 관련 과목은 들어본 적도 없고 이탈리아어도 할 줄 모른다. 중세의 역사에 관해서도 잘 알지 못한다. 젊은 시절《신곡》을 읽은 이유는 오직 하나였다. 더 좋은 감정으로 살아가는 지혜를 찾고 있었기 때문이다. 그리고 정말로 그 지혜를 발견했다.

내가 아는 한 단테의《신곡》은 심리적 상처를 치유하고 온전함을 회복해 더 나은 감정을 느끼는 매우 강력한 지침서다. 한 남자의 신비로운 여정을 담은 이 책은 우리도 발을 한 걸음, 한 걸음 내디뎌 궁극적으로 모든 과정을 다 거치도록 해준다.

단테는 14세기 유럽의 비유와 상징을 사용했지만 여기에 사용된 심리적 은유들은 현대에도 커다란 울림을 주며 우리가 여전히 가야 할 길을 보여준다. 게다가 서사도 무척 재미있다. 단테가 오만하고 권위적이며 지루한 이야기를 하는 사람이라고 생각하지 않길 바란다. 절대로 그렇지 않다. 그 역시 독자의 앞에 선 한 사람의 작가로서 사람들이 비참함에서 벗어나 행복으로 가는 길을 걷길 바랄 뿐이다.

이런 이유로 이 책에서는 단테가《신곡》에서 사용했던 구조를 토대로 온전함에 이르는 길을 보여주려 한다. 이 여정을 천천히 여유 있게 따라와도 좋고 올림픽 육상선수처럼 맹렬하게 달려도 좋다. 각자 자신의 호흡과 속도로 가면 된다. 하지만 여정을 결심한 이상 4단계를 모두 거쳐야 한다. 이 책에서 안내할 여정을 소개하면 대략 다음과 같다.

먼저 온전함을 찾는 여정은 '어두운 과오의 숲'에서 시작된다.

상실감과 고단함, 근심과 불확실성이 자욱한 그곳에서 말이다. 단테가 말한 어두운 과오의 숲은 대부분 사람이 겪는 삶의 부조화를 상징한다. 인생을 살아가면서 우리는 삶의 어떤 부분 혹은 삶 전체가 의도대로 흘러가지 않는다고 느낄 때가 많다. 그리고 잘못 들어선 길을 어떻게 끝내야 하는지, 어떻게 해야 혼돈에서 벗어날 수 있는지 알지 못한다. 하지만 걱정할 필요 없다. 우리는 그 길을 끝내고 거기서 벗어날 것이다.

그다음 단계는 '지옥편Inferno'이다. 여기를 통과하면서 우리는 고통의 원인을 찾을 것이다. 내면의 지옥에 갇힌 자신의 본성을 찾아 자유롭게 놓아줄 것이다. 고통의 사슬을 끊기 위해 사용할 도구는 '진실'이다. 심리적인 고통은 문화적으로 학습된 신념과 가슴 깊은 곳에서 느끼는 진심 사이의 분열에서 온다. 온전함에 이르는 과정은 이런 분열을 치유하는 데 도움을 줄 것이다. 그리고 우리는 이 과정에서 어느 때보다 더욱 온전해짐을 경험할 것이다. 그런 온전함이 찾아오면 즉각적이고도 생생한 안도감을 느끼게 된다.

내면의 삶이 치유되기 시작하면 '연옥편Purgatory'에 들어가게 된다. 'purgatory'는 '정화'를 의미한다(나는 이 온전함의 정화 과정을 좋아한다. 온전함을 없애고 정화한다는 뜻이 아니라 온전함을 제외한 다른 모든 것을 정화한다는 뜻이다). 이 단계에서는 외적 행위와 새로 발견한 내적 진실을 조화시킨다. 이 과정은 계속해서 나아갈수록 더욱 쉬워진다.

마지막으로, 내적인 삶과 외적인 삶이 온전함에 가까워지면 드디어 '천국Paradise'을 발견하게 된다. 여기서는 따로 해야 할 일이 없다. 마음과 일과 삶이 무리 없이 순탄하게 돌아가는 것을 느긋하게 즐기기만 하면 된다. 다만 주의할 점이 있다. 이 단계에서는 기존의 문화 속에선 일어날 수 없었던 아름답고 섬세한 경험을 시작할 수 있다. 지금까지 이토록 경이로운 여정을 조종하는 법은 아무도 가르쳐주지 않았을 것이다. 하지만 걱정하지 않아도 된다. 당신은 빠르게 배울 것이다. 원래 그렇게 태어난 존재이기 때문이다.

이것이 우리가 걸어갈 광대한 여정이다. 나는 이 길을 걸을 당신의 동반자가 되어 단테의 상징과 은유뿐 아니라 심리학, 사회학, 신경학 등 최근 과학에서 얻은 통찰력을 제공해 여정을 효과적이고 수월하게 마치도록 도울 것이다. 내 고객과 친구들의 실제 경험담도 들려줄 텐데, 이 경험들은 여정의 과정을 더욱 생생하고 명료하게 보여줄 것이다. 우리의 내면에서 모든 감정이 어떻게 생성되고 흘러가는지를 보여주기 위해 내가 평생토록 연구한 온전함의 사례들도 보여주고자 한다. 또한 여정을 신속하고 쉽게 통과하도록 몇 가지 훈련 방법도 제안할 것이다.

《신곡》에서 단테는 거대한 구덩이인 지옥에 빠졌다가 다시 연옥의 산을 오른다. 그 과정에서 더욱 강해지고 산 정상에 가까워질수록 점점 몸이 가벼워진다. 그리고 놀랍게도 자신의 몸이 위로 붕 뜨는 것을 느낀다. 날아오르는 것이다. 이는 인간의 삶에서 잘못 배치되고 어긋난 부분들이 제자리를 찾아 온전해질 때 일어나는 현상이다. 단테는 '날아오름'을 아무 제한도 없는, 말 그대로 천국

같은 삶을 상징하는 용어로 사용했다.

나는 비행기를 탈 때마다, 특히 그 거대한 몸체가 창공으로 솟구쳐 안전하고 평온하게 항로에 들어선 순간 말로 형용할 수 없는 경이로움과 벅찬 감정을 느낀다. 마찬가지로 사람들이 자신만의 온전함에 이르러 자기만의 방식으로 비상하고, 목적과 사랑과 성공을 찾아가는 모습을 볼 때도 같은 감정을 느낀다. 그리고 매일 그런 일이 내게도 일어나고 있음을 깨달을 때도 그렇다. 이 모든 것이 도저히 일어날 수 없는 마법을 두 눈으로 목격하는 것처럼 아찔하기 그지없다.

자, 이제 준비되었는가? 그저 약간의 호기심이 생겼다고 해도 좋다. 이제 좌석에 앉아 안전벨트를 단단히 매도록 하자. 마음의 짐은 앞 좌석 아래에 넣어두길 바란다. 온전함으로 가는 길은 이제껏 꿈조차 꿔보지 못했던 행복의 정상으로 우리를 데려갈 것이다. 이제 이륙해도 좋다.

차례

들어가며   08

제1막

어두운 과오의 숲

제1곡 —— 숲에서 길을 잃다   27

제2곡 —— 성공을 향한 필사적 몸부림   50

제3곡 —— 스승 만나기   71

제4곡 —— 유일한 출구   101

제2막

지옥편

제5곡 —— 지옥 속으로   125

제6곡 —— 무지의 과오   150

제7곡 —— 옳음이 틀림이 될 때   176

제8곡 —— 자기 배신의 끝   204

제3막

연옥편

〈제9곡〉—— **정화의 시작** 241

〈제10곡〉—— **후퇴는 없다** 262

〈제11곡〉—— **당신의 시간을 오롯이 당신의 삶으로 채우라** 291

〈제12곡〉—— **에덴으로 돌아가기** 315

제4막

천국편

〈제13곡〉—— **신비로운 여정으로** 345

〈제14곡〉—— **문 앞의 인류애** 369

〈제15곡〉—— **위대한 파괴** 391

감사의 글 415

제1막

어두운 과오의 숲

The Way of Integrity

숲에서 길을 잃다

우리를 사로잡는 수많은 모험 이야기처럼 단테의 《신곡》 역시 인생의 어느 순간, 어떤 길의 한 중간부터 이야기가 시작된다. "삶의 어느 순간에 곧은 길에서 벗어나 문득 정신을 차리고 보니 어두운 숲에서 길을 잃고 헤매고 있었네." 어떻게 그 숲에 가게 되었는지, 곧은 길에서 벗어났을 때 무얼 하고 있었는지, 곧은 길을 벗어나 얼마나 멀리 왔는지는 알 수 없다. 모든 정보는 안개처럼 흐릿하다. 단테가 알 수 있었던 유일한 사실은 자신이 홀로 정처 없이 헤매고 있었다는 점이다.

살다 보면 자신이 잘못된 길로 들어섰다는 느낌, 인생을 망쳤다는 느낌이 돌연 밀려올 때가 있다. 몇 년 동안 지속해온 직장 생활, 인간관계, 현재 자신의 모습 등 모든 것이 불현듯 낯설게 느껴진다. 무엇이 잘못되었는지, 어쩌다 이 지경이 되었는지도 모른 채 모든 것이 안개처럼 흐릿하고 막막하다. 하지만 아이가 자라 집을 떠나 독립하게 되었을 때, 회사 책상에 앉아 있다가 고개를 들어보니 모두 퇴근하고 없다는 사실을 알아차렸을 때, 영원히 사랑할 것 같았던 사람과 죽도록 싸우고 돌아섰을 때 문득 공허한 순간이 찾아온다. 그 텅 빈 순간을 응시하며 우리는 생각한다. '내가 지금 뭘 하는 거지? 여긴 어디지? 어쩌다가 여기까지 왔지? 원래 이러려고 했던 게 아니잖아!'

이는 내게 상담을 받으러 오는 사람들이 자주 하는 말이기도 하다. 나는 뭐라고 설명할지 가늠조차 안 되는 불안과 불만에 휩싸인 고객들과 마주 앉아 그들의 이야기를 듣는다. "저도 제 목적의식이 뭔지 알았으면 좋겠어요." "다들 열정을 따라 살라고 하는데 제 열정이 뭔지 모르겠어요." "열심히 일하고 가족에게 헌신하며 제대로 살고 있다고 생각했는데 갑자기 모든 게 부질없이 느껴져요." 가끔은 만성적인 우울증이나 깊은 마음의 병을 앓는 이들도 있다. 하지만 대부분은 그저 길을 잃은 것뿐이다.

우리의 감정이 이런 식으로 막다른 곳에 치닫는 가장 흔한 이유는 '해야 하는' 일을 하기 때문이다. 우리는 사회와 문화를 통해 좋은 사람이란 어떻게 행동해야 하는지를 학습하고 그대로 행동한다. 그리고 그런 행위가 보상해주는 것들을 기대한다. 행복, 건강, 번영, 진정한 사랑, 견고한 자존감. 하지만 이 등식의 균형은 쉽게 무너진다. 좋은 사람이 되기 위해 해야 할 일을 다 했는데 좋은 감정이 들지 않을 때도 있다. 마음이 복잡해지면서 자신이 최선을 다하지 않은 건 아닌지, 올바른 방식으로 하지 않은 건 아닌지 걱정한다. 하지만 행복으로 가는 길을 찾으려 애쓰면 애쓸수록 행복은 점점 아득하게 느껴진다.

어두운 숲속으로 너무 깊이 들어와 아무것도 기억하지 못하는 이들도 수없이 만났다. 그들은 삶의 방향을 완전히 잃은 느낌이라고 말했다. 내과 의사인 짐(편의상 그 고객의 이름을 짐이라고 부르겠다. 마찬가지로 이후 언급되는 사례 주인공들의 이름은 모두 가명임을 밝혀둔다)은 환자들을 진료해야 한다는 압박감에 지친 나머지 병원문을 닫기에 이르렀다. 잡지사 기자인 에블린은 집에서는 엄청난 독서광이었지만 직장에서는 점점 무기력해졌다. 나중에는 단순한 문장으로 된 글 한 문단조차 정리하기 힘들었다.

네 자녀의 헌신적인 어머니였던 프랜은 부모들과 약속해 아이들끼리 놀게 하는 날이나 학교 행사 등을 자꾸 잊어버리기 시작했다. 그리고 그런 일이 잦아지면서 점점 예민하고 신경질적인 사람이 되었다. 결국 온 가족이 겁먹은 말들처럼 그녀의 눈치만 보며 살게 되었다. 이들 중 정신적으로 문제가 있는 사람은 아무도 없었다. 다만 안개 자욱한 불모지로 너무 멀리 나왔을 뿐이다.

나는 이 모호하고 흐릿한 영토를 잘 안다. 나도 그 어두운 과오의 숲에 수없이 갔다. 하도 많이 가서 거기에 핫도그 가게를 차려도 될 정도다. 어릴 적 내 삶의 가장 중요한 지침은 '인정받기 위해서라면 무엇이든 하자'였다. 독실한 모르몬교 집안에서 자란 나는 종교의 모든 규율에 엄격하게 복종했고 학교에서도 열심히 공부했다. 그리고 하버드 대학교에 입학했다. 하버드는 내 삶이 허락한 범위 안에서 가장 멀리 떠날 수 있는 곳이었다. 당시 나는 모든 사람에게 내가 그들에게 동의한다는 믿음을 주었다. 즉 집에서는 독실한 모르몬교인 척했고 학교에서는 이성적인 무신론자인 척했다.

이 완벽한 전략은 어디서나 통했다. 내가 꼼짝할 수 없게 되기 전까지는 말이다. 어느 날 나는 말 그대로 온몸을 꼼짝하지 못했다. 한창 성숙한 나이인 열여덟에 원인을 알 수 없는 극심한 연부 조직 통증이 온몸을 덮쳤다. 아무것에도 집중할 수 없었다. 그리고 미친 듯이 먹어대기 시작했다. 자제력을 잃고 걷잡을 수 없이 무너지는 기분이 들었고 자살 직전까지 가기도 했다. 결국 학교는 1년 휴학해야 했다. 신체적으로, 정신적으로 철저히 무너지고 있었던 나 자신에게 집중하는 것이 급선무였기 때문이다. 돌이켜보면 그때 나는 약하디약한 한 줄기 햇빛이었다.

내 삶을 돌아볼 때마다, 수많은 고객의 이야기를 들을 때마다 우리가 느끼는 혼란과 절망에 형언할 수 없이 감사한 마음이 든다. 그 혼란과 절망감은 우리의 내적 체계가 완벽하게 작동하고 있다는 걸 의미하기 때문이다. 이런 감정은 '경로 이탈!'을 강력하고 분명하게 알리는 신호다. 우리 삶이 길을 잃었음을 알려주려는 최선의 의사 표현이다. 우리 몸과 마음에서 생겨난 고통이 문제를 바로잡아 달라며 관심을 끄는 것이다.

어두운 과오의 숲 증후군

○

어쩌면 당신도 진실의 길에서 아주 멀리 떨어진 곳에 접어든 경험이 있을 것이다. 처음에는 그 결과로 생겨난 고통이 너무 미미해서 잘 알아차리지 못하기도 한다. 하지만 무한정 경로를 이탈할 순없다. 잘못 들어선 길로 계속 갈수록 고통은 점점 더 극심해지기 때문이다. 빨리 경로를 바로잡지 않으면 여러 가지 증상들이 나타나기 시작한다. 과거에 그런 증상을 경험해보거나 어쩌면 지금 그 증상을 앓고 있는 사람도 있을 것이다.

나는 이런 증상들을 '어두운 과오의 숲 증후군'이라고 부른다. 거듭 말하지만 결코 나쁜 게 아니다. 우리 삶이 길을 잃었음을, 제 방향을 찾아야 함을 알리는 방식인 것이다. 우리를 자유롭게 해주려고 찾아온 진실이다. 그렇다고 해서 그 과정이 재밌다는 말은 아니다. 이 장에서는 과오의 숲 증후군이 보이는 증상들에 관해 이야기할 것이다. 읽으면서 자신은 어떤 증상을 경험했는지 떠올려보자.

어두운 과오의 숲 증후군 1: 삶의 목적 상실 ────────────

사람들이 내게 상담을 요청하는 가장 큰 이유는 삶의 목적과 의미를 갖고 싶기 때문이다. 세상에 실제로 죽고 싶어 하는 사람은 거의 없다. 그러나 대다수가 사는 게 의미 없다고 말한다. 이들은 성경의 전도서Ecclesiastes 한 구절을 한탄 섞인 목소리로 읊곤 한다. "나는 태양 아래에서 이루어지는 모든 일을 살펴보았는데 보라, 이 모든 것이 허무요, 바람을 잡는 일이다."(전도서 1:14) 요약하면 '인생은 고통이다. 결국 모두 죽는다. 이 무슨 거지 같은 삶인가?'이다. 목적의식 없이는 우리가 살면서 겪는 고단함에 가치를 부여하기 어렵다.

현대의 서구 문화권 사람들은 무언가를 성취함으로써 삶의 목적을 발견할 수 있다고 믿는다. 그렇다면 그 무언가는 정확히 무엇일까? 이는 '가치'를 어떻게 규정하느냐에 따라 다르다.

언젠가 상담했던 한 여성은 수많은 사람을 고소하고, 모든 것을 다이아몬드로 치장하고, 하다못해 쓰레기통까지 보석으로 장식하는 것이 의미 있는 삶이라고 믿었다. 또 어떤 고객은 의미 있는 삶이란 전기도 들어오지 않는 외딴 오두막에서 나뭇잎을 휴지 삼아 사용하며 사는 것이라고 확신했다. 근사한 자기 사무실을 갖는 것이 의미 있는 삶이라 여기는 이들이 있는가 하면, 유명한 영화배우가 되거나 열대우림을 보호하고 지키는 일 혹은 반려동물인 햄스터의 동영상을 촬영하는 것을 삶의 의미와 목적으로 생각하는 이들도 있었다.

이 중 어떤 포부는 진정한 삶의 의미, 목적과 실제로 일치하기도 한다. 만약 그렇다면 그 특별한 길을 가고 싶은 내적 충동을 강하게 느낄 것이다. 길을 가는 내내 충만하고 기쁠 것이며 결국 그 일을 아주 잘하게 될 것이다. 하지만 이런 행위들이 단지 다른 사람이 정의한 목적의식을 맹목적으로 추종하는 것이라면 짙은 안개 속으로 들어갈 준비를 단단히 해야 한다. 당황스러운 실패를 맞닥뜨릴 것이다. 엉뚱한 이들과 어울리고, 성공의 사다리를 오르기는 커녕 나중에 머리 감을 힘조차 없어질 것이다.

어쩌면 이렇게 생각하는 사람도 있을지 모른다. '삶이란 당연히 끔찍한 거 아냐? 지금까지 한 번도 원하는 걸 얻은 적이 없으니까!' 만일 당신이 그렇다면 내 주변에 사회적으로 이상적인 목표를 달성하고 최고의 자리에 올라 이렇게 말하는 이들을 만나게 해주고 싶다. "그곳은 거기에 없었어요. 세상이 우러러보는 자리가 있는 그곳에 가면 기분이 나아질 줄 알았죠. 하지만 막상 그 자리에 올라도 저를 행복하게 해주는 건 없더군요. 모든 것이 무의미하게 보였어요."

한 고객은 이런 말도 했다. "그래서 올림픽 금메달도 땄어요. 단상에 올라 메달을 받는데 이런 생각만 들더군요. '나 지금 뭐 하고 있는 거지?' 끔찍하고 공포스러웠어요. 마치 죽음처럼요. 이전에는 한 번도 느껴보지 못했던 최악의 감정이었어요." 평생 열심히 책을 쓴 한 작가는 이렇게 말했다. "일생을 바쳐 글을 썼고 마침내 제 글이 〈뉴욕 타임스〉가 선정한 베스트셀러 목록에 올랐어요. 정말 행복했죠. 딱 10분 동안만요."

삶의 의미와 목적을 상실한 것 같은 기분은 사회가 규정한 목표를 성취했다고 해서 사라지지 않는다. 그 감정은 진정으로 충만함을 느끼는 목표를 추구하기 전까지, 다시 말해 온전함에 이르는 길로 들어서기 전까지 성가신 파리처럼 머릿속에서 끝없이 윙윙대며 끈덕지게 남아 우릴 못살게 군다. 설령 목적의식을 상실한 감정이

징징대며 우릴 괴롭히지 않는다고 해도, 우리의 무의식이 슬그머니 판돈을 올린다. 그리고 이 무의식은 마음속 거대한 야수를 일깨워 감정을 흔들고야 만다.

어두운 과오의 숲 증후군 2: 정신적 고통 _____

《신곡》에서는 컴컴한 과오의 숲에서 길을 잃은 것만으로는 충분하지 않다는 듯 사나운 육식 동물이 단테를 공격한다. 처음에는 날렵한 표범이 나타나고 다음에는 굶주린 사자가 나타난다. 공포에 질린 단테는 이렇게 말한다. "공기마저 부르르 떠는 듯 보이는구나." 그다음에 가세한 늑대를 본 단테는 비통한 절망감에 빠져 "모든 희망을 잃고 주저앉고 만다." 곤궁함, 공포, 좌절이 밀려든다. 어두운 과오의 숲을 정처 없이 헤맬 때 당신에게 달려들지 모르는 감정의 상태도 이럴 수 있다.

나도 온전함에서 엇나간 길을 헤맬 때면 감정의 괴물이 곧장 덤벼들곤 한다. 진실에서 한 걸음 멀어질수록 탐욕과 불안, 초조함이 찾아온다. 경로를 바로잡지 않으면 이 감정들은 걷잡을 수 없이 커져 집착과 공포, 절망이 된다. 정말 감사한 일이다! 이렇게 사나운 공격이 없었다면 열여덟 살 때 나를 그토록 엉망진창으로 만들었던 자기 모순적 이상향을 지금까지도 추구하고 있었을지 모른다.

온전함에서 벗어날 때마다 사람들은 나쁜 감정을 느끼며 이때 느끼는 감정은 사람마다 다르다. 당신도, 나도 불안과 우울을 향해 나아간다. 어떨 때는 걷잡을 수 없는 적개심이 직장 동료나 가족,

심지어 연락처 명단에 있는 모든 사람에게 마구잡이로 뻗치기도 한다. 소개팅 자리나 가석방 청문회 등 가장 자신감 있고 잘 보이고 싶은 특별한 순간에 공황 발작이 찾아오기도 한다.

부정적 감정이 반복적이고 집요하게 찾아올 때면 단테가 숲에서 만난 야수들을 떠올리며 감사하도록 노력해보자. 그 야수들은 진실함으로 가는 길에서 멀어질 때마다 나타나 우리를 못살게 구는 존재들이기 때문이다. 명상을 하고 주기적으로 상담사에게 상담을 받아도 부정적 감정들이 떨쳐지지 않는다면 온전함에서 멀어진 것이 분명하다. 이 사실을 더 빨리 알아챌수록 더 잘 회복할 수 있다. 컴컴한 과오의 숲에 오래 머물다 보면 실제로 몸까지 아파질 수 있기 때문이다.

어두운 과오의 숲 증후군 3: 신체적 아픔

내가 18세부터 30대까지 쭉 병으로 몸을 제대로 가누지 못했던 건 어두운 과오의 숲에서 벗어나는 길을 찾기 위해 내 몸이 애썼기 때문이라고 믿는다. 마침내 그 숲을 벗어났을 때 몸의 증상들이 사라지기 시작했다. 이 방법 외에 다른 그 무엇도 소용없었다.

물론 완벽하게 온전함 속에 사는 사람도 건강이 나빠질 수 있다. 몸이 망가지는 데는 여러 가지 이유가 있다. 하지만 이제까지 내가 본 바에 따르면 내적으로 분열된 사람치고 건강 문제가 없는 경우는 드물다. 내게 상담받으러 오는 사람들은 두통부터 불치병에 이르기까지 온갖 신체적 질병으로 고통받고 있다고 호소하곤 한다.

그들은 신체적 건강과 온전함의 결여 사이의 상관관계에 대해서는 거의 알지 못한다. 물론 과학적 관점에서 본다면 이런 이야기가 헛소리처럼 들릴 수도 있을 것이다.

그러나 한 과학 연구에 따르면 진실과 조화를 이루는 삶과 건강 사이에는 상당한 상관관계가 있다. 의학 분야 중 심리신경면역학 psychoneuroimmunology이라는 분야가 있다. 거짓말을 하거나 비밀을 품고 있을 때 생기는 스트레스 등 심리적 스트레스가 신체적 질병에 미치는 영향을 연구하는 학문이다. 이 분야의 여러 연구에 따르면 거짓말이나 비밀 유지 등이 심박수와 혈압을 올리고 스트레스 호르몬을 증가시키며, 나쁜 콜레스테롤과 당 수치를 높이고 면역 반응을 둔화시킨다.

가령 인체면역결핍바이러스HIV에 걸린 동성애 남성들을 대상으로 한 연구에 따르면 자신의 성 정체성을 더 많이 감추는 사람일수록 병이 더 빠르게 진행되었다. 은폐의 정도와 면역 상태의 용량 반응 관계Dose-Response Relationship(특정 화학 물질에 대해 생물체가 보이는 반응 내지는 효과 간의 관계로 약물의 독성이나 부작용 간의 관계 등을 살필 때 사용된다.—옮긴이)를 살펴보면 은폐율이 높을수록 질병 및 사망률이 증가한다. '묻지도 말하지도 말라'(1993~2011년까지 시행된 미국 성소수자 군 복무와 관련된 제도로, 성소수자의 군 복무를 허용하려는 취지에서 도입되었으나 역으로 이들을 강제 전역시키는 데도 쓰였다.—옮긴이)라는 말은 언뜻 호의적으로 들리지만 자신의 진짜 정체성과 떨어져 산다면 말 그대로 죽음을 재촉할 수 있다.

그러나 거듭 말하지만 온전함 속에 사는 사람들도 온갖 신체적 질병에 걸릴 수 있다. 우리는 모두 언젠가는 죽는다. 비밀이나 거짓말, 진실과 동떨어진 삶과 상관없이 육체적으로 고통받는 사람들은 무수히 많다. 하지만 진실에서 동떨어진 전제 아래 살거나 거짓을 선택할 때 발작에서부터 폐렴에 이르기까지 온갖 신체적 고통을 겪는 경우가 많다. 딱 집어서 말할 수는 없지만 몸이 아프거나 약하거나 사고를 자주 당한다면 몸이 말해주고 있는 건지도 모른다. 지금 당신은 어두운 숲에서 길을 잃었노라고.

내 병은 모든 의학적 방법이 통하지 않았다. 하지만 진실을 추구하고 온전함을 회복하기 시작하자 모든 불치 증상들이 사라지기 시작했다. 나 말고도 내가 상담한 많은 고객이 이와 비슷한 경험을 했다.

어두운 과오의 숲 증후군 4: 관계에서의 실패 ———————

이 경우는 아주 단순하다. 진실한 길을 가지 않으면 진실한 사람들을 못 만난다. 종종 우리는 좋아하지 않는 공간에 가고, 충만함을 주지 않는 기술을 배우고, 잘못된 듯 보이는 가치관과 관습을 수용한다. 이런 길에서 만나는 사람들은 진정으로 그 일을 좋아하거나 (우리 자신처럼) 힘들지만 그렇지 않은 척하는 것이다. 어느 쪽이든 그런 사람들과의 인간관계는 가식적이다. 꾸며낸 성격으로 거짓된 관계만 만들 뿐이다.

부유하고 아름다운 유명 인사였던 한 고객은 화려한 파티에 참석한 뒤 내게 이렇게 털어놓았다.

"내 위선에 정말 지쳤어요."

늘 단절감과 외로움을 느낀다면 자신도 모르게 온전함에서 벗어났을 가능성이 매우 크다. 견디기 힘든 사람들과 있다 보면 뭔가 덫에 걸린 듯한 감정은 배가된다. 어두운 과오의 숲에서 사람들을 만나고 그들도 잘못 들어선 길에서 헤매는 중이라면 그 인간관계는 얕거나 해롭거나 둘 다일 수 있다. 이런 식으로 맺어진 우정, 사랑, 가족관계는 오해와 감정의 상처, 상호 착취가 무성하다. 이런 관계를 오래 끌면 결국 균열이 오고 무너지는 때가 온다. 그리고 무너진 자리에는 감정의 상처만 남는다.

가족이나 친구 관계 혹은 연인 관계에서 늘 기운이 빠진다거나 뭔가 이용당한다는 기분이 든다면 그 관계는 어두운 과오의 숲에서 형성되었을 가능성이 크다. 길을 잃은 사람끼리 좋은 인간관계를 맺고 행복으로 가는 길을 갈 순 없다.

어두운 과오의 숲 5: 직업에서의 실패 ─────────────

진정한 자아는 진정한 삶의 방식에만 지대한 관심을 쏟고 다른 일에는 눈곱만큼도 관심을 두지 않는다. 따라서 진정한 자신의 모습과 동떨어진 일을 할 때 재능과 열정은 피곤에 찌든 인턴처럼 멈추고 만다. 그러면 모든 일이 마치 독이 든 음식처럼 불쾌하게 느껴지고 결국엔 몸도 약해진다. 일하면서 실수를 연발하고 심지어 휴직할 수도 있다.

내게 상담을 청한 이들 중에는 무언가 만드는 걸 좋아해서 엔지니어가 된 사람, 배움을 좋아해서 학문의 길로 들어선 사람, 글쓰기를 좋아해서 기자가 된 사람들이 있었다. 그런데 이렇게 일하다 시간이 흘러 관리직이나 경영직으로 승진한 후부터는 원치 않는 일을 하게 되었다고 했다. 그러면서 몸과 마음이 장렬하게 소진되었다고 했다.

재능 많은 작가인 에드거의 사례를 살펴보자. 에드거는 출판업계에서 승승장구하다 한 유명한 잡지사의 편집장 자리에까지 올랐다. 그런데 편집장이 된 후부터 그는 술을 마시기 시작했고 한번 마셨다 하면 폭음으로 이어지곤 했다. 어느 날 아침 상담차 에드거의 사무실로 찾아간 나는 깜짝 놀랐다. 그가 책상 옆에 버젓이 세워둔 와인 셀러로 가더니 와인을 꺼내 벌컥벌컥 마시는 게 아닌가! 그는 1년도 안 되어 직장을 그만두었다.

숲 관리인인 클로에도 마찬가지였다. 자기 일을 무척 사랑했던 클로에는 환경보호에 도움이 되리라는 생각에 정치에 뛰어들었다. 지역 시의원으로 당선된 그녀는 기이하게도 위원 회의가 있을 때마다 졸았다. 위원 회의뿐 아니라 모든 회의에서 졸았다. 휴식 시간도 충분했지만 새로운 직업은 점점 수치와 부끄러움의 무덤이 되어갔다. 사람들은 클로에를 두고 수군거렸고 그녀는 재선되지 못했다.

흔히 우리는 성공이란 사회적으로 신분이 상승하는 것이라고 여긴다. 그래서 에드거나 클로에 같은 이들이 승승장구하다가 왜 갑자기 추락하고 자멸하는지 이해하지 못한다. 하지만 나는 이 설명할 수 없는 실패가 완벽하게 이해된다. 에드거가 사랑했던 건 문학이지 잡지사 경영이 아니었다. 클로에가 좋아한 것은 숲에 홀로 있는 시간이지 사무실에서 사람들과 앉아 있는 시간이 아니었다. 두 사람 모두 자신이 열망하는 일과는 동떨어진 곳에서 전혀 다른 일을 하고 있었으며 자신이 그 일을 싫어한다는 사실을 잘 알고 있었다.

생계를 유지하는 방법은 무수히 많다. 진정한 나, 그런 나로 온전히 행복한 삶을 추구하는 여정 중에 자신의 본성을 깊이 들여다볼 수 있게 되면 어떤 일이 자신과 잘 맞는지 알 수 있다. 그리고 어떤 요인들 때문에 진심으로 원하는 일들을 밀어내게 되는지 알아챌 수 있다. 하지만 진짜 자신에게 맞는 일을 알아차리는 감각은 사회적 고정관념이 만들어낸 거짓 믿음 아래 깊이 묻혀 있기 때문에 그 수준에 이르기까지는 쉽지 않다. 그러나 진흙 구덩이에서도 꽃이 피어나듯, 진정한 열망은 늘 그 자리에 있다. 이 진짜 열망을 계속 억누르다 보면 생계를 위해 꾸역꾸역 일하는 자신이 서서히 좀비처럼 느껴지는 때가 온다. 우리는 그때의 감각을 지나치지 않으면 된다.

어두운 과오의 숲 증후군 6: 나쁜 습관과 중독 _____

다들 공감하겠지만 어두운 과오의 숲은 정말 끔찍하다. 그 숲에 있다 보면 당연히 고통을 덜어줄 무언가를 찾게 된다. 누군가는 화학요법을 통해 더 나은 삶으로 나아가려 할 수 있다. 박수를 보낸다. 의사의 처방을 받아 유용한 약의 도움을 받기로 한 결정을 환영한다.

하지만 어두운 과오의 숲에 있는 사람들 대부분은 그렇지 않다. 많은 사람이 '쾌락'과 '중독'의 길로 들어서게 된다. 이들은 아주 조금이라도 즉각 기분을 바꿔주는 무언가를 끊임없이 갈망한다. 약간의 맥주든, 약간의 니코틴이든, 약간의 코카인이든, 아니면 그 모든 것이든 말이다.

결과적으로 화학 물질은 우리를 진실의 길에서 아주 멀리, 정말 멀리 벗어나게 한다. 나는 상담하면서 어두운 과오의 숲을 무감각하게 헤매는 이들을 정말 많이 봤다. 심지어 마약성 진통제인 옥시코돈 알약을 하루에 200알 넘게 먹는 남자도 있었다. 그는 그 정도 먹어야 성이 찬다고 말했다.

근본적인 상실감이 들고, 목적의식 없이 고통스럽고 우울하고, 자신과 맞지 않는 일을 억지로 할 때 뇌의 쾌락 중추를 자극하는 일에 중독되기 쉽다. 중독의 쌍두마차인 약물과 알코올은 제쳐두고라도 도박, 섹스, 자극적인 연애 드라마, 쇼핑, 폭식, 밤낮으로 인터넷 하기 등이 가장 흔한 증상이다. 나도 스마트폰 속의 알록달록한 픽셀로만 존재하는 긴급한 문제들을(사실 사탕을 부수는 게임이지만) 해결하느라 몇 시간을 흘려보낼 때가 있다.

이런 행동들을 멈출 수 없다면, 중독된 무언가를 위해 돈까지 빌리는 상황이라면, 사람들에게 뭔가를 숨기고 있고 강박적인 무언가가 스멀스멀 자신을 잠식하는 기분이 든다면 일단 중독되었다는 사실을 인정해야 한다. 그것이 진정한 본성과 자아, 열망 등을 깨닫고 그에 충실하며 사는, 오직 나로 완전한 상태, '온전함'으로 가는 첫걸음이다. 여기서부터 온전함을 회복하는 과정을 시작할 수 있다. 어두운 과오의 숲에서 빠져나오지 않으면 나쁜 습관을 고치기는 불가능하다. 결국에는 그 습관들이 당신을 무너뜨릴 것이다.

지금까지 많은 사람을 관찰한 결과 위에 언급한 문제들은 온전함에서 벗어났을 때 가장 흔하게 나타나는 증상이다. 이런 중독 증상은 진정한 자각, 열망, 본능적 지혜에서 벗어나 자기 자신을 부인할 때 나타난다. 다음은 자신이 어두운 과오의 숲에 슬쩍(혹은 깊숙이) 들어가 있지 않은지 판단하는 테스트다.

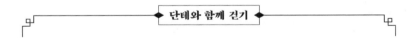

지금 나는 어두운 과오의 숲에 있는가?

다음 질문에 최대한 솔직하게 답하라. 혹시라도 자신의 삶을 더욱 좋아 보이게 하려고, 삶을 잘 통제하고 있다는 느낌을 주려고 사소한 거짓말을 하고 있지는 않은지 잘 살펴봐야 한다. 그러는 것 자체가 온전함에서 벗어나 있다는 의미이며, 이를 인정하려 하지 않는다는 것이다. 아무도 보지 않는 사소한 테스트에서조차 자신을 숨기려고 하지 말자. 먼저 심호흡을 깊이 하고 오직 진실만을 말하길 바란다. 문항마다 '예'와 '아니오'의 순서가 다르다는 점을 반드시 확인하자. 각 문항을 읽고 솔직한 답에 동그라미를 치거나 V 표를 하면 된다.

	각 문장을 읽고 솔직하게 '예' 혹은 '아니오'에 체크하라	A	B
1	대체로 사람들이 선하고 사랑스럽다고 생각한다.	예	아니오
2	이따금 내 일상의 활동이 무의미하다고 느낄 때가 있다.	아니오	예
3	친구들과 사랑하는 사람들을 깊이 존중한다.	예	아니오
4	내 직업이(가정주부 포함) 버겁게 느껴진다.	아니오	예
5	가장 평범한 날에도 삶의 의미와 목적의식, 충만함을 느낀다.	예	아니오
6	좋아하는 사람들과 인간관계를 꾸준히 지속하지 못한다.	아니오	예
7	감기나 독감 등에 자주 걸린다. 주변 사람들은 다 괜찮을 때도 나만 걸린다.	아니오	예
8	내 기저에는 항상 나를 지탱해주는 만족감이 있다.	예	아니오
9	나는 내가 좋아하는 일을 하며 생계를 유지한다.	예	아니오
10	사람들이 진심으로 나를 알아주거나 이해하지 못한다고 생각한다.	아니오	예
11	나라는 존재가 세상을 더 나은 곳으로 만든다고 믿는다.	예	아니오
12	인간관계에서 분노와 불신으로 문제를 겪을 때가 많다.	아니오	예

13	좋은 기분을 느끼기 위해 뭔가를 취하거나 활동할 필요가 없다.	예	아니오
14	남들은 다 훌륭한 일을 잘 해내는데 나만 그러지 못한 것 같다.	아니오	예
15	만나도 그다지 즐겁지 않은 친구들과 어울린다.	아니오	예
16	거의 매일 밤 숙면을 취한다.	예	아니오
17	사랑하는 사람들이 나를 잘 이해해준다고 믿는 편이다.	예	아니오
18	가끔 두렵고 무서운 상황이 생겨도 기본적으로 안전하다고 느낀다.	예	아니오
19	내 활동을 제한하는 통증, 고통, 피곤함이 있다.	아니오	예
20	주변 사람들에게 자주 짜증이 난다.	아니오	예
21	내 일을 사랑하고 한시라도 빨리 그 일을 하고 싶다.	예	아니오
22	걱정이 많아 잠을 잘 자지 못할 때가 자주 있다.	아니오	예
23	내 삶은 사랑과 우호적 관계로 가득하다.	예	아니오
24	내가 하는 일이 세상에 중요한 기여를 한다고 생각하지 않는다.	아니오	예
25	주위 사람들이 아파도 나는 건강한 편이다.	예	아니오
26	마음 깊은 곳에서 슬픔이나 절망을 느낀다.	아니오	예
27	인간의 본성은 기본적으로 선하다고 믿는다.	예	아니오
28	외로울 때는 분노가 치민다.	아니오	예

A(왼쪽 열)에 표시한 개수를 확인해서 적어보자.

A에 표시한 개수 _____개

개수에 해당하는 설명을 보고 자신을 평가해보자.

22~28개

▶ 당신은 드물 정도로 높은 수준의 온전함을 유지하며 살고 있다. 즉, 내면에 있는 진정한 자아에게 충실하다. 인생 초반에 잠시 어두운 과오의 숲에서 시간을 보냈을 수는 있지만 그곳에서 빠져나오는 법을 잘 알고 있다. 지금의 일상에서 이 책을 읽으며 다시 한번 자신을 점검해보자.

15~21개

▶ 당신의 삶은 평균보다 훨씬 더 행복한 편이지만 진실한 자아에서 벗어난 분야가 한두 군데 있다. 앞으로의 여정에서 이를 치유해보자.

8~14개

▶ 당신은 일정 시간을 어두운 과오의 숲에서 보낸다. 하지만 명심하라. 그건 당신 잘못이 아니다. 온전함을 회복하는 것만이 당신과 당신 주변의 상황이 악화되는 것을 막을 수 있다.

0~7개

▶ 당신에겐 상실감과 혼란이 '정상'처럼 느껴진다. 대부분 시간을

어두운 과오의 숲에서 헤매고 있기 때문이다. 당신이 오랜 시간 느꼈던 것보다 혹은 평생 느꼈던 것보다 더 큰 평화와 기쁨에 다가가는 데 이 책이 큰 도움이 될 것이다. 하루라도 빨리 발을 내딛지 않으면 상황은 더욱 나빠질 것이다.

어두운 과오의 숲 증후군을 앓고 있다면

위 테스트에서 A에 표시한 개수가 낮게 나왔다고 해서 너무 겁먹을 것 없다. 당신은 나쁜 사람이 아니며 아무것도 잘못한 게 없다. 그저 길을 잃었을 뿐이다. 어디로 가야 할지, 다음에 뭘 해야 할지 모르는 것뿐이다. 나는 당신이 다음 단계로 넘어가도록, 온전함의 길로 첫걸음을 내디딜 수 있도록 도와주려고 한다. 이 방법은 내게도, 고객들에게도 한 번도 실패한 적이 없으며 지극히 단순하다. 그저 어쩌다 길을 잃었는지만 솔직히 털어놓으면 된다.

나는 열여덟 살 때 길을 잘못 들어섰다는 걸 알았다. 늘 아프고 우울했다. 몇 달 후 이 불행의 뿌리까지 파고들면서 신체적 질병이나 우울함과는 상관없는 근본적인 원인이 있음을 깨달았다. '나는 진실을 모르고 살았구나.' 그 깨달음은 작고 조용했지만 이상하게도 치유되는 느낌이었다. 몇 년 후 인생 코치가 되어 무기력, 불안, 분노, 절망, 아픔, 외로움, 중독 등으로 고통받은 수많은 사람이 마치 사랑하는 부모님의 품에 안기듯 "저는 완전히 길을 잃었습니다."라며 진실의 품에 안기는 광경을 목격했다.

이런 현상은 항상 정의롭고 책임감 있는 자아의 입장에서 보면 말이 되지 않는다. 하지만 어긋난 길에서 헤매기를 멈추고 솔직하게 자신의 상황을 평가할 때 자아는 진정으로 편안함을 느낀다. 설령 단테처럼 무시무시한 곳에서 깨어났다 해도 말이다. 우리의 자아는 가장 단순한 진실을 말할 때 깨어난다. "난 이곳이 싫어." "내가 어쩌다 여기에 왔는지 모르겠어." "두려워."

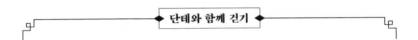

단테와 함께 걷기

어두운 숲에서 잃어버린 길 찾기

이 훈련은 어떤 곳에서든, 어쩌다 길을 잃었든 간에 온전함의 길로 곧장 들어설 수 있도록 도와주는 단순한 방법이다. 아래에 몇 가지 간단한 문장들이 있다. 문장들을 큰 소리로 읽어보자. 한 문장, 한 문장을 읽을 때마다 그 말이 진실일지도 모른다고 생각하라.

자, 이제 중요한 이야기다. 각 문장을 읽으면서 자신의 마음속에서 어떤 일이 일어나는지 느껴보자. 자부심이 차오를 수도 있고 비판적인 생각에 자기도 모르게 놀란 고양이처럼 움찔하며 뒤로 물러설 수도 있다. 하지만 문장을 읽으며 부정적인 생각이 드는데도 불구하고 혹시 몸이 조금 편안해지진 않았는가? 호흡이 깊어진 것 같은가? 마음속 깊은 곳에서, 가슴에서, 머리에서 사납게 싸우던 것들이 잠잠해진 느낌인가? 이것만 잊지 말자. 다음에 무엇이 올지는 걱정하지 마라. 괜찮다. 가자.

- 내 삶은 완벽하지 않아.
- 나는 일이 이런 식으로 흘러가는 걸 좋아하지 않아.
- 나는 기분이 좋지 않아.
- 나는 슬퍼.
- 나는 화가 나.
- 나는 두려워.
- 나는 편안하지 않아.
- 내 편은 아무도 없어.
- 나는 어디로 가야 할지 모르겠어.
- 나는 무엇을 해야 할지 모르겠어.
- 나는 도움이 필요해.

각 문장을 한 번 혹은 여러 번 읽으며 몸과 마음이 차분해지는 걸 느낀다면 그 느낌에 주목하자. 이 약간의 편안함은 진실을 듣고 말했을 때 생기는 본능적인 반응이다. 그 반응을 느낄 수 있다면 자부심을 가져도 좋다. 세상에 완벽한 것은 없다. 하지만 모든 것이 완벽하지 않다는 진실을 깨닫는 것, 그것이 전부다. 이제 여러 조각으로 찢어진 자기 자신을 다시 합치면 된다. 용감하게 잘했다. 이제 당신은 나로 온전한 삶으로 향하는 첫걸음을 뗀 것이다.

성공을 향한 필사적 몸부림

언젠가 소냐라는 친구가 부부 관계에 어려움을 겪는 남성들이 들으면 좋을 법한 조언을 들려준 적이 있었다.

"비결은, 잘되지 않을 때 더 열심히 하려고 들지 않는 거야."

사실 이런 지혜는 삶의 모든 분야에서 필요하다. 하지만 대부분 사람은 이 사실을 잘 모르는 듯하다.

우리 사회는 기본적으로 무슨 일이든 더 열심히 해야 불행에서 벗어나 행복으로 갈 수 있다고 여긴다. 더 열심히 땀 흘리고 더 신발 끈을 조이면 고통에서 벗어나 근사한 삶으로 직행할 수 있다고 말이다. 내 고객들도 삶이 제대로 돌아가지 않는다고 판단되면 무슨 일이든 더 열심히 해서 문제를 해결하려고 한다. 일을 더 잘하려고 하고, 외모를 더 잘 가꾸려고 하고, 가족을 더 잘 사랑하려 하고, 더 잘 먹으려 하는 등 전반적으로 모든 것을 더 잘하려고 미친 듯이 노력한다.

이는 마치 운전을 하다가 고속도로 한복판에서 길을 잃었을 때 가속 페달을 더 세게 밟는 격이다. 불확실한 상황을 더욱 위험하게 몰아가는 행위다. 길을 잘못 들었다는 사실을 알았을 때 가장 좋은 방법은 속도를 늦추거나 잠시 안전한 곳에 차를 세우는 것이다. 그다음엔 상황을 파악하고 다시 안전하게 올바른 경로를 찾아야 한다.

바로 이 과정이 우리가 이전 장에서 했던, 문제를 찾고 답하는 과정이다. 어쩌다 컴컴하고 잘 모르는 곳에 있게 되었을 때 성급하게 결론에 도달하기 위해 더 열심히 애쓰고 노력하는 경우가 많다. 하지만 이런 방법은 거의 도움이 되지 않는다.

문제는 얼마나 열심히 일했느냐 일하지 못했느냐가 아니다. 지금 열심히 하는 그 일이 자신에게 맞지 않는 것이다. 목표와 동기가 자신의 마음속 가장 깊은 진실과 조화를 이루지 않기 때문이다. 자연스럽게 끌려서 생긴 목표와 동기가 아니라는 의미다. 우리를 나로 온전한 삶에서 멀리 떨어지게 만드는, 이런 목표와 동기는 두 가지 억압에서 생겨난다. 바로 트라우마와 사회화다.

여기서 말하는 트라우마는 전쟁이나 아동 학대처럼 끔찍한 비극을 겪은 후 생기는 증상이 아니라 약점을 찔린 기분, 어떤 일이 자신의 역량을 벗어났다는 생각에 느끼는 고통스러운 경험 등을 의미한다. 부모님이나 친구로부터 수치심을 느꼈다면 트라우마가 될 수 있다. 개인적인 재정 상황이 나빠지거나 격렬한 논쟁을 벌일 때, 반려동물을 잃었을 때도 트라우마가 생긴다. 이런 상황에서 나타나는 흔한 반응은 똑같은 경험을 피하기 위해 자신의 행동 방식을 바꾸는 것이다. 예를 들어 실연을 당하거나 직장에서 좌절을 경험한 사람이 다시는 사랑을 하지 않겠다거나 자신의 능력을 믿지 않겠다고 다짐하는 경우다.

이런 식의 트라우마 대처 방식은 사회화로 형성된다. 무엇을 해야 할지 몰라서 아는 것만 한다. 시종일관 참고 견디거나, 사랑하는 사람의 관심을 받기 위해 감정적으로 화를 내거나, 혼자 고민하기 위해 훌쩍 떠나버린다. 그리고 전혀 기분이 나아지지 않는데도 이런 패턴을 몇 번이고 반복한다. 그 방식이 효과가 없다는 사실을 깨달아도 오히려 더 기를 쓰고 열심히 한다.

정상에 오를수록 목이 마른 이유

○

단테의 《신곡》에는 이 성공을 향한 몸부림과 관련해 매우 적절한 은유가 있다. 어느 날 컴컴한 과오의 숲에서 길을 잃었다는 걸 깨달은 단테는 음울한 암흑 속에서 아침 햇살을 받으며 우뚝 서 있는 산을 보게 된다. 자태가 아름답고 웅장한 그 산을 그는 '기쁨의 산dilettoso monte'이라고 불렀다. 산은 어두운 숲에서 벗어날 완벽한 길처럼 보였기에 그는 극도로 고단한 몸을 이끌고 산을 오르려 했지만 소용없었다. 숲속에 있었던 무시무시한 짐승들을 기억하는가? 계속해서 위협해오는 짐승들 때문에 우리의 주인공은 겁을 먹고 다시 낮은 땅으로 돌아가야 했다.

이 기쁨의 산은 우리가 사회와 문화에서 배우는 '더 나아지기 위한' 모든 방법을 상징한다. 아마도 대부분 사람에게 이 산은 돈일 것이다. 써도 써도 부족하지 않은 큰돈 말이다. 이 황금만능주의의 토대 위에 아찔하게 아름다운 외모, 번뜩이는 지성, 완벽한 예술성, 동화에나 나올 법한 사랑 등 이 모든 것을 향한 욕망이 겹겹이 쌓인다. 우리는 생각한다. '이거! 저거! 그리고 저것도 갖고 싶어!' '1등을 하자! 상을 모두 휩쓸자!' '가짜 물건이라도 팔아 아버지 틀니를 해드리자! 그러면 모든 게 더 나아질 거야!'

그러나 기쁨의 산 역시 우리를 비참하게 만드는 어두운 과오의 숲 일부일 뿐이다. 이미 지칠 대로 지친 상태에서 '더 나아지기 위해' 산을 오르려면 엄청난 강도의 고된 노동이 필요하다. 조금씩 나아지는 듯 보인다 해도 그때마다 불안과 우울, 분노 등 끔찍한 감정들이 엄습해온다. 이 감정들은 우리의 노력을 무너뜨리고, 결심을 약하게 만들고, 어두운 숲 가장 깊숙한 곳으로 빠져들게 한다.

나도 이 기쁨의 산기슭을 몇 번 오른 적이 있었다. 하지만 목표로 한 베이스캠프에 도착했을 때조차 기분은 전혀 좋아지지 않았다. 앞에서도 언급했지만 나는 인생 코치로 여러 사람을 상담하면서 기쁨의 산 정상에 거의 다다른 듯 보이는 사람들을 많이 봤다. 하지만 그들 중 누구도 삶의 충만함이나 완전한 만족감을 느낀다고 말하는 이가 없었다. 그들은 정상의 목전에 다다랐을 때야 '성공'이 '행복'과 동일하지 않음을 깨달았다. 그렇다. 성공은 행복과 동일하지 않다. 이 점은 아무리 여러 번 언급해도 지나치지 않을 정도로 중요하다.

어느 날 한밤중에 유명한 사업가로부터 전화가 걸려왔다(그를 '키스'라고 부르자). 이제 갓 상장한 기업의 운영자인 키스는 얼마 전 2억 달러가 넘는 매출을 올린 기념으로 축하 파티를 열었고 그 자리에서 내게 전화를 한 것이었다. 그는 50년산 스카치를 마시고 잔뜩 취한 목소리로 지금 자기 손에 재미 삼아 먹을 약이 있다고 했다. 하지만 유명 밴드가 연주하는 로큰롤 음악 소리가 너무 커서 그의 목소리가 거의 들리지 않았다. 결국 그는 전화기에 대고 고래고래 소리를 질러댔다.

"그거 아세요? 이걸로는 충분하지 않아요! 이 정도면 충분하다고 생각했는데 그게 아니더라고요! 젠장! 도대체 언제쯤이면 충분해지는 건가요?"

굉장히 의미심장한 질문이었다. 내가 대답을 했다 해도 그는 시끄러운 음악 소리와 머릿속을 꽉 채운 사회적 욕망 때문에 내 답을 듣지 못했을 것이다. 키스는 등산처럼 단순한 일을 할 때가 가장 행복하다는 말을 몇 번이나 했다. 하지만 등산을 줄이고 부자가 되는 일에 더 집중해야 행복해질 수 있다고 믿었다. 그가 그렇게 해서 행복해진다면 정말 그렇게 되길 바란다. 하지만 과연 더 부유해진다고 행복해질지는 의문이다.

학습된 욕망

○

심리학자들은 기쁨의 산을 오르는 행위를 '사회적 비교 이론Social Comparison Theory'으로 설명한다. 사회적 비교 이론의 요지는 행복을 자신이 느끼는 감정으로 판단하지 않고 타인과의 비교를 통해 판단한다는 내용이다. 많은 사람이 흔히 빠지는 어두운 과오의 숲은 사회적 기준으로 봤을 때 자신이 다른 사람보다 우위에 있어야 행복해질 수 있다는 믿음이다. 이 믿음은 태생적으로 형성된 것이 아니라 문화적으로 형성된다. 그래서 아주 기이한 일을 하며 기쁨의 산을 오르는 사람들도 있다.

오래전 중국의 여성들은 작은 발을 유지해야 하는 전족 문화 속에서 살았다. 그녀들은 발을 꽁꽁 묶고 오그려 심하게 훼손할수록 더 행복해질 수 있다고 믿었다. 빅토리아 시대의 영국 여성들은 비소로 염색한 옷을 입었다. 하지만 비소로 염색한 옷은 피부 궤양을 일으키고 가연성도 높았다! (비소의 맹독성이 알려지기 전 특유의 화사한 초록색 때문에 유럽 사람들은 옷과 벽지, 대문에까지 비소 염료를 발랐다.―옮긴이) 경쟁자보다 더 멋진 모습일 수만 있다면 피부 궤양 정도는 작은 대가라고 생각했던 건지도 모른다. 현대인들은 멋진 케이크를 만들기 위해, 순종 푸들을 키우기 위해, 작은 구멍에 작은 공을 집어넣기 위해 말 그대로 죽도록 노력한다.

야생의 동물들은 이런 무작위 행동에 모든 에너지를 쏟지 않는다. 물론 그들도 더러는 먹이나 영역, 짝을 지키기 위해 경쟁하기도 한다. 활동을 즐기기도 하고 경쟁 상대를 이긴 후 기뻐하기도 한다. 하지만 참새나 코요테는 모이나 죽은 토끼를 10억 배나 더 많이 모아두지는 않는다. 오직 인간만이 무언가에 '성취'라는 가치를 부여하고 평가하며 기쁨의 산을 오른다. 그리고 이 모든 것이 타고난 성향이 아니라 문화적 학습 때문에 이뤄진다.

하지만 인간의 진정한 자아는 순수한 본성을 지니고 있다. 인간의 순수한 본성은 누가 가장 옷을 잘 입었는지 못 입었는지에 전혀 관심이 없다. 사람들이 올림픽 메달과 퓰리처상을 좋아하는 이유는 그 수상자들이 빛나기 때문이다. 우리의 진정한 본성은 지금 여기에 순전한 즐거움을 가져다주는 그들의 능력을 사랑한다. 우리의 본성은 마음껏 뛰어노는 시간, 친구들, 사랑하는 이를 어루만지는 감촉, 햇빛, 물, 웃음, 나무의 냄새, 깊고 편안한 단잠을 사랑한다. 다음은 문화적 충동과 본성에서 오는 충동 사이의 차이를 판단하는 데 도움이 되는 훈련이다.

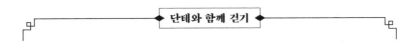

단테와 함께 걷기

학습된 욕망일까, 진정한 본성일까?

최근에 본 광고 중 마음이 확 끌렸던 광고를 떠올려보자. TV 광고일 수도 있고 SNS 광고 혹은 상점 진열장에 진열된 상품일 수도 있다. 어떤 광고에 마음이 사로잡혔다면 아마 그 광고에 등장하는 물건을 갖고 싶다는 열망을 느꼈을 것이다. 그 물건은 최신형 스마트폰일 수도 있고 매끈한 새 자동차나 유행하는 스타일의 재킷일 수도 있다. 아래에 갖고 싶은 물건의 목록을 적어보자.

광고를 보고 갖고 싶다는 욕망이 든 물건 목록

_____

_____

다 적었으면 그 물건들을 갖는 상상을 해보자. 그리고 이때 일어나는 몸의 변화를 느껴보자. 어쩌면 간절히 갖고 싶은 마음에 안달이 날 수도 있다. 그 물건을 소유한다는 생각에 다소 들뜰 수도 있고, 그토록 멋진 물건을 가질 수 없다는 확신에 씁쓸한 마음이 들 수도 있다. 그 물건을 원하는 마음을 유지하면서 마음속에서 일어나는 감정의 변화를 적어보자. 그 물건을 소유한다고 생각했을 때 몸과 마음에서 어떤 감정이 느껴지는가?

신체적 느낌: _____

정서적 느낌: _____

이제 털어내자. 말 그대로 정말 털어내자. 물 밖으로 나온 강아지처럼 머리와 손, 온몸을 털어 생각과 감정을 맑게 하자. 광고 속 이미지들을 그냥 흘려보내자. 이 과정이 어렵지는 않은지, 혹시 그 물건을 주문하기 일보 직전은 아닌지, 광고에서 본 이미지가 여전히 머리를 맴돌고 있지는 않은지 면밀하게 살펴보라. 갖고 싶다는 욕망을 떨쳐내고 지금 이 순간에 오롯이 집중할 수 있을 때 다음 질문에 답해보자.

세상과 사람들로부터 떨어져 오로지 혼자로 평온한 순간에 내가 간절히 바라는 것은 무엇인가?

이 대상에 대한 갈망이 커지도록 그냥 내버려두자. 그리고 그것을 갖는 상상을 해보자. 그리고 몸과 감정에 어떤 변화가 느껴지는지 살피고 다음을 작성해보자.

내가 평온한 순간 간절히 바라는 것을 가지게 된다고 상상하니 어떤 감정의 변화가 느껴지는가?

신체적 느낌: _____

정서적 느낌: _____

두 열망 사이의 차이가 느껴지는가? 사람마다 구체적인 열망의 내용은 다르지만 대체로 광고가 자극한 열망과 내면에서 자연스럽게 생겨난 열망은 전혀 다르다.

유념할 사항이 있다. 사람은 진심에서 멀어질수록 전혀 다른 방향에 있는 것을 원하고 갈망하게 된다. 반대로 자신을 둘러싼 온갖 자극에도 마음이 크게 흐트러지지 않는다면 진정한 열망과 바람을 향해 충실히 나아가고 있는 것이다. 학습된 욕망의 대상을 갈망할 때, 우리는 방향을 잃고, 평생 채워지지 않을 보상을 좇는 데 헛된 노력을 하며 시간을 허비할 수 있다.

나는 이 훈련법을 아주 많은 사람에게 적용했는데 각자가 처한 사회적 조건에 따라 열망의 대상도 다양했다. 원하는 옷도, 집도, 경험도, 관계도 모두 달랐다. 하지만 모든 사람이 공통으로 바라는 몇 가지가 있었다. 이는 서로 다른 문화권의 사람들도 한결같이 갈망하는 것으로 바로 평화, 자유, 사랑, 편안함, 소속감이다.

여기서 주목할 점은 평생을 자신이 속한 사회와 문화의 목표를 추구하며 산다면 그럭저럭 원하는 걸 손에 넣을지는 몰라도 진심으로 갈망하는 건 얻지 못한다는 점이다. 반면에 기쁨의 산을 떠난다면 사회적으로 학습된 욕망은 충족되지 않을지도 모른다. 하지만 그렇다 할지라도 전혀 신경 쓰이지 않을 것이다. 이미 자신의 세계가 진심으로 갈망하는 것들로 가득 채워지고 있기 때문이다. 성서의 표현대로 "누르고 흔들어서 넘치도록 후하게" 될 것이다(누가복음 6:38). 기쁨의 산을 떠나는 방법은 '노오력'*을 멈추는 것이다.

---

*   원문은 'hustle'로서 어떤 일을 맹렬히 추진한다는 긍정적 의미도 있지만 여기서는 사회적 억압이나 관계의 억압 때문에 원치 않는 노력을 하는 상황을 의미한다. 따라서 '노력'이라는, 목적을 이루기 위해 몸과 마음을 다해 애씀을 뜻하는 단어를 그대로 사용하기보다는 한때 국내에서 과도한 노력에 대한 자조와 조롱의 표현으로 쓰인 '노오력'이라는 단어가 적절할 듯하여 '노오력'으로 번역했다.—옮긴이.

'노오력' 문화

○

    음울한 숲 한가운데 솟아오른 기쁨의 산은 한 집단의 대다수 사람이 공통으로 추구하는 가치를 의미한다. 예를 들어 오늘날 미국에서 (예전에 중국에서 그랬던 것처럼) 어린 딸의 발을 10센티미터 크기가 되도록 동여맨다고 해서 사회적 지위가 높아지지는 않는다. 그랬다간 아마 아동 학대로 지명수배 1순위가 될 것이다. 비소로 염색한 옷을 입는다고 해서 페이스북의 '좋아요' 숫자가 늘어나지도 않을 것이다. 우리의 문화에선 기쁨의 산이 바람직하다는 사실에 동의해야만 한다. 사회문화 관점에서 보면 개개인의 진정한 본성 및 본성의 실체는 고려 대상이 아니다.

    이렇듯 우리는 열망을 품고 기쁨의 산을 오르도록 조장하는 문화에 너무도 길이 들어 있어서 진정한 욕망에는 눈을 뜨지 못한다. 하지만 그런다고 해서 우리의 진정한 본성이 사라지진 않는다. 그 본성은 우리의 DNA에 깊이 새겨져 있다. 다만 다양한 문화적 상황에서 더 나아지려고, 더 성공하려고 그 본성에서 멀어질 수는 있다. 약물 중독으로 오랜 세월 거리를 헤매고 다녔던 내 친구 레이야는 이런 현상을 '노오력hustle'이라고 불렀다. 레이야는 수십 년 동안 마약을 구하려고, 마약을 살 돈을 구하려고 전전긍긍하며 다녔다. 약물 중독을 극복하고 정신이 맑아진 후 그녀는 이렇게 말했다. "지금도 어디서나 '노오력'하는 사람들이 보여. 생각보다 많은 사람이 뭔가를 얻으려고 맹렬히 달리며 살고 있거든."

여러 온라인 사전을 찾아보면 현대 영어에서 'hustle'은 다양한 의미로 사용된다. 다음은 몇 가지 예시로, 내가 임의로 정의한 것이 아니라 사전적 의미다.

1. 용기, 자신감, 자기결정권을 갖고 인생에서 원하는 기회를 찾을 때까지 노력하고 해답을 찾기 위해 애쓰는 것
2. (누군가를) 재촉해 특정 방향으로 이동하게 하는 것
3. 누군가 어떤 일을 하도록 혹은 무언가를 선택하도록 강요하거나 억압하는 것
4. 매춘 행위
5. 부정한 행위, 사기, 속임수 등으로 생계를 유지하는 것

이 한 단어에서 현대 서구 사회의 초상이 보이는 듯하다. 우리 사회에서 '성공'의 정의는 모두 이 '노오력'과 관련이 있다. 성공하려면 반드시 남들보다 우위에 있어야 하며 다음과 같은 사항을 충족해야 한다. 첫째, 자신감과 자기결정권을 구체화해야 한다. 둘째, 모든 면에서 아주 빨라야 한다. 셋째, 남들에게 자신이 원하는 것을 하도록 강요해야 한다. 넷째, 자기 자신을 팔아 원하는 것을 얻어야 한다. 다섯째, 사기 치고 남을 속여야 한다. 내 친구 레이야는 바로 이런 방식으로 기쁨의 산을 올랐다.

이런 삶의 방식은 땅, 금, 음식, 집 등을 획득하기에 대단히 효과적이다. 효과가 너무 좋다 보니 지구 전체를 식민지 삼을 기세로

이런 삶의 방식을 추구하는 사람도 있다. 그리고 이 방식이 되풀이되는 과정에서 거의 모든 이에게 노오력의 가치가 전달된다. 우리가 받는 사회적 훈련이나 교육을 떠올리면 된다. 이 역시 문화적 관습의 산물이다. 그렇기 때문에 우리는 더 행복한 삶을 향해 가려면 노오력의 대열에 동참하는 것 외에는 다른 대안이 없다고 전제하게 된다.

자신의 진정한 본성을 드러내기보다는 다른 사람에게 영향력을 미치기 위해 무슨 일이든 하는 것, 그것이 노오력이다. 남들에게 인정받으려고 예의 바르게 구는 것도 노오력이다. 다른 사람의 기분을 맞춰주려고 아첨하는 것도 노오력이다. 예배당에 경건히 앉아 의식적으로 경건해지려고 애쓰는 것도, 타인에게 위협적으로 보이지 않으려고 일부러 좀 어리숙하게 행동하는 것도, 강한 인상을 주려고 과장된 언어를 사용하는 것도 노오력이다. 전문가처럼 보이고 싶어서, 섹시하게 보이고 싶어서, 힙하게 보이려고, 부유해 보이려고, 키가 커 보이려고, 사회 불순응주의자처럼 보이려고, 점 잖게 보이려고 특정 옷차림을 고집하는 것도 다 노오력이다.

여기서 주의할 점은 노오력하며 산다고 해서 나쁜 사람이라는 의미는 아니라는 것이다. 그저 사회화가 잘 되어 있고 문화와 기막히게 조화를 이루며 산다는 말이다. 다만 자신의 진정한 본성과는 분리되어 있다. 사람들은 진정한 갈망을 무시하고 수백만 가지 자잘한 방법과 몇 가지 굵직한 방법으로 학습된 욕망만을 맹렬히 추구한다. 다음은 이와 관련된 몇 가지 생각 연습이다.

나는 '노오력'하며 살고 있는가?

지난주에 했던 서너 가지 일을 생각해보자. 양치질처럼 아주 사소한 일도 좋고 은행 강도 짓처럼 어마어마한 일도 좋다. 아침 식사를 준비했다거나 길고양이를 다정하게 쓰다듬어주었다는 등 어떤 대상을 위한 일도 괜찮다. 그 일들 중 상대적으로 기쁘게 느껴졌던 일을 하나만 골라보자.

이제 그 일을 할 때 어떤 감정이었는지 구체적이고 생생하게 떠올려보자. 그 일을 하며 기대했던 대로 기분이 좋아지고 즐거웠는가? 그 일을 시작하면서 진심으로 즐거웠는가? 그 일을 마쳤을 때 모든 과정이 흡족했는가? 느낀 감정을 아래 빈칸에 적어보자.

_____

_____

_____

이제 지난주에 했던 일 중 그다지 설레지 않았던 일을 회상해보자. 주어진 일을 앞에 두었을 때 정신적으로나 신체적으로 어떤 감정이 들었는가? 그 일을 하면서 어떤 기분이었는가? 우울하거나, 피곤하거나, 혼란스럽거나, 짜증 나거나, 주의가 산만해졌는가? 아래 빈칸에 적어보자.

_____

이 두 가지 감정 사이를 왔다 갔다 하며 곰곰이 생각해보자. 설령 두 감정 사이의 차이가 아주 적다고 해도 세심하게 들여다보자. 그 차이는 온전함에서 우러나와 어떤 일을 하는 것과 문화적으로 '노오력'하기 위해 어떤 일을 하는 것 사이의 차이다.

'해야만 하는 일'은 없다

위에서 적은 두 가지 행동을 곰곰이 생각해보면 어떤 일을 할 때 기분이 좋지 않았던 것은 오직 한 가지 이유 때문이다. 그 일을 '해 야만 한다'고 생각하는 것. 아마도 당신은 그 일을 하지 않았을 때 생기는 일이 두렵고 무서워서, 또는 누군가를 기쁘게 해주고 싶어서 그 일을 했을 것이다. 어쩌면 당연히 해야 한다는 문화적 규칙이 머릿속에 너무 깊숙이 각인되어 있어 좋아하지 않는 일을 하지 않아도 된다는 생각을 애초에 하지 못했을 수도 있다.

모든 사회적 관습이 나쁘다는 말이 아니다. 온전하게 산다고 해서 문화적 규범을 무시한 채 벌거벗고 달리거나 음식을 훔치거나 처음 보는 사람에게 집적거려도 괜찮다는 의미가 아니다. 다만 진정한 자아가 하는 행동과 거짓 자아가 하는 행동 사이의 차이를 분명히 알아야 하며, 순전한 기쁨과 맹렬함의 차이도 예리하게 구분해야 한다는 의미다.

이는 온전함으로 가는 두 번째 단계로, 진심에서 우러나온 생각과 행동을 하기 위한 전주곡이다. 그러려면 어떤 일을 할 때 그 행동이 문화적 규범에 따른 것인지, 진정한 본성에서 우러난 것인지를 명확히 구분해야 한다. 이 시점에서 다른 방법은 없다.

나 자신과 조화를 이루는 방법

○

질풍노도의 시기에는 누구나 커다란 혼란을 겪는다. 혼란의 핵심은 무엇이 진실인지 모른다는 데 있다고 생각한다. '도대체 무엇이 진실인가?' '나는 무엇을 믿고 기준 삼아 살아야 하는가?' 혼란스러운 그때 나는 그 답을 찾아, 굶주린 사자가 먹잇감을 찾듯 책을 읽어댔다. 침대에 누워 소크라테스 이전 시대 철학자들부터 연대순으로, 정말 놀랍도록 지루한 책들을 읽고 또 읽었다. 그러나 어떤 책들은 전혀 도움이 되지 않았다. 그 책들은 여성이 뇌가 없고, 탐욕스럽고, 죄 많고, 야만스러운 암탉이라고 주장하는 데 수많은 페이지를 할애하고 있었다.

몇 달 후 마침내 임마누엘 칸트Immanuel Kant의 형언할 수 없이 지루한 걸작《순수이성비판》을 읽게 되었다. 그리고 참기 힘들 정도로 지루한 그 책은 내 인생을 영원히 바꿔놓았다. 칸트는 인간의 마음이 공간과 시간, 인간의 모든 경험으로 만들어진다고 믿었다. 진리가 있다고 해도 인간은 자신의 주관적 인식의 필터를 거쳐 그 진리를 받아들인다는 것이다. 즉 누구도 진리를 알 수 없다. 이런 칸트의 논리는 합리적이면서도 놀라울 정도로 역설적으로 느껴졌다. 절대적인 진리는 없다는 것이 절대적 진리다. 여기에는 이 문장도 포함된다.

춥고 어두운 동굴에서 빠져나온 기분이었다. 이는 내가 모든 문화적 신념을 수용할 수도, 거부할 수도 있다는 의미였다. 모르몬교에서 말하는 우주의 본질이 옳을 수도 있고 틀릴 수도 있다. 하버드대학교의 똑똑한 교수들은 또 다른 현실에서 보면 옳을 수도 있고 틀릴 수도 있다. 확실하다고 말할 수 있는 사람이 누가 있을까? 누구의 말도 진리가 아닐 수 있다. 이 얼마나 다행인가! 모두가 자신의 관점으로 모든 것을 만들어내고 있다. 따라서 나는 누구도 믿지 않으면서 모두와 함께할 수 있다.

이는 기쁨의 산을 오르기 위한 편리하고도 유용한 전략이었다. 이후 나는 하버드에서 교육받은 또 다른 모르몬 교도와 결혼했다. 우리는 후기성도교회Latter-Day Saints(모르몬교의 정식 명칭은 '예수그리스도 후기성도교회'이며 1955년 한국에 이 종교가 들어왔을 때는 '말일성도교회'로 불렸다.—옮긴이)에서 모범적인 생활을 하면서 학교에서도 많은 학위를 따기 위해 열심히 노력했다. 나는 첫아이를 낳고 곧장 박사 과정을 시작했다. 마치 밭을 갈다 아이를 낳는 개척자 여인처럼 온 힘을 다해 '노오력'했다.

하지만 여전히 어두운 과오의 숲 증후군을 앓고 있었다. 공허하고 불안했으며 중독자처럼 연구에만 매달렸다. 몸은 지칠 대로 지쳐 불면, 고통, 질병 등이 끊이질 않았다. 나 자신의 진정한 본성, 즉 배움을 좋아하고 가족을 사랑하는 본성은 아주 약간 찾았지만 내가 하는 행동 대부분은 그저 사회문화적 억압에 대한 반응에 지나지 않았다. 나는 빠른 속도로 기쁨의 산 중턱까지 올라갔지만 나를 진정으로 행복하게 해주는 건 아무것도 없었다.

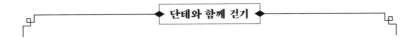

단테와 함께 걷기

나는 언제, 어떻게 '노오력'하는가?

자신의 진정한 본성이 아니라 문화적으로 학습되어 매일 반복하는 행동이 있다면 이는 기쁨의 산을 '노오력'하며 오르는 중이라고 볼 수 있다. 자신에게 완전히 솔직해질 수 있는가? 그렇다면 다음 몇 가지 질문에 답해보자. 각 질문에 답한 다음에는 잠시 시간을 내서 그 대답이 진심이었는지 생각해보자. 거듭 말하지만 다른 것들은 할 필요 없다. 오직 진짜 상황에 반응하는 내면적 목소리를 따라가기만 하면 된다. 진정으로 좋아서 하는 일과 다른 여러 가지 이유로 하는 일 사이의 차이에 집중하자.

- 만나도 진심으로 즐겁지 않은 사람들과 어울린 적이 있는가? 그들은 누구인가?

_____

_____

- 진심으로 원하지 않는데 계속하는 일이 있는가? 여러 개여도 상관없다. 그 일들을 적어보자.

_____

_____

- 단지 누군가를 화나게 할까 봐 혹은 다른 사람들에게 형편없는 사람으로 보일까 봐 두려워서 억지로 하는 일이 있는가?

_____

_____

- 일상생활을 하면서 행복한 척하거나 어떤 일에 실제보다 더욱 흥미 있는 척할 때가 있는가? 어떤 분야에서 그렇게 하는가? (예를 들면 인간관계, 직장 생활, SNS 등이 있을 수 있다)

_____

_____

- 사실이 아닌 걸 알면서 혹은 진짜 의도를 숨긴 채 어떤 말을 한 적

이 있는가? 어떤 말이었는가?

_____

_____

위에 쓴 답을 꼼꼼히 읽어보면 자신이 언제 온전함에서 벗어나 사회문화적 목표 또는 기준을 향해 맹렬히 질주하는지 보일 것이다. 물론 당신은 아무 잘못도 없으며 뭔가 해야 할 일도 없다. 다만 인생에서 얼마나 많은 시간을 '노오력'하며 보내는지 살펴보자.

내 고객 중에는 이 훈련을 통해 속박에서 벗어난 기분을 느낀 사람도 있었고 더러는 모욕감을 느낀다고도 했다. 자신을 억압하며 억지로 했던 불쾌한 일들, 감정을 속였던 부분, 수치심이나 처벌의 위협에 굴복했던 순간들은 그들이 가장 고매하다고 믿었던 것이었다. 아이를 돌보는 일을 한 번도 진심으로 기쁘게 여기지 않았던 어머니, 지적이고 조용한 일을 갈망하는 소방관, 훈련받는 일상이 견디기 힘든 군인은 어쩌면 자신의 본심을 누르고 그저 그렇게 해야 옳다고 여기는 일을 하는 건지도 모른다. 그렇다. 이 모든 숭고한 노력은 온전함에서 벗어난 것이다!

이게 무슨 개소리냐고? 일단 깊이 심호흡하고 다시 시작하자. 나는 사회적, 문화적 기대를 충족시키려는 노력이 나쁘다고 말하는 것이 아니다. 오히려 그 반대다. 아마도 당신은 진정으로 옳고 선하다고 믿는, 엄청나게 힘든 일을 하며 살고 있을 것이다. 그 점은 진심으로 존중한다. 자신의 본성을 거스르는 일을 하려면 굉장한 자기 훈련이 필요하다. 나는 이런 노력을 비난하거나 폄훼하려는 게 결코 아니다. 다만 한 가지는 꼭 말하고 싶다. 우리는 사회적 기대에 부응하기 위해 자신의 진정한 본성을 거슬러야 할 때 그 일을 끔찍하게 싫어한다는 것이다.

그렇다고 해도 달라질 것은 없다. 당신이 지금까지 살아온 삶을 그대로 유지하며 살기를 바란다. 계속 질주하기를, 원하는 만큼 노오력하며 살기를 바란다. 다만 딱 한 가지, 나로 온전한 삶을 위해 바꿔야 할 단 한 가지만 인정하라. 자신의 행동이 누군가에게 좋은 인상을 주려고, 다른 사람들과 잘 어울리려고 하는 행동이라는 사실을 인정하는 것이다. 그런 행동은 자연스럽지 않으며 자신의 진심과 조화를 이루지 못한다.

제3곡

스승 만나기

기쁨의 산비탈에서 달아나던 단테는 어두운 숲에서 인간의 형상을 한 존재를 보게 된다. 단테는 그 존재를 향해 도와달라고 소리치지만 그것이 사람이 아닐지도 모른다는, 좀 더 적절한 표현을 찾자면 살아 있는 존재가 아닐지도 모른다는 생각에 두려워한다. 아니나 다를까, 그는 유령이었다. 베르길리우스로 더 잘 알려진 로마의 시인 푸블리우스 베르길리우스 마로Publius Vergilius Maro는 수백 년 전에 죽은 사람이다. 그나마 다행인 점은 단테가 가장 좋아하는 시인이었다는 점이었다.

베르길리우스는 단테에게 자신을 소개한 뒤 왜 기쁨의 산을 오르지 않느냐고 묻는다. 단테가 피에 굶주린 늑대를 가리키며 저 늑대가 자신을 쫓고 있다고 대답하자 베르길리우스는 상황을 다 이해한 듯 단테에게 어둠의 숲을 벗어날 다른 길을 알려주겠다고 말한다. 그리고 자신이야말로 단테가 가고자 하는 길의 동반자이자 안내자라고 하면서 도와주겠다고 한다.

스승을 만나는 법

인생의 스승을 만난다는 건 어쩌면 꿈같은 일일지도 모른다. 단테는 최악의 순간, 인적 없는 외딴곳에서 우연히 가장 좋아하는 시인의 유령을 만났다. 게다가 그 유령 시인은 단테에게 길을 안내해줄 시간과 의향이 있었다. 현실 세계에서도 그렇게 된다면 얼마나 좋을까?

그런데 그런 일이 현실에서도 정말 일어난다. 나는 내 삶에서, 내 고객들의 삶에서 이런 작은 기적이 일어나는 광경을 수도 없이 봤다. 앞으로 나아가기 위해 스승이 필요한 순간에 누군가 혹은 무언가 홀연히 나타나 도움을 주는 기적 말이다.

실제로 단테는 베르길리우스의 시를 읽으며 그를 처음 만났다. 독서는 내게도 인생의 스승 대부분을 만나게 해준 방법이다. 내 고객들 역시 가장 혼란스러운 시기에 정말 크게 도움이 되는 책이 책장에서 툭 떨어지듯 나타났다는 말을 자주 한다. 때론 우리에게 도움이 필요하다고 판단한 누군가가 상담치료소나 갱생시설, 요가원 혹은 지혜로운 스승을 만날 환경으로 우리를 이끌기도 한다. 더러는 팟캐스트나 온라인 강연에서 우연히 들은 말 한마디에 매료되기도 한다.

세계적으로 유명한 비교신화학자 조지프 캠벨Joseph Campbell은 세계 곳곳의 신화와 전설을 탐구하던 중 이야기 속 영웅이 모험을 받아들이고 길을 나설 때 곧 멘토가 나타난다는 사실을 발견했다. 어두운 과오의 숲을 정처 없이 헤매고 있다는 사실을 깨달았을 때, 그 숲을 빠져나오려 노력했지만 기쁨의 산을 오르느라 실패했을 때, 고통스러운 감정이 야만스러운 짐승처럼 집요하게 덮칠 때 우연히 스승을 만나곤 한다.

이 시점에서 혼자 힘으로 올바른 길을 찾을 가능성은 매우 희박하다. 태어나면서부터 배워온 관념과 행동 방식 때문에 정처 없이 헤매기만 할 뿐이다. 이런 과오들은 대부분 심리적 사각지대에 잠복해 있다. 이 사각지대는 외부의 도움이 없이는 아무리 열심히 노력해도 찾기 힘들다. 하지만 다른 관점을 가진 누군가는 우리가 놓친 곳을 발견해 바로잡도록 도와줄 수 있다. 이제 우리는 이 특별한 스승을 만날 준비가 되었다. 그 스승은 우리 영혼의 인도자이자 정신적 스승이다.

좀 더 깊이 들어가기에 앞서 중요한 사실 하나를 짚고 넘어가자. 어떤 스승도 모든 문제의 해답을 알고 있지는 않다. 정신적 스승은 매우 중요한 인물이지만 그 역할에는 한계가 있다. 그들은 우리에게 의견을 들려주어 우리가 의식 깊숙한 곳에서 지혜를 찾도록 도와줄 뿐이다. 베르길리우스도 (스포일러 주의!) 단테가 낙원에 이르는 모든 길을 낱낱이 알려주지 않는다. 우리에게 온전함을 되찾아 줄 수 있는 사람은 아무도 없다. 진리를 깨달으려면 스스로 배우고 실천해야 한다. 영혼의 스승이 해줄 수 있는 일은 우리가 진실을 감지하는 내적 능력을 찾도록 돕는 것뿐이다.

그렇긴 하지만 컴컴한 과오의 숲을 헤맬 때, 길을 잃었다는 사실을 알면서도 어떻게 빠져나가야 할지 모를 때 꼭 필요한 존재가 스승이다. 그러니 스승이 누구인지 기민하게 알아차려야 한다. 스승은 당신이 생각하는 것처럼 생기지 않았기 때문이다.

정신적 스승 알아보는 법

○

정신적 스승이 항상 우리의 예측과 딱 맞아떨어지는 것은 아니다. 영화 〈죽은 시인의 사회〉에서 로빈 윌리엄스가 연기했던 선생님처럼 괴상한 방식으로 학생들의 마음과 생각을 열어주는 스승도 있다. 어쩌면 당신의 스승은 책이나 노래, 심지어 동물이 될 수도 있다. 크나큰 깨달음을 재빨리 깨우칠 수밖에 없는 상황에서 겪은 강렬한 경험도 스승이 될 수 있다.

살다 보면 한 번 이상은 독특한 방식으로 뭔가를 배우게 된다. 영화를 보다가 문득 뭔가를 배우기도 한다. 고집불통이던 사람이 평소 경멸했던 사람 덕에 목숨을 구하는 일도 있다. 돈에 집착하는 유명 인사가 폰지 사기로 돈을 잃더니 며칠 후 거대한 저택이 불에

타 전소되는 일을 겪기도 한다. 자기애가 강한 의사가 늘 치료해왔던 바로 그 병에 걸려 환자의 입장이 되기도 한다. 이런 일이 일어날 때면 우리의 통제 능력을 훨씬 벗어난 곳에서 어떤 강력한 힘이 우리를 가르치고 있다는 느낌을 받기도 한다. 어떤 힘이든 이런 상황에서 우리를 돕는 힘은 분명 위대한 정신적 스승이다.

하지만 스승은 대부분 사람인 경우가 많으며 대체로 조금 독특한 면이 있다. 흔히 우리가 알고 있는 스승이라는 단어의 느낌처럼 인자한 미소를 띤 유모나 안경을 쓴 똑똑한 교수 같은 모습은 아닐 수도 있다는 말이다. 대체로 진정한 스승의 첫인상은 괴짜이거나, 짜증 나는 사람이거나, 이해할 수 없는 사람이거나, 이상한 구석이 있는 사람인 경우가 많다.

정신적 스승을 바로 알아볼 수 있는 보편적 원칙이 있다. 하지만 그에 앞서 정신적 스승이 될 수 없는 사람의 유형을 파악하고 넘어가야 한다. 그래야 영혼의 지도자처럼 구는 사기꾼에게 홀리지 않을 수 있다.

세상에는 우리가 어떻게 행동하고 생각하고 존재해야 하는지를 강렬하게 끄집어내서 열광적인 인기를 얻는 이들이 정말 많다. TV에 출연한 지식인, 권위적인 전문가, 자기주장만 고집하는 가족, 이제 막 새로운 종교에 빠진 친구, 인터넷에서 고래고래 소리를 질러대는 낯선 사람 등. 이런 사람을 만나면 조심해야 한다. 누군가에게 강압적으로 조언하는 사람은 유능한 정신적 스승이 아닐 가능성이 크다.

기쁨의 산 정상에 데려가 주겠다며, 아름답고 부유하고 유명하게 만들어주겠다며 그 대가로 전적인 헌신 혹은 거액의 돈을 요구하는 사람도 마찬가지다. 이들이 진정한 정신적 스승일 확률은 매우 드물다. 그래도 이런 이들에게 심장이 고동친다면 따라가라. 하지만 이때 요동치는 심장은 진심이 아니라 당신이 그의 타깃이 되었기 때문에 울리는 것일 수도 있음을 명심해야 한다. 진정한 정신적 스승은 정신을 쏙 빼놓는 말솜씨가 아니라 마음의 끌림으로 사람을 움직인다(이 부분에서 복습이 필요하면 제2곡의 훈련을 다시 해보길 바란다).

요즘은 '정신적 스승'과 같은 단어들이 불편해서 견딜 수 없는 사람을 묘사하기 위해 사용되기도 한다. "그 사람 때문에 내가 정신 수양하잖아. 아주 정신적 스승 나셨어."라며 동료들과 수다를 떨기도 하고, 섹스하려고 신용카드를 훔친 자식을 두고 "내가 아주 개 때문에 몸에 사리를 쌓아. 부처가 다 됐어."라고 푸념하듯 말하기도 한다. 이런 표현 방식은 건강하지 않은 관계를 계속 유지할 수 있으므로 위험하다.

진정한 정신적 스승은 싫을 때도 있고 우리를 혼란스럽게 할 때도 있지만 불쾌하거나 견딜 수 없는 사람이 아니다. 오히려 알고 보면 깊이가 있고 매력적인 이들이다.

이 모든 점을 고려할 때 내가 생각하는 의미의 정신적 스승은 다음과 같다.

나의 생각과 관심을 사로잡는다

진정한 스승과 조우할 때 괴이한 느낌을 받을 때가 더러 있다. 사람이든 사물이든 우리에게 가르침을 주는 존재를 만나면 마음이 설명할 길 없이 이상하게 끌리기 때문이다.

나는 이런 현상을 'R2-D2' 현상이라 부른다. R2-D2는 영화 〈스타워즈〉에 등장하는 드로이드(안드로이드를 의미하는 〈스타워즈〉 내에서의 고유명사)다. 역시 드로이드인 C-3PO의 관점에서 보면 R2-D2는 레아 공주를 만나기 전까지만 해도 모든 것이 정상이었다. 그러나 레아 공주를 만난 직후 R2-D2는 입을 꾹 닫은 채 동료도 무시한다. C-3PO도 모르게 레아 공주로부터 비밀 지령을 받았기 때문이다. 레아 공주에게 받은 지령은 다른 모든 것보다 우선이다.

살다 보면 이따금 마음속 요란한 소음들이 사라지고 조용해질 때가 있다. 지난 저녁 파티에서 만난 누군가를 곰곰이 생각하느라, 몇 년 동안 보지 못했던 오래된 친구를 떠올리느라, 각기 다른 세 사람과 대화를 하다가 공통으로 거론된 낯선 이를 생각하느라 그런 마음의 정적에 빠질 때가 있다. 그들이 왜 자신의 마음을 사로잡았는지 모르는 채 계속 생각이 나고 그들의 말과 행동에 신경이 쓰인다. 불쑥 마음 한가운데로 들어온 그 사람 때문에 당혹감을 느끼기도 한다. 그 사람과 논쟁을 벌이거나 그에게 자신을 설명하면서 도대체 왜 이렇게 그의 생각에 신경이 쓰이는지 궁금해질 때도 있다.

마법처럼 홀연히 나타난다

조지프 캠벨은 영웅담 속 영웅이 운명이나 마법 혹은 신성한 힘에 이끌려 스승과 만나게 된다고 말한다. 우리가 정신적 스승을 만날 때도 마찬가지다. 여러 우연이 잇따라 일어나거나 이상할 정도로 좋은 분위기가 형성되면서 스승과 제자 관계가 만들어지기도 한다. 스승과의 만남이 운명이라는 암시를 주는 이 작은 마법은 R2-D2 효과를 입증한다.

내 고객들의 사례를 살펴보자. 미셸이라는 고객은 어느 날 친구로부터 자기계발서 책 한 권을 선물로 받았다. 그런데 그날 우연히 공원의 벤치 위에 똑같은 책이 있는 것을 봤고 그 주에 그 책 저자의 사인회에 참석하게 되었다. 알고 보니 그 책은 자신에게 너무도 필요한 책이었다고 한다.

에린은 파리에서 휴가를 보내던 중 우연히 들른 커피숍에서 한 미국인 친구를 만나게 되었다. "미국인을 만나려고 프랑스에 간 것도 아닌데 어쩐 일인지 그 사람과 대화를 멈출 수 없더군요." 알고 보니 그녀가 새로 사귄 친구는 트라우마 전문 상담가였다. 그는 에린이 사는 클리블랜드에, 그것도 차로 10분 거리에 살고 있었다. 에린은 대학 시절 강간당할 뻔했던 경험이 있었고, 휴가를 마치고 집으로 돌아온 후 새 친구에게 몇 차례 상담을 받았다. 그리고 그동안 자신을 짓눌렀던 고통에서 벗어날 수 있었다.

마이클은 식당에 앉아 웨이터가 주문을 받으러 오길 기다리고 있었다. 그런데 이상하게 테이블을 옮겨 다른 웨이터에게 주문을 받고 싶은 마음이 생겼다. 그래서 다른 테이블로 자리를 옮겼는데 그 테이블 옆에 아버지의 오랜 친구분이 일행과 식사하고 있었다. 마이클은 그에게 인사했고 대화를 나눴다. 그리고 이것이 인연이 되어 그는 마이클에게 일자리를 제안했고 이후 마이클이 성공할 때까지 멘토가 되어주었다.

이런 이야기를 들으면 굳이 스승을 찾아 나설 필요가 없다는 생각이 들 수도 있다. 어느 날 갑자기 정신적 스승이 나타나 속옷 차림으로 시리얼을 먹고 있는 자신을 구원해줄 거라고 생각하는 이도 있을 것이다. 물론 드물게 이런 일이 일어날 수도 있다. 이보다 더 이상한 일들도 많이 봤다. 하지만 이런 일은 잘 일어나지 않는다. 스승은 준비된 제자에게 나타나기 때문이다.

길을 잃었다는 사실을 자각하고 온전함을 찾아 나설 준비가 되어 있어야 한다. 준비가 되면 스승은 예기치 못한 방식으로 나타날 것이다. 마치 아이스크림 위에 얹힌 체리처럼 당신에게 마법 같은 일이 일어날 것이다.

나를 깨우는 순수한 사랑을 베푼다 ─────────

'정신적 스승'이라는 말을 들으면 뭔가 위안이 되고, 우리가 잠들 때 곁에서 자장가를 불러줄 것 같은 편안한 이미지가 떠오른다. 하지만 현실에서 정신적 스승은 우리를 잠재우는 것이 아니라 어두운 과오의 숲을 몽유병처럼 헤매는 우리를 깨운다. 그래서 뜻밖에도 소란스럽거나 충격적일 수 있다. 아시아 문화에서는 정신적 스승이 제자들의 얼굴에 찬물을 끼얹기도 하고 대나무 막대기로 때리기도 한다.

대부분은 몇 년이 흐른 뒤에야 그런 행동들이 깊은 사랑이었음을 깨닫는다. 많은 사람이 '사랑'이라는 단어를 파리를 향한 거미의 탐욕스러운 갈망처럼 사용하곤 한다. 거미는 진심으로 파리를 사랑한다(맛이 좋아서일 수도 있고 바삭한 식감 때문일 수도 있다). 거미는 파리를 거미줄로 칭칭 감아 붙잡아둔 다음, 가까이서 지켜보다가 조금씩 우적우적 씹어 먹는다.

부모나 친구, 연인을 이런 방식으로 대하는 이들을 많이 봤다. 나는 이런 사랑을 '거미의 사랑'이라고 부른다. 솔직히 이런 사랑은 사랑이 아니다. 포식자와 피식자 관계일 뿐이다. 정신적 스승은 절대로 이렇게 하지 않는다. 진정한 사랑은 구속하거나 집착하지 않으며 어둠의 숲에 붙잡아두지 않는다. 진정한 사랑은 항상 우리를 자유롭게 해주고 싶어 한다.

진정한 스승이 우리를 편안한 상태로 만들어주려고 돕지 않는 것도 이런 이유다. 진정한 스승은 우리 안에 갇혀 있는 우리를 덜그럭덜그럭 흔들고, 불편하게 하고, 진정제를 빼앗아 버린다. 마치 저녁밥으로 사탕을 먹겠다고 떼쓰는 아이에게 사탕을 주지 않는 부모처럼. 아이는 순간 짜증 나고 사랑받지 못한다고 느낄 수도 있다. 하지만 이때 주의 깊게 들여다봐야 한다. 우리를 해방시키려고 하는 그 존재가 겉보기에는 가혹하고 냉정해도 어쩌면 가장 순수한 사랑인지도 모른다.

반문화적이고 때로는 기이하다 _____

이게 무슨 말일까? 문화적 가치를 공유하지 않는다니, 스승이란 문화적 가치관을 가르치는 존재가 아닌가?

우리가 어두운 과오의 숲에 있을 때는 그렇지 않다. 명심하라. 우리는 문화적 가치관을 따라 진정한 자신의 길에서 벗어나 온갖 종류의 기쁨의 산을 오르려고 애쓴다. 결코 행복해질 수 없는 것들을 쫓아다니느라 지치고 만다. 정신적 스승은 우리가 이런 과오에서 벗어나도록 특정 문화적 망상에서 깨어나는 것을 돕는다.

따라서 진정한 스승은 '반문화적'인 존재다. 이들 중에는 예측 불가인 사람도 있고, 문화권에서 벗어나 자기 주도적이고 길들지 않은 삶을 사는 이들도 있다. 예수를 만나기 전 세례자 요한이 바로 그런 사람이었다(죄인에게 돌 던지기를 완강히 거부했던 예수도 그런 사람이었다). 정신적 스승은 일반 사회에서 흔히 말하거나 행동하지 않는 것들을 말하고 행한다. 그들의 태도, 대응, 조언은 사회에서 듣던 것과는 다를 수 있다.

그렇게 반문화적인 정신적 스승이 여러 역사적 맥락에서 존중받는 경우도 많다. 아메리카 원주민 라코타족Lakota(한국에서는 수족Sioux으로도 많이 알려져 있다.—옮긴이)은 말을 거꾸로 타거나, 한겨울에 반쯤 벗고 다니거나, 최악의 순간에 무례한 말을 하는 등 의도적으로 사회적 관습을 거부하며 살아온, 신성하고 비세속적인 이들이었다. 중세 유럽의 어릿광대는 누구든 모욕할 수 있었으며 심지어 왕까지도 조롱할 수 있었다. 관습을 무시하고 조롱하는 스승들은 우리가 사회적 역할을 하느라 진정한 길을 잃지 않도록, 자기 자신을 지나치게 심각하게 받아들이지 않도록 도와준다.

물론 이상하고 무례하고 반사회적인 사람이 모두 정신적 스승은 아니다. 진정한 정신적 스승의 반사회적인 모습은 매우 특별하다. 그들은 우리의 기존 전제들을 뒤흔들고 새로운 관점으로 보게 해준다. 이와 반대로 그저 횡설수설하기를 좋아하는 사람들은 기이해 보이기는 하지만 빠져들 만한 매력도 없고 우리 마음의 지평을 넓혀주지도 않는다.

나는 격렬했던 사춘기와 수많은 철학책을 탐독했던 시절을 보낸 후 문화적 혼란과 정신적 스승의 차이를 깨달았다(지금도 옛 지혜가 궁금해서 정신적 안내서라고 알려진 책들을 많이 읽고 있다). 사람들은 모르몬교 경전이 행복한 삶을 보장해주는 가장 중요한 길이라고 말했다. 나는 경전의 규칙을 따랐지만 그런 책들을 읽어도 마음 깊은 곳의 해방감은 느끼지 못했다. 그래서 중국어를 공부하기 시작했고 미국인의 사고방식과는 맞지 않는 책들을 읽기 시작했다. 내가 가장 좋아하는 《도덕경道德經》은 BC 2,500년경에 나왔는데 그 안에는 이런 구절이 있다. "물이 바다로 흘러 들어가는 것은 바다가 낮은 곳에 있기 때문이다. 그 겸손함이 바다의 힘이다."

이는 서양적 사고방식과는 정반대다. 언뜻 들으면 낯설고 이상하게 들릴 수 있다. 하지만 이 문구가 잠시 멈춰서 곰곰이 생각하고 싶게 만들지는 않는지 살펴보라. 들어가도 괜찮냐며, 마음의 문을 노크하지는 않는지 귀 기울여보라. 진정한 정신적 스승은 이런 방

식으로 우리에게 영향을 미친다. 이상하게 들리지만 그 기이함이
전부가 아니다. 거기에는 농축된 세정제처럼 강력한 정화의 힘이
있으며, 우리의 전제에 도전하지만 묘하게 설득력이 있다.

노오력에 신경 쓰지 않는다

정신적 스승은 문화권 밖에 있기 때문에 우리의 노오력에는 눈
곱만큼도 관심이 없다. 우리의 다정한 행동을 침 튀어가며 칭찬하
지도 않고, 세상 물정에 밝은 우리의 지식에 눈이 휘둥그레지지도
않는다. 우리의 희생정신이 돋보이는 미담에 달콤하게 위로해주지
않으며 우리의 부와 지위에 굽신거리지도 않는다. 만약 그들에게
값비싼 선물을 준다면 그들은 고맙다고 말한 뒤 곧장 그것을 다른
사람에게 줄 것이다(실제로 내가 겪은 일이다). 어떤 아첨이나 술책,
짜증도 그들이 가는 진실의 길에서 단 1밀리미터도 벗어나게 하지
못한다.

정신적 자유에 대한 갈망이 큰 사람이 이런 말을 들으면 좌절도
클 것이다. 내 고객 중에 클래식 피아니스트인 올리비아의 음악 스
승은 그녀를 인정하지 않고 도저히 따를 수 없는 조언만 한다고 했
다. "그 선생님은 제가 하는 건 단 하나도 인정하지 않아요. 선생님
에게 칭찬은 단 한마디도 들은 적이 없어요. 제 연주를 듣고는 늘
이런 식으로 말씀하시죠. '이제 과거가 없는 것처럼 연주해봐.' 도
대체 이게 무슨 소리냐고요. 꼼짝도 하지 말고 피아노 앞에 앉아서
마치 그 자리에 없는 것처럼 하라는 게 무슨 말인가요?"

하지만 그녀는 그런 선생님에게 미칠 듯이 호기심이 생겼고 계속 함께 연습했다. 하루는 선생님이 올리비아에게 속사포처럼 어려운 지시를 해대는 바람에 연주를 시작하자마자 어떻게 해야 할지 갈피를 전혀 잡지 못했다. "머리가 하얘진 정도가 아니었어요. 머릿속 모든 것이 송두리째 사라진 느낌이었죠."

그 순간 올리비아는 자신과 음악을 분리하려는 생각을 멈추고 손가락이 움직이는 대로 피아노를 쳤다. "저는 선생님에게 잘 보이려는 노력을 멈췄어요. 손가락으로 건반을 칠 때마다 저 자신이 그냥 소리 그 자체가 되었죠. 너무 아름다워서 눈물이 났어요. 선생님을 보니 선생님도 울고 계시더라고요. 서로 아무 말도 하지 않았어요. 정말, 완벽했어요."

생각할 수 없는 것을 생각하도록 도와준다 ────────────

정신적 스승은 우리의 맹목적인 질주를 막아줄 뿐 아니라 우리가 헛된 곳에 지나치게 애쓰고 있다는 사실을 솔직하게 말해준다. 유명 디자이너 옷이나 유려한 화술을 칭찬하기보다는 남에게 잘 보이려고 지나치게 의식한다고 말한다. 우리가 경박한 존재론적 절망에 빠져 있을 때 정신적 스승은 예의 갖춘 인사치레는커녕 슬퍼 보이는데 왜 그렇게 행복한 듯 행동하냐고 단도직입적으로 묻기도 한다.

그렇다. 어떤 면에서는 충격적이다! 이는 정신과 의사 앨리스 밀러Alice Miller가 '그 규범은 절대 발설하지 말라'며 언급했던 모든 문화적 규범을 위배하는 것이다(밀러는 종교적 관습이나 사회적 관습이 아이에게 억압으로 작용해 무의식과 감정을 지배한다고 했다.—옮긴이). 사람들은 반드시 따라야 한다고 교육받은 암묵적 규율은 절대 발설하지 않는다.

방 안에 있는 모든 사람이 임금이 벌거벗었다는 사실을 알고 있지만 두려움 때문에 마치 임금의 옷이 눈에 보이는 척한다. 엄마가 아편을 지나치게 많이 복용하지만 가족에게 더 중요한 건 엄마가 아편 중독이라는 사실을 절대 발설하지 않는 것이다. 거짓말을 해야 하는 상황에서 거짓말을 하되, 모든 사람이 그 거짓말을 알고 있다는 사실은 절대 언급해서는 안 된다. 그러나 정신적 스승은 이런 규범을 위배한다. 그는 이 암묵의 규범을 깨고 솔직하고 공개적으로 사실을 말하라고 한다. 잔인할 정도로 솔직하게.

침묵해야 할 때를 안다

"길에서 부처를 만나면 그를 죽여라." 선불교 임제臨濟 선사의 말이다. 이 말은 정말 길에서 승려를 만나면 죽여야 한다는 의미가 아니다. 진정한 영혼의 스승을 만나면 자신도 모르게 나태한 어린아이처럼 스승의 가르침에 맹목적으로 매달리고 싶은 유혹에 빠진다. 문제는 우리의 현실이 너무도 방대하고 복잡해서 오직 한 사람, 하나의 관념으로 대표될 수 없으며 모든 사람과 모든 아이디어를 다 아우르는 사상으로 대표될 수 없다는 것이다.

'부처를 죽여라'라는 말은 어떤 스승이든 그의 모든 것을 배워

그를 초월하는 경지에 도달해야 한다는 의미다. 그래야 배웠던 진실과 깨달았던 거짓 모두를 활용할 수 있다. 진정한 스승은 이 사실을 반복해서 끈질기게 가르친다. 우리 자신이 신념의 최종 결정자이며 그 결정에 필요한 분별력을 갖도록 도와준다. 내가 좋아하는 인도의 현자 니사르가닷타 마하라지Nisargadatta Maharaj는 이렇게 말했다. "외부의 스승은 길가의 이정표에 지나지 않는다. 목적지까지함께 걷는 것은 자기 안의 내적 스승이다. 내적 스승이야말로 그목적지 자체이기 때문이다."

마음의 안내자를 찾아서

◦

지금까지 외부에서 정신적 스승을 찾는 몇 가지 방법을 이야기했으니 이제 내면의 스승이자 우리의 목표인 존재에 관한 이야기를 해볼까 한다.

이 궁극의 스승은 우리가 태어나기 전부터 존재했으며 우리가이 세상에서 마지막 숨을 거두는 그 순간까지도 함께할 것이다(혹시 아는가, 우리가 세상을 떠난 후에도 함께할지!). 단테는《신곡》을 쓰면서 상상 속에서 베르길리우스의 혼령을 만들어냈다. 작중 인물인 단테에게 길을 안내한 이는 사실 단테가 만들어낸 존재이자 그의 일부였다. 내면의 스승보다 자신을 더 잘 아는 이도, 더 오랫동안 함께할 이도 없다.

그런 내면의 스승을 무엇이라고 불러야 할까. 이를 지칭하는 표현은 많지만 지혜의 가장 중요한 본질을 아우르는 것은 딱히 없다. 전통적으로, 정신적인 측면을 지칭하는 표현들은 대부분 의미론적 혼란만 야기한다. 설명할 수 없는 것을 설명하려 하기 때문이다. 아무튼 예전부터 우리는 내면의 스승, 우리의 마음 중심에 있는 지혜, 궁극적으로 우리 존재를 이루는 본질 등을 총괄하는 단어들을 만들어왔다.

이 책에서 나는 내면의 스승을 '온전함'으로 부를 것이다. 하지만 '진정한 자아', '진정한 본성', '본질 그 자체' 등의 표현도 사용할 것이다. 또 다른 책에서는 (몸과 뇌를 의미하는) '육체적 자아'의 반대 개념이자 초월적 자아를 의미하는 '메타 자아meta-self'라는 표현도 사용했다.

다른 작가들이 쓰는 표현을 살펴보면 무아no-self, 절대 인식, 부처의 본성, 예수의 의식, 깨우침, 신의 뜻, 비존재non-being, 나the I am(여기서 말하는 '나'는 성서에서 예수가 자신을 지칭하는 그리스어 문구인 Ἐγώ εἰμί를 의미한다.—옮긴이), 절대자, 만물, 근본적 의식 등 무수히 많다. 물론 내면의 스승에 담긴 진정한 본질은 이런 명칭 그 너머에 있다. 생각만으로는 경험하지 못하며 오직 그 자체가 되어야만 경험할 수 있다.

내면의 스승을 말로 설명하는 것이 불가능하다고 하긴 했지만 어쨌든 최대한 설명해보려 한다. 우리가 어떤 것에 담긴 진실을 깊이 생각할 때, 들을 때, 이해할 때 우리 내면의 스승이 맑게 깨어난다. 수학 문제의 정답부터 사랑의 힘에 이르기까지 어떤 진실이든 이해할 때 앎으로 가는 모든 의식이 가지런히 정돈된다. 이렇게 의식이 가지런히 정돈되면 우리는 그 상태를 이상적인 상태로 인식한다. 차분하고 명료하며 고요하고 열린 느낌. 그 느낌이 들 때 내면의 스승은 고개를 끄덕인다.

온전함에 이르는 길은 이런 목소리를 듣고 이때의 감정을 자주 혹은 항상 유지하는 것이다. 이렇게 할 수 있는 사람은 정신적 지도자들처럼 존경받는다. 이 깨달음의 경지가 너무 아득해 좌절감이 든다 해도 누구나 한 번쯤은 이미 이런 깨달음을 얻은 적이 있다. 우리는 모두 어린 아기였다. 아기들은 믿음을 품기엔 너무 어려서 모든 것을 있는 그대로 인식한다. 정신적 스승들이 깨어 있는 삶을 살고 싶으면 어린아이처럼 되라고 하는 것도 이런 이유 때문이다.

하지만 어른이 되어 어두운 과오의 숲에서 헤맬 때도, 거짓 믿음으로 얼기설기 짠 거미줄을 걷어내고 진정함을 인식하려 할 때도 진정한 자아와 하나가 되는 경험을 할 때가 있다. 그 순간 내면의 스승은 존재감을 드러내고 우리는 '진리의 울림'을 경험한다.

꿈에서 깨면 한동안 멍하니 원래의 자신을 자각하지 못할 때가 있다. 그러다 불과 몇 초 전까지만 해도 현실처럼 느껴졌던 일이 그저 한낱 꿈에 지나지 않았음을 깨닫는다. 어떻게 그 사실을 깨닫게 되었는가? 실재와 환상을 어떻게 구분했는가? 이것이 내면의 스승이 하는 일이다.

이 과정은 그리 복잡하지 않다. 깨어 있는 삶은 한때 경험이라

여겼던 꿈에 비해 진실의 울림이 더욱 선명하다. 깨어 있는 삶에는 의미를 만드는 체계가 모두 동원되는데 바로 우리의 몸과 생각과 마음과 정신이다. 여기서 몸, 생각, 마음, 정신, 이 네 가지를 좀 더 구체적으로 살펴보자. 이것을 공들여 설명하려는 이유는 온전함을 따르는 가장 중요한 기술이 바로 내면의 스승이 내는 목소리에 귀를 기울이는 것이기 때문이다.

외부의 스승을 도무지 찾을 수 없을 때도 내면의 스승은 항상 존재한다. 그리고 그를 만날 때 우리는 가슴속에서 진실의 울림을 느낀다. 따라서 진실을 몸과 생각과 마음과 영혼 모두가 느낄 수 있다. 이것이 내면의 스승이 지닌 가장 중요한 특징이다.

일단 진실을 깨달았을 때 '몸'의 반응은 편안함이다. 말 그대로 몸의 근육이 자신도 모르게 이완된다. 아무리 어려운 진실이라도 받아들이는 순간 몸이 이완되고 호흡이 깊어진다. 앞서 제1곡의 마지막 부분에서 제시한 '무엇을 해야 할지 모르겠다', '나는 도움이 필요하다'를 읽었을 때 이런 변화를 감지한 사람도 있을 것이다.

우리의 '생각'이 진실을 감지했을 때는 머릿속 전구가 환하게 밝혀지며 풀리지 않던 수수께끼가 해결되는 느낌을 받는다. '아하!', '알았다!', '그렇지!' 하며 모든 퍼즐 조각이 맞춰지는 기분을 느낀다. 논리가 작동하기 시작한다. 모든 것이 논리적으로 착착 맞아떨어진다.

'마음'이 진실을 느끼는 과정은 꽃이 피는 과정과 비슷하다. 완벽하게 온전한 상태에서는 모든 감정을 고스란히 느낄 수 있다. 사랑, 깊은 슬픔, 지독한 분노, 섬뜩한 두려움. 이 감정들은 고통스러울 수 있지만 우리가 어두운 과오의 숲에서 느꼈던 지독하고 모호한 고통과는 다르다.

힘겨운 진실의 고통을 느꼈을 때 현실에 맞춰 이를 이완해주는 것이 바로 '정신'적 반응이다. 감정 덩어리와 감정 너머에 있는 해방감이 느껴지면서 모든 경험을 향해 거대한 문이 활짝 열리는 기분이 든다. 흔들리지 않는 고요함이 우리를 감싼다. 고통의 공간도 있고, 기쁨의 공간도 있다. 모든 감각이 일어나는 공간은 절대적 행복으로 이뤄져 있다. 그 공간은(그리고 우리는) 모든 것, 심지어 고통마저도 유용한, 완벽하고 비옥한 무無의 지대다.

이 난해한 말들이 이상하게 들릴지도 모르지만 사실 내면의 스승은 가장 안정적이고 지극히 평범한 자기 자신의 일부다. 세속적인 문화는 영적인 것들을 부인하기 때문에 이런 진실의 울림이 마치 실내에서 벌어지는 불꽃놀이처럼 낯설게 느껴지는 이들도 있을 것이다. 그러나 우리는 일반적인 인식 과정에서 매번 이런 울림을 활용한다. 매일 아침, 잠에서 깨어 꿈과 현실을 구분할 때도 이를 활용한다.

물론 단식이나 환각제, 수년간의 침묵도 영적인 차원에 이르는데 도움을 주기도 한다. 하지만 또한 우리는 아주 사소하고 평범한 순간에 진실을 깨닫고 영적인 경험을 할 수 있다. 전화번호를 기억할 때, 농담에 웃음을 터트릴 때, 자신의 실수를 스스로 용서할 때도 가능하다. 영적인 경험은 지극히 평범하고 사소한 모습을 하고 우리는 기다린다. 마치 〈스타워즈〉에서 루크 스카이워커가 자신의 스승은 엄청나게 거대하고 강력한 존재일 거라고 생각했지만 알고 보니 자신을 쫓아다니던 작은 요다가 스승이었던 것처럼 말이다.

외부의 스승은 우리에게 진실의 감각을 느끼도록 도와준다. 그리고 내면의 스승은 몸과 생각과 마음과 정신을 울린다. 예를 들면 나는 이 책이 온전함으로 가는 당신의 여정에 유용한 지침서가 되길 바란다. 하지만 이 책을 읽고도 진실의 울림을 느끼지 못한다면 내 말을 무시해도 좋다. 내 말을 듣지 마라. 자신의 말에 귀를 기울여라. 당신을 가르치는 사람이 누구든, 사제든, 태권도 관장이든, 시장이든, 배우자든 똑같이 하라. 진정한 정신적 안내자라면 당신의 내면의 스승에게 머리 숙여 인사할 것이다.

내면의 스승에게 귀를 기울여라

○

어두운 과오의 숲을 방황할 때 내가 만난 정신적 스승은 칸트의 《순수이성비판》이라는 책이었다. 칸트의 문장을 읽는 것은 마치 기계 부품을 먹는 것처럼 어렵고 딱딱했지만 왜 순수이성으로 그 무엇도 완전히 알 수 없는지를 읽으면서 내 모든 존재가, 내 몸과 생각과 마음과 정신이 가지런히 정돈되는 기분이 들었다. 칸트의 논리적 논증과 그 논증이 내게 준 해방감에 온몸이 편안하게 이완되었다.

대학을 졸업하고, 결혼을 하고, 하버드로 돌아가 석사 학위와 박사 학위를 받는 내내 나는 칸트의 세계관에 안주했다. 대학원에서 석박사 과정을 밟고 졸업하는 사이 첫딸도 낳았다. 그리고 또다시 임신했다. 당시 나는 알지 못했지만 이미 나를 둘러싼 세상이 내 정신적 스승이 되는 상황을 향해 가고 있었다. 나의 세계가 막 전복되려 하고 있었다.

무엇보다도 아들 애덤을 임신한 순간부터 나는 초자연적인 경험을 하기 시작했다. 그렇게밖에는 설명할 길이 없다. 놀랍게도 나는 멀리 떨어져 사는, 사랑하는 사람들에게 무슨 일이 일어나는지 알 수 있었다. 그것도 그 일이 일어나기 전에 말이다. 또한 내 곁에 없던 사람들이 내 몸을 물리적으로 살려주는 것도 느꼈다. 불타는 건물에서 보이지 않는 이가 나를 끌고 나왔고, 치명적인 출혈을 보이지 않는 손이 막아주었다. 그리고 임신 6개월에 애덤이 다운증후군이라는 사실을 알게 되었다.

정신적 스승은 늘 이런 식이다. 극도로 불안하고 문화적으로 용납할 수 없으며 아직 세상에 길들지 않은 태아가 거대한 충격을 던지며 나를 평온한 세상 바깥으로 끌어내고 있었다. 지금껏 믿어온 지성의 가치를 따를 것인가 아니면 더 깊은 현실 가능성에 눈을 뜰 것인가. 나는 지금껏 온전함이라 믿어왔던 철학과 신념을 철저히 파괴하고 안주했던 삶의 경험에서 벗어나 나 자신을 속속들이 파헤쳐야 했다. 바야흐로 부처를 죽여야 할 때가 온 것이다. 이제 나는 칸트의 순수이성을 포기해야 했다. 지성으로 무장한 기쁨의 산비탈에서 내려와 나의 다음 스승이 철학책은 한 줄도 읽어보지 않은, 태어나지조차 않은 아기라는 사실을 받아들여야 했다.

의사들은 아기를 낳는 행위가 어리석고 잔인하다고 했다. 나도 의사들이 말한 출산 전 선택을 부인하지 않았다. 적어도 의사들의 말은 '낙태를 하면 어둠에 내쳐질 것'이라는 모르몬교 신념보다는 훨씬 설득력 있었다. 하지만 하버드 출신 의사들의 말과 모르몬교 신념이 모두 똑같이 이상하게 들렸다. 다들 자신의 사회문화적 가치관을 토대로 확실하고 절대적인 말을 하고 있었지만 그 누구의 말도 내 내면의 스승, 내 마음속 진실에 닿지 않았다. 오히려 그들은 나를 불안하고 혼란스럽고 무감각하게 만들었으며 내면의 고요함에 다가갈 수 없게 했다.

물론 내가 들은 말들은 그 말을 한 이들의 문화적 가치 체계 안에서는 합당했다. 하지만 내게 일어난 일, 육체적 고통, 기이한 정신적 경험, 아기의 염색체 이상, 아기를 향한 내 모성애 등은 내가 사는 사회문화에서 온 것이 아니었다. 그것들은 자연으로부터 왔다. 그리고 자연은 내가 속한 사회의 신념과 행동에서 벗어난 곳으로 나를 데려가기로 작정한 것 같았다.

이후 몇 달간 극심한 고통에 시달렸다. 하지만 이따금 꼼짝할 수 없는 극도의 피곤함을 느낄 때 내 몸과 생각과 마음과 정신이 자연의 순리와 조화를 이루는 듯 느껴졌다. 그렇다. 온전함이었다. 마치 태풍의 눈으로 들어간 듯 모든 고통의 한복판에서, 산산조각 난 채 소용돌이치는 삶의 파편들에 맞아 멍들던 그 순간 나는 완전하고

고요하고 아름다운 평화를 느꼈다. 말은 없었지만 '다 괜찮아'라고 말하는 듯 들렸다. '넌 괜찮을 거야.'

내 언어 사전에는 이 스승을 형언할 말이 없다. 그 스승은 어린 시절 교회에서 봤던 수염 난 남자 신도 아니고 순수이성이라는 메스를 들고 내 정신을 수술했던 철학자도 아니었다. 하지만 아주 드물게 그 스승을 만날 때마다 내 안에서 진실의 울림이 너무도 선명하게 울리며 내 모든 선입견을 와르르 무너뜨렸다.

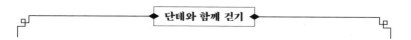

내면의 스승 만나기

아직 한 번도 순수하고 달콤한 온전함을 경험하지 못한 사람도 있을 것이다. 그 온전함을 경험하고 싶은가? 어쩌면 짧게나마 자신의 진실과 완벽하게 일치하는 경험을 했을 때의 감정을 기억하는 사람도 있을 것이다. 그 감정을 다시 느끼고 싶은가? 그렇다면 지금 바로 할 수 있는 방법이 있다. 자신이 약간 길을 잃었고 내면의 스승이 필요하다는 사실을 인정하는 것이다. 우리 사회는 이를 인정하도록 내버려두지 않는다. 하지만 그 바람이 진심이라면 스승을 갈망하는 마음은 결코 식지 않을 것이다. 그 느낌을 인정하고 눈을 크게 떠라. 내면의 스승이 언제 어디서 나타날지 모른다. 이 일이 일어나는 동안 뭔가 하고 싶은 일이 있다면 내면의 스승에게 곧장 다가가는 다음 몇 가지 방법을 참고하길 바란다.

이 훈련을 하려면 약 5분 정도 방해받지 않을 조용한 공간을 마련하고 필기도구를 준비하라. 노트에 적어도 좋고 이 책의 빈칸에 적어도 좋다.

1. 앞서 우리는 사실은 하고 싶지 않은데 끊임없이 하는 일에 관해 적었다. 여기에 그 일들 중 하나를 골라(아니면 새로 떠오른 일도 괜찮다) 적어보자.

   _____

   _____

2. 그 일을 생각하며 자기 자신에게 이렇게 말해보자. '나는 _____을 (를) 해야만 한다.' 예를 들어 정말 하기 싫은 일이 '쓰레기 버리기'라면 마음속으로 '나는 쓰레기 버리기를 해야만 한다'를 몇 번이고 반복하라.

   _____

   _____

3. '나는 (쓰레기 버리기)를 해야만 한다'를 반복하는 동안 신체적 감각의 변화에 주의를 기울이자. 근육, 관절, 위장, 장기, 피부 등 온몸의 감각을 세심하게 느껴보자. 그리고 그 느낌을 적어보자.

   _____

   _____

4. 이제 감정에 집중해보자. '나는 (쓰레기 버리기)를 해야만 한다'를 반복할 때 어떤 감정적 반응이 생기는가? 불안? 기쁨? 무덤덤함? 아래에 감정 반응을 적어보자.

_____

_____

5. 질문에 '예/아니오'로 답하라. '나는 (쓰레기 버리기)를 해야만 한다'를 반복해서 말할 때 자유로움을 느끼는가?

예 / 아니오

6. 이제 머릿속에서 '나는 (쓰레기 버리기)를 해야만 한다'를 지우자. 그리고 '나는 평온하게 살아야 한다'를 반복해서 말해보자. 이 말을 믿을 필요는 없다. 그저 마음속으로 계속 반복한다.

7. '나는 평온하게 살아야 한다'를 반복할 때 다시 한번 신체적 감각에 세심하게 주의를 기울여보자. 온몸에 집중하면서 몸에서 느껴지는 감각들을 적어보자.

_____

_____

8. 계속해서 '나는 평온하게 살아야 한다'를 반복하면서 이번에는 감정의 변화를 살펴보고 그 내용을 적어보자.

_____

_____

9. 마지막 질문이다. '예/아니오'로 답하라. '나는 평온하게 살아야 한
   다'를 반복했을 때 정신적으로 자유로움을 느꼈는가?

예 / 아니오

이 훈련의 장점은 단순하다. 내면의 스승이 하는 말에 귀를 기울이게 된다. 내면의 스승은 삶의 의미는 우리가 반드시 해야 한다고 생각하는 일을 할 때 생기는 것이 아니라고 말한다. 내면의 스승은 평온하게 살아야 한다고 말할 때 생기는 감각의 변화를 통해 그 목소리를 전달한다.

나는 수백 명을 대상으로 이 훈련을 진행하면서 어떤 언어의 조합이 온전함과 가장 잘 통하는지 확인했다. 여러 문장을 시도해본 결과 '나는 평온하게 살아야 한다'라는 문장이 가장 선명하고 또렷한 울림을 느끼게 해주었다. 훈련 대상자는 선행을 자주 베푸는 사람, 약물 중독자, 극단적인 나르시시스트, 살인죄로 수감된 사람 등 무척 다양했는데 이들 모두에게 '나는 평온하게 살아야 한다'라는 문장이 효과가 있었다. 이들은 실제로 평온하게 살지 못했던 것이다. '평온하게 살아야 한다'라고 소리 내어 말했을 때 이들은 신체적, 정신적으로 이완되는 것을 느꼈다. 또한 내면의 스승이 전하는 진실의 울림을 들을 때는 해방감도 느꼈다.

눈치챈 사람도 있을지 모르지만 위 훈련 과정에서는 '나는 쓰레기 버리기를 해야만 한다' 또는 '나는 평온하게 살아야 한다'라고 말할 때 떠오르는 '생각'을 기록하라고 하지 않았다. 우리가 원치 않는 일을 억지로 하는 이유는 그 일을 반드시 해야 한다고 생각하고 믿기 때문이다.

무엇이 진실인지 자신에게 물어보자. 마음속에서는 믿어야 한다고 배운 사실들을 앵무새처럼 되풀이하며 말할 것이다. 자신의 마음에게 이 세상에 확실한 것은 죽음과 세금뿐이라고 말해보자. 아마 수긍할 것이다. 그리고 마음에게 자신은 평화롭게 살아야 하는 사람이라고 말해보자. 아마 마음은 의심의 눈초리로 비웃을지도 모른다.

물론 이런 생각이 들 수도 있다. '하지만 나는 쓰레기를 버려야만 해! 가족 중 그 누구도 하지 않으니까! 아무도 쓰레기를 쓰레기통에 버리지 않는다면 세상은 쓰레기 지옥이 될 거야! 그런 세상에서 누가 평온하게 살겠어? 다 웃기는 얘기지.' 이 말을 들었을 때 기분이 어떤가?

인간의 의사결정 과정을 최초로 연구한 신경과학자들은 뇌에서 논리와 계산을 담당하는 영역이 손상된 사람도 좋은 결정을 내리는 데 아무 문제가 없다는 사실을 발견했다. 그런데 감정을 담당하는 뇌 일부가 손상된 사람은 어떤 의사결정도 내리지 못했다. 뇌의 감정 영역이 손상된 사람은 끝도 없이 고민하고 망설이며 선택 사항들을 비교했지만 거기서 한 걸음도 더 나아가지 못했다. 종일 논리를 따질 수는 있었지만 둘 중 무엇이 더 좋은 선택인지는 판별하지 못했다. 연구 결과 뇌에서 오랫동안 진화했고 더 깊고 복잡하며 섬세한 영역이 계산을 담당하는 신피질 영역보다 의사결정에 더 큰 영향을 미친다는 사실이 드러났다.

우리가 내면의 스승이 말하는 것을 듣기 위해 신체적 감각과 감정적 감각에 세심하게 주의를 기울여야 하는 것도 이 때문이다. 마음속으로 아무리 '나는 쓰레기 버리기를 해야만 한다'라고 말해도 우리 몸과 감정은 그 말에 선뜻 동조하지 않는다. 원치 않는데 의무감만으로 해야 하는 일을 마음속으로 되뇌면 근육이 경직되고 이를 악물게 되며 위경련과 두통이 생긴다. 쓰레기를 버리는 데 문제가 있는 것은 절대 아니다. 당장 쓰레기 버리기를 중단하라는 말도 아니다. 다만 쓰레기를 버리는 행위가 우리의 삶의 의미는 아니라는 사실을 알아야 한다.

물론 살면서 온전한 평화를 느끼지 못하는 사람도 있다. 온전한 평화 따위는 불가능하다고 배운 사람도 있을지 모른다. 하지만 내면의 스승은 온전한 평화가 가능하며 이를 경험하기 위해 어떤 일이라도 감수해야 한다고, 그것이 삶의 의미라고 말한다.

앞 장과 이 장에서 훈련을 모두 한 사람은 이미 위대한 여정을 시작하는 영웅들이 느끼는 소명 의식을 받아들였다고 볼 수 있다. 나는 이 책이 앞으로의 여정을 걸어가는 데 도움이 되길 바란다. 그리고 내 조언이 온몸과 마음에 조화롭게 와닿을 때만 받아들이라고 했던 말도 잊지 않길 바란다. 무엇보다도 내면의 스승을 믿는 법을 배워 온몸 구석구석 퍼지는 편안함과 해방감을 만끽하길 바란다. 진실을 느낄 때 결코 실망할 일이 없을 것이다. 당신의 스승이 당신 곁에서 그리고 안에서 함께할 것이다. 이제 슬슬 여정을 시작해보자.

제4곡

유일한 출구

내면의 스승을 만났다면, 이 책이 마음속 진실의 종을 울렸다면 이제 어두운 과오의 숲을 벗어날 차례다. 안타깝게도 이 과정은 우리의 바람처럼 수월하거나 즐겁지 않을 것이다. 상담 전문가들은 보통 이렇게 말한다. "유일한 출구는 그곳을 통과하는 겁니다." 도대체 어디를 통과한단 말인가? 바로 단테가 '지옥Inferno'이라고 부른 그곳이다.

베르길리우스를 만난 단테는 한시라도 빨리 어두운 과오의 숲을 벗어나 평화로운 곳으로 가고 싶어 했다. 하지만 스승은 그를 지옥의 문으로 데려갔다. 말 그대로 '지옥'의 문이었다. 지옥의 문에는 마치 놀이기구 앞에 '키 ○○○센티미터 이상 탑승 가능합니다'라고 쓰인 안내판처럼 이런 문구가 새겨져 있었다.

나를 거쳐서 길은 황량한 도시로

나를 거쳐서 길은 영원한 슬픔으로

나를 거쳐서 길은 버림받은 자들 사이로

"선생님, 이 말뜻이 무섭습니다." 단테가 말했다. 하지만 베르길리우스는 이상하리만치 즐거워 보였다. 그는 두려워하는 단테를 다정하게 달래며 함께 지옥의 문으로 들어갔다. 그 상황을 단테는 이렇게 적었다. "베르길리우스는 나를 비밀스러운 것들 사이로 이끌었다."

온전함의 길로 계속 나아가려면 이 비밀스러운 것들 사이를 반드시 관통해야 한다. 그 비밀스러운 것들이란 지금까지 자신이 보고 싶어 하지 않고 멀리했던 것들이다. 앞서 제1곡에서 우리는 길을 잃었다는 사실을 인정했다. 이제는 왜 잃었는지를 알아야 한다. 즉 온전함의 바깥에서 살게 하는 부정과 부인의 영역에서 빠져나와야 할 때다.

이 단계는 그리 어렵지 않다. 자신의 삶 특정 부분을 있는 그대로 받아들이고 인정하기만 하면 된다. 설령 그 영역이 평소 바라지 않던 곳이라 할지라도 말이다. 그러려면 그동안 감춰왔던 진실을 똑바로 응시해야 하며 (역설적으로 들릴 수도 있지만) 감춰왔던 그곳에 진실이 있다는 사실을 깨달아야 한다.

부정하지 않는 태도야말로 생산적이고 근본적이며 우리가 취할 수 있는 가장 차분한 태도다. 하지만 대부분 사람은 이를 두려워한다. 우리는 불투명한 삶을 살면서도 절박한 희망을 품는다. 그 비밀스러운 것들이 들춰지는 일이 결코 없기를 바라고 또 바란다. 그러나 희망 중에는 버려야만 앞으로 나아갈 수 있는 것도 있다.

아들이 다운증후군 진단을 받은 후 나는 끝도 없이 희망 회로를 돌렸다. 너무도 간절히 바랐기에 몇 번 탈이 나기도 했다. 임신 중절을 선택하지는 않았지만 그 선택권이라도 있다는 사실에 감사했다. 하지만 내게 주어진 상황이 너무도 공포스러웠다. 내 희망 회로는 멈추지 않았다. 나는 내 아들이 다운증후군이라는 검사 결과가 잘못되었기를 바랐다. 의료 기록에 뭔가 착오가 있기를 바랐다. 아직 태어나지도 않은 아들의 모든 세포가 23번째 염색체를 없애버리길 바랐다. 때론 밤늦도록 잠들지 못한 채 우리 아기가 어느 날 자연사해서 내 모든 결정권을 다 빼앗아가기를, 내가 선택하지 않아도 되기를 바랐다.

이 모든 희망의 중심에는 아무것도 잃지 않고 싶다는 거대한 희망이 자리 잡고 있었다. 내 삶의 방식, 내 목표, 내 이미지, 내 일, 내 사회적 지위 그 무엇도 잃고 싶지 않았다. 그때 내 나이 스물다섯이었다. 앞으로 벌어질 상실을 생각할 만큼 성숙한 나이이기도 했지만 한편으로는 그런 희망이 가혹하고 불안한 주인이 되었다는 사실을, 희망을 버려야 수많은 장점이 생겨난다는 사실을 깨달을 만큼 성숙하지는 못했다. 이제 온전함으로 나아가는 다음 단계로 가보자.

부인하지 않기

○

우리 사회에서는 '희망을 버린다'라는 말을 끔찍하게 생각하며 심지어 신성을 모독하는 발언으로까지 여긴다. 이 시대 사람들은 그 어느 때보다도 가장 크고 강력한 희망을 품고 산다. '운명에 맞서라!' '앞으로 나아가라!' '절대 꿈을 포기하지 마라!' '할 수 있다!' 모두 좋은 말이다. 원대한 희망은 멋진 성취를 가능케 하기도 한다. 하지만 하지만 아무 울림도 주지 못하는 진실을 바라거나 따를 때 우리는 현실과 괴리된다. 우리는 자신답지 않은 무언가를 바란다. 그리고 이 시점부터 심리학 용어로 '부인denial'이라고 하는 현실과의 냉전이 시작된다.

부인한다는 것은 흠이나 결함이 아니다. 부인은 생존 메커니즘이다. 직면하기에는 너무도 공포스러운 것을 인식하지 못하도록 차단함으로써 충격으로 죽지 않도록 막아주는 장치다. 내가 아이의 다운증후군 진단을 듣고 그랬던 것처럼 많은 사람이 의도적으로 무언가를 부인한다. 그런데 부인은 대체로 무의식중에 일어난다. 훤한 대낮에 의도적으로 부인하면서도 의식적으로 그런 행위를 했었다는 사실을 알아채지 못한다.

연구를 통해 이런 현상을 많이 목격했다. 앞에 언급했던 옥시코돈 중독자를 기억하는가? 하루에 옥시코돈을 200알 먹는다는 그 사람 말이다. 그는 누군가로부터 약물 중독 재활 시설에 들어가야 하는 것 아니냐는 말을 들으면 미친 듯이 화를 냈다. 그는 언제나

"난 중독된 게 아니고 그냥 힘든 시간을 보내는 것뿐이야!"라는 말만 반복했다. 매일 습관적으로 허겁지겁 약을 먹으면서도 그는 그렇게 믿었다.

또 다른 예로 줄리아라는 여성은 독실한 종교인인 어머니와 함께 있는 자리에서 내게 바람을 피우고 있다고 고백했다. 딸의 말을 듣던 어머니는 이렇게 말했다.

"그래도 최소한 네 남편에게는 신의를 지켰잖니. 선을 넘은 적은 없잖아."

줄리아는 눈물을 흘리며 이미 선을 넘었으며 그것도 여러 번, 열정적으로 선을 넘었다고 말했다. 그러나 어머니는 계속해서 그 사실을 부정했다.

"아니야, 넌 선을 넘지 않았어."

딸이 진실을 거듭 말했음에도 그녀는 그 사실을 인정하지 않았다.

이런 사례도 있었다. 남성 커플이었는데 이들은 20년 넘게 함께 살고, 일하고, 자는 사이였다. 그들은 사람들이 그들을 게이라고 생각할 것 같아 겁이 난다며 내게 조언해달라고 했다.

"음, 그러니까…, 두 분 게이가 맞지 않나요?"

그러자 한 남자가 말했다.

"야, 역시 실력이 보통이 아니시네요. 맞히셨어요! 하지만 아직 아무도 모른답니다."

다른 남자도 거들고 나섰다.

"언젠가 제 동생이 한 번 물어본 적이 있어요. 그래서 동생에게 주먹을 날렸죠. 그렇게까지 했으니 아마 동생은 제가 게이인 줄 꿈에도 모를 거예요."

이와 비슷한 사례들은 종일 이야기해도 끝이 없을 정도다. 지적이고 선량한 사람들이 믿을 수 없을 정도로 자신의 어떤 부분을 부인하는 경우는 정말 많다. 이렇게 자신으로부터 비밀을 지키는 능력은 악함이나 어리석음의 징표가 아니라 모든 인간에게 내재된 복합적인 면모를 보여주는 표시다. 의도하지 않아도 우리는 굳이 알고 싶지 않은 모든 것을 의식에서 깨끗이 지울 수 있다. 거의 모두. 빌어먹을 지옥의 문만 없다면 말이다.

지옥의 문에 다가가기

○

부인하고자 하는 마음의 희미한 빛 속에 문이 하나 있다. 그 문에는 이런 문구가 쓰여 있다. '이 문으로 들어가는 자, 모든 희망을 버려라.' 그 문을 찾으려면 인정하고 싶지 않은 것들이 있다는 사실을 인정하기만 하면 된다. 우리는 그 문으로 들어가기는커녕 그 문 앞에 서기조차 두려워한다. 문을 활짝 열고 보지 않아도 그 안에는 겪고 싶지 않은 일들이 있다는 사실을 알기 때문이다.

우리는 어쩌면 그 문 안쪽에 있는 사람들을 마주 보고 서서 이렇게 말해야 할지도 모른다. "술은 전혀 먹지 않지만 저는 알코올 중독자입니다." 문 안으로 들어가면 우리는 지금의 직업을 끔찍이도 싫어한다는 사실을, 그 일을 당장 그만두지 못할 이유는 없다는 사실을 알게 된다. 또 지금까지 우리가 '사랑'이라고 불러왔던 것이 그저 거미와 파리의 관계에 지나지 않았음을 알게 된다.

어두운 과오의 숲을 서툴게 헤매다 보면 (쉽지는 않겠지만) 그곳에 문이 없는 척, 문 안쪽의 세상은 없는 척할 수도 있다. 하지만 외부에서건 내면에서건 정신적 스승을 만나면 그들은 힘센 노새처럼 우리를 문 안쪽으로 끌어당긴다. 그리고 가장 생각하고 싶지 않은 그것을 가리키고, 곱씹게 하고, 집요하게 생각나게 한다.

인간의 마음에는 아무리 부드럽게 어루만져도 견딜 수 없이 고통스러운 지점이 있다. 곪을 대로 곪은 상처가 가득한 민감한 구역이 누구에게나 있는 것이다. 나는 그곳을 '언급 금지 구역'이라고 부른다. 이 구역과 관련된 주제만 나오면 우리의 마음에는 경고등이 켜진다. 예를 들면 암이나 알츠하이머, 기타 끔찍한 병에 관한 이야기를 한사코 피하는 사람이 있다. 그런 일이 자신에게도 닥칠 수 있다는 사실을 인정하고 싶지 않기 때문이다. 가난이 너무 두려워 세금, 월급, 저축 등 돈에 관한 모든 이야기를 입에 담지 않는 사람도 있다. 기름을 뒤집어쓴 펠리컨 사진이나 나무들이 잘려나간 열대우림 숲 사진을 보지 못하는 사람도 있다. 인간이 지구를 파괴하고 있다는 사실을 견딜 수 없기 때문이다.

그렇다면 당신의 마음속 '언급 금지 구역'은 어디인가? 절대 알고 싶지 않은 것, 안절부절못하게 되고 불편하고 화가 나고 불안해지는 것이 있는 곳에 지옥의 문이 있다. 그 문 앞까지 가는 것이 온전함으로 가는 다음 단계다. 다른 방법도 있다고 말하고 싶지만 그럴 수가 없다. 내가 할 수 있는 말은 베르길리우스가 단테에게 했던 말뿐이다. "이제는 두려움을 죽이는 법을 찾아야 하네. 용감해지게, 친구여." 지금 당장 온 생애를 샅샅이 다 뒤질 필요는 없다. 그저 '생각하고 싶지 않은 것'을 알아내 지옥의 문 앞으로 한 걸음 더 다가서면 된다.

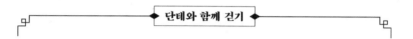

나의 '언급 금지 구역'은 어디인가?

1단계

다음 문장을 완성해보자. 떠오르는 대로 최대한 많이 적어보자.

내가 생각하고 싶지 않은 주제, 사람, 과거의 경험, 세상일은

_____

_____

방금 작성한 골치 아픈 주제마다 각각 지옥으로 가는 문이 달려 있다. 이 장의 뒷부분에서는 이 주제 중 한 가지를 다룰 것이다. 대다수가 마음속 예민한 부분과 지옥의 문을 많이 가지고 있기 때문에 모든 문제를 해결하고 온전함에 이르려면 이 과정을 여러 번 반복해야 할 수도 있다. 지금은 일단 한 가지 주제에 집중해보자. 한 가지를 해결하면 다른 것도 해결할 수 있는 기술을 배우고 궁극적으로 삶 전체를 조화롭게 만들 수 있다.

2단계

일단 해결 가능한 '언급 금지' 항목을 하나 골라보자. 몸서리쳐지게 끔찍한 경험도 있을 것이다. 사랑하는 사람의 죽음, 엄청난 배신, 신체적으로 학대당한 기억 등. 이런 문제들을 부인하는 문제는 쉽게 해결되지 않을 것이다. 이런 문제를 해결하려면 조력 장치가 필요하기 때문이다. 처음부터 이렇게 무거운 문제로 시작하는 방식은 권하고 싶지 않다.

만약 당신이 지금 이 과정을 함께할 전문 상담가나 친구 없이 혼자 이 책을 읽고 있고, 혼자 이 과정을 밟고 있다면 끔찍한 경험보다는 불편한 경험을 선정하길 바란다. 멀찍이 떼어놓고 싶은 트라우마를 품고 있다면 간곡히 바라건대 그 트라우마의 문을 열고 통과하도록 도와줄 전문 치료사를 정신적 스승 삼아 도움을 받길 바란다.

지금 당장은 신경 쓰이고 불편하지만 파괴적이지는 않은, 그런 작은 문을 골라보자. 뉴스에서 본 먼 나라의 자연재해 소식, 아직 닥치지는 않았지만 당신보다 빨리 죽음을 맞이할 고양이가 점점 기력을 잃어가고 있는 상황, 사랑하는 사람이 놀이공원에서 끔찍한 사고를 당하는 상상을 멈출 수 없는 경우 등. 뇌를 불편하게 자극하는 문제들부터 시작해보자. 다음 빈칸을 작성해보자.

파괴적이지는 않지만 '언급 금지' 목록에 포함된 내 속앓이 문제는

_____

_____

이 문제에 대해 느끼는 불편한 감정에서 벗어나는 유일한 방법은 그 생각과 감정을 애써 피하지 않는 것이다. 이 문제들이 실제로 일어나면 대단히 불편할 것이라는 사실을 받아들여야 한다. 그 사실이 지옥의 문이다. 불편한 문제를 들춰내라는 말이 언뜻 좋지 않은 조언처럼 들릴지도 모르지만 어두운 과오의 숲을 빠져나갈 유일한 출구는 바로 그 지옥의 문이다. 이 사실을 받아들인다 해도 선뜻 내키지 않는 진실에 성큼 다가가기란 어렵다. 자욱한 안개처럼 주위를 흐릿하게 만드는 부인의 마음에서 지옥의 문을 찾는 가장 좋은 방법은 천천히 더듬어가는 것이다.

3단계
위에서 작성한 문장들을 읽다가 느닷없이 모든 청소 용품을 정리해야겠다는 생각이 들거나, 벤조(미국의 대표적인 민속 악기—옮긴이) 연주법을 배워야겠다거나, 노르웨이에 가고 싶다는 생각이 들 수도 있다. 이런 식의 산만함과 회피 역시 부인의 일부다. 어두운 과오의 숲에 계속 머물고 싶다면 노르웨이의 피오르해안으로 훌쩍 떠나도 좋다. 이 과정은 나중에 해도 괜찮다. 하지만 내면의 평화를 얻고 싶다면 위에서 작성한 '언급 금지' 목록을 곰곰이 생각해보고 다음 단계로 나아가야 한다.

마음속에 떠오르는 대로 아래 문장을 완성해보자. 지나치게 깊이 생각하지 않도록 하자. 그저 생각나는 대로 적으면 된다. 단 모든 내용은 위에서 언급한 주제와 관련된 것이어야 한다.

이 주제와 관련해 내가 가장 알고 싶지 않은 것은

_____

_____

이 주제와 관련해 내가 보지 못한 척하는 것은

_____

_____

이 주제와 관련해 다른 사람들이 절대 몰랐으면 하는 것은

_____

_____

다른 사람들이 이 사실을 알게 되었을 때 내가 두려워하는 것은

_____

_____

이걸로 충분하다. 깊게 심호흡을 하자. 물도 한잔 마시자.

위 훈련을 마친 것을 축하한다. 자신을 토닥여주자. 지금 당신은 수많은 사람이 엄두조차 내지 못한 어려운 일을 해냈다. 자유를 향한 큰 걸음을 내디뎠다. 당신이 어두운 과오의 숲을 헤매는 이유는 어떤 문제를 생각하고 느끼려 하지 않았기 때문이다. 방금 회피하지 않고 마주 봤던 그 문제 말이다. 애써 피해왔던 문제들을 의도적으로 생각하고 어려운 질문들을 던지면 자신만의 지옥의 문 앞에 당당히 설 수 있다. 조금은 두렵지만 괜찮다. 마음을 편히 먹고 계속 읽어가길 바란다. 다음 단계는 생각처럼 나쁘지 않다.

지옥의 문 앞에서

。

자신에게조차 숨겨왔던 비밀을 슬쩍 엿보는 것만으로도(위 훈련에서 질문에 대답한 것처럼) 많은 사람이 공황발작까지는 아니더라도 정신적 고통을 받는다. 지옥의 문에 다가갈수록 우리 마음에서는 끔찍한 상상들이 펼쳐지기 시작한다. 그 상상을 토대로 온갖 참혹하고 불쾌한 결과가 그려진다. 이 최악의 두려움이 현실이 되면 '사람들이 어떻게 생각할까'를 생각하며 초조해한다. 가능한 모든 결과를 통제하고, 모든 우발적 상황에 대비하고, 모든 가능성을 막기 위해 필사적 노력을 기울이기도 한다. 하지만 곧 모든 것을 통제하려는 노력 저 아래에 있는 더 무서운 진실을 깨닫는다. '내가 모든 것을 통제할 수는 없다.'

애덤이 다운증후군 진단을 받고 필사적으로 돌리던 희망 회로를 모두 포기한 후 나도 이 지점에 도달했다. 전문가들을 찾아다니며 조언을 구했지만 위로가 되지 않았다. 오히려 그럴수록 지옥의 문에 점점 가까워졌다. 온갖 지식을 구해도 내가 아들의 미래를 통제할 수 없다는 것이 엄중한 현실이었다.

그 무렵 나는 내가 품고 있던 끔찍한 공포를 깨달았다. 바로 '나는 아무것도 통제할 수 없다'는 것이었다. 아기는 유전자상으로 '정상'으로 태어날 수도 있고, 의사들의 진단대로 태어날 수도 있으며, 우주의 운석에 맞을 수도 있었다. 아이에게, 나나 다른 누군가에게 무슨 일이 생길지는 알 수 없었다. 확실한 것은 결국 모두 죽는다는 사실뿐이었다.

이것이 내 공포의 근원이자 지옥으로 들어가는 문이었다. 당시 나를 둘러싼 상황은 내가 그 사실을 회피하도록 내버려두지 않았다. 한동안 나는 내가 상황을 통제할 수 있다는 감정이 거짓이라는 사실을 회피하며 다운증후군과 그로 인해 생기는 온갖 문제들에 관한 자료들을 미친 듯이 공부하고 파헤치다가 어느 순간 그만두었다. 그 시점부터 견딜 수 없는 절대적인 공포 상태가 지속되었다. 마치 오직 고통만이 진짜인, 무한히 차가운 진공의 공간 속을 빙글빙글 도는 느낌이었다.

앞서 훈련에서 당신이 쓴 지옥의 문이 무엇이건 간에, 베르길리우스가 오래전 어둠의 숲이었던 곳에 있는 문으로 가면서 단테에게 했던 조언을 곱씹고 또 곱씹어야 한다. "여기서는 네 모든 불신과 두려움을 버려야 한다." 용감해지지 않고 더 나아갈 방법은 없다. 나 역시 내 앞에 놓인 지옥의 문들을 몇 개 부수고 엄청난 두려움과 끔찍함을 겪은 후 더 좋은 길을 찾게 되었다. 그 길은 온전함의 길이다. 그리고 그 길은 놀랍게도 평탄하다.

희망을 내려놓을 때 두려움이 사라진다

∘

어느 날 나는 '네게는 통제권이 없다'라는 표식이 붙은 지옥의 문 앞에서 잔뜩 겁에 질린 채 구역질하며 앉아 있다가 생각도 못했던 정신적 스승을 만났다. 애덤이 다운증후군 진단을 받은 후 처음으로 내게 위안을 주었던 그 스승은 '노래하는 뱀'이었다.

당시 나는 두 살배기 딸 캣을 위해 디즈니의 영화를 정말 많이 봤다. 그날은 〈정글북〉을 틀어놓고 소파에 누워서 기말 과제를 하고 있었다. 아니, 사실은 기말 과제를 하는 척하면서 희망과 절망이 뒤범벅된, 익숙하고도 견딜 수 없는 상황 속으로 말려 들어가는 중이었다.

그렇게 소파에 누워 있는데 이상한 일이 일어났다. 영화에서 흘러나온 한 노래가 내 마음에 꽂혀 사라지질 않았다. 디즈니 영화에 나왔던 다른 노래들은 그냥 흘려듣고 마는데 어찌 된 일인지 그 노래만은 그냥 흘려보낼 수 없었다. 아무리 다른 것에 집중하려 해도 이상하리만치 그 노래가 내 마음을 가득 채웠다. 〈정글북〉에 나오는 비단뱀 카아가 어린 모글리를 잡아먹기 위해 최면을 걸며 부르는 노래였다. 가사는 다음과 같다.

나를 믿어, 나만 믿어
눈을 감고 나를 믿어
편안히 곤히 잠들 수 있어
내가 네 곁에 있다는 걸 알면 돼

나를 믿어, 나만 믿어
눈을 감고 나를 믿어

그 노래는 마치 근육처럼 내 머릿속으로 밀고 들어와 다른 모든 것을 내몰았다. 노래가 내 마음을 온통 차지한 순간 나는 내 내면의 스승을, 진실의 울림을 느꼈다. 몸이 편안하게 이완되었다. 어지럽게 펼쳐지던 상상들이 잠잠해졌다. 두려움도, 슬픔도 이 맑은 공간 안에서는 굴복했다. 그곳은 활기차고 따스했으며 황폐하지 않았다.

정말 새로운 차원의 감각이었다. 나는 필사적으로 붙잡고 싶었다. 하지만 그 감각이 혀 위의 눈처럼 스르르 녹아 없어질 것만 같았다. 노래가 끝나고 나는 리모컨을 찾아 다시 그 부분을 재생하고 또 재생했다. 소파에 누워 듣고 싶은 만큼 들었다. 캣은 개의치 않았다. 사람들은 '미운 세 살'이라고들 하지만 그 또래 아이들은 같은 노래를 아무리 반복해서 들어도 굉장히 관대한 편이다.

아이러니하게도 내가 어른이 되어 처음 경험한 충만함은 살인의 노래에서 찾아왔다. 만약 그때 내가 어떤 신이라도 믿었더라면 그 노래는 나를 잠들게 해 나를 죽였을 것이다. 나는 애들이 듣는 동요를 우스꽝스러울 정도로 듣고 또 들었다. 그리고 그 노래는 기적의 물약처럼 내 마음을 차분하게 가라앉혀주었다. 머릿속이 텅 빌 때까지 오직 노래에만 집중했다. 그렇게 한 스무 번쯤 들었던 것 같다. 그리고 깊고 달콤한 잠이 들었다.

나는 지옥의 문으로 갈 때 겁을 죽이는 가장 강력한 방법을 그렇게 발견했다. 겁을 죽이려면 희망과 공포만이 존재하는, 오직 거기에만 골몰하게 만드는 것에서 벗어나 현재에만 집중해야 한다. 그 다음엔 터무니없이 보일 정도로 단순한 일에 집중한다. 자신이 지금 이 순간에 있다는 사실을, 모든 것이 괜찮다는 사실을 있는 그대로 믿어야 한다. 10분 혹은 10초 안에 괜찮아질 거라고 애써 믿지 않아도 된다. 그저 '지금'이라고 하는, 면도날처럼 예리한 이 순간에 머물면 된다.

이렇게 반복하다 보면 놀라운 일이 벌어진다. 과거와 미래를 생각하며 완고하게 저항하던 고집을 내려놓고, 지금 이 순간 일어나는 일에 동참하게 된다. 설령 동참하지 못해도 그 순간에 동참하지 못하는 자신을 거듭해서 몇 번이고 인정하게 된다. 부인은 끔찍한 결말을 가져오지만 현재에 머물면 신성한 온전함을 얻는다.

지금 이 문장을 읽는 순간에도 시험해볼 수 있다. 지금 이 순간을 의식하는 것만으로도 기본적인 준비는 된 셈이다. 지구의 중력이 자신을 계속 끌어당길 것이라는 사실을 믿어도 좋다. 숨 쉴 수 있는 공기를 믿어도 좋다. 자신을 둘러싼 온 우주를 있는 그대로 믿어도 좋다. 이미 당신은 지금 이 순간과 함께하고 있으며 앞으로도 계속 함께할 것이다.

〈정글북〉의 노래에서 내면의 평온함을 경험한 이후로도 몇 년 동안 꽤 자주 그런 경험을 했다. 이런 경험에 관해서는 책도 많이 나오고 병원에서 가르치기도 한다. 실제로 내 고객들은 에크하르트 톨레Eckhart Tolle의 저서《지금 이 순간을 살아라》의 열렬한 독자로 이 책에서 큰 도움을 받았다. 나 역시도 그랬다. 게다가 내가 그토록 두려워했던 '장애가 있는' 아기가 지금 이 순간을 사는 데 천재적인 재능이 있음을 알게 되었다.

애덤은 스무 살 때 피닉스에 있는 노인 요양 시설에서 식탁을 정돈하는 일을 했다. 하루는 치주염으로 골치가 아파 애덤을 일터에서 데려오는 걸 깜박 잊고 말았다. 뒤늦게 애덤을 데리러 가지 않았음을 깨달은 나는 미친 듯이 차를 운전해 노인 요양 시설로 갔다. 퇴근 시간에서 한 시간 반이나 지난 후에야 도착했는데, 애덤은 발코니에 있는 흔들의자에서 잠이 들어 있었다. 나는 애덤을 흔들어 깨웠다.

"애덤! 미안해. 엄마가 늦었어. 엄마한테 전화하지 그랬니?"

애덤은 눈을 비비며 일어나 조용히 한숨을 쉬며 말했다.

"걱정 안 했어요. 그냥 좀 피곤했을 뿐이에요."

그날 애덤은 단 1초도, 정신없는 어머니에게 잊힌 비극적인 장애인 청년으로, 어머니의 도움만을 초조하게 기다리는 사람으로 살지 않았다. 그저 햇살 좋은 날 안락한 의자에서 완벽한 낮잠을 누린 조금 고단한 젊은이였다.

20년 전 비단뱀 카아 덕분에 나는 애덤의 존재를 향한 첫걸음을 더듬거리며 나아갈 수 있었다. '나를 믿어'라는 말을 수없이 듣고 또 들으면서 내가 아끼는 모든 것을 잃을 처지에 놓인 고통받는 여자임을 잊었다. 나는 그저 안락한 소파에 누워 사랑하는 딸과 함께 디즈니 영화를 보는 사람이었다. 걱정하지 않았다. 그저 좀 피곤했을 뿐이다. 그래서 잠이 들었고, 거기에는 그 어떤 고통도 없었다.

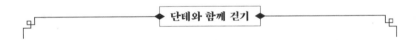

모든 것을 내려놓고 받아들이기

깊은 무력감에 빠져 말조차 나오지 않는 순간을 시인 루미Rumi는 이렇게 말했다. "신의 은총이 우리를 옮길 들것을 보내리니." 당신도 어떤 지옥의 문 앞에 서더라도 은총의 들것에 누울 수 있다. 온 우주를 지금 이 순간 있는 그대로의 우주로 대할 수 있다. 보라, 당신은 방금 우주를 그렇게 대했다. 조금 전에도 또 그렇게 대했다. 또 그렇게, 또 그렇게. 훌륭히 잘 해냈다! 지금 이 순간에 더 잘 집중하기 위해 다음 훈련을 해보자.

1. 앞서 훈련에서 작성한 '언급 금지' 목록을 다시 읽어보자. 가장 불편한 주제가 무엇이든 간에 그 주제를 마음에 담아보자. 이 순간만큼은.

2. 초조하고, 화나고, 우울한 감정이 들더라도 감정을 억누르지 말고 있는 그대로 느껴보자. 이 순간만큼은.

3. 편안한 의자에 앉거나 바닥에 누워보자. 이때 온몸이 따뜻해야 한다. 필요하다면 포근한 담요를 덮어도 좋다. 아늑한 상태로 그렇게 있어보자. 이 순간만큼은.

4. 앉거나 누운 자세에서 숨이 들어오고 나가는 것을 느껴보자. 이 세계에서 가장 먼저 한 일은 숨을 들이마시는 것이다. 그리고 마지막으로 할 일은 숨을 내쉬는 것이다. 특별한 노력을 기울이지 않아도 우리를 살아 있게 해주는 호흡을 가만히 지켜보자. 이 순간만큼은.

5. 숨을 들이쉰다는 말을 곱씹어보자. 숨을 들이쉬며 온 우주의 모든 것을 있는 그대로 받아들인다. 그 순간 자신이 바꿀 수 있는 것은 아무것도 없다. 그러니 바꾸려는 노력을 멈추자. 이 순간만큼은.

6. 숨을 내쉰다는 말도 생각해보자. 숨을 내쉬면서 온 우주에 저항 없이 순종한다. 이 순간만큼은.

7. 들숨에 모든 것을 받아들이고 날숨에 모든 것에 순종한다. 이 과정을 반복한다. 매 순간 모든 것을 수용하고 모든 것에 순종할 필요는 없다. 지금 이 순간에만 집중하면 된다. 지금 이 순간만큼은 모

든 것을 있는 그대로 받아들이자. 날숨은 덧없는 순간에 이르는 죽음으로, 들숨은 새로운 순간에 이르는 재탄생임을 받아들이자. 느긋하게 모든 것을 흘려보내고 받아들이며 오로지 호흡의 운율에 집중하자. 이 순간만큼은.

8. 앞서 '언급 금지' 훈련 2단계에서 적었던 불편한 것들을 떠올려보자. 이 순간만큼은 그 상황에 있던 모든 것을 있는 그대로 받아들이자. 이 순간만큼은 그 상황의 모든 것을 있는 그대로 받아들이자. 이 순간만큼은 그 상황에 저항하던 모든 것에 순종하자.

이 과정을 꾸준히 실천하면, 정확히 같은 시간에 같은 장소에서 내면의 모든 것을 받아들이고 항복한다면 마침내 자신의 일부였던 그 불편함이 괜찮다는 사실을 깨닫게 된다. 설령 지옥의 문 앞이라 해도, 그동안 부인하며 피해왔던 두려운 것들이라 해도 더 이상 두렵지 않다. 걱정 없이 평온한 상태, 진실을 부인하지 않으며 진실과 괴리되지 않은 상태가 순수하고 완전한 당신 자신이다. 내면의 스승이 위로의 손길을 내밀며 다 괜찮다고 말해주는 순간이다.

나는 그 서사에서 깨어났다. 비단뱀이 낮잠을 재워주고 희망을 속삭였다. 임신 마지막 몇 주와 몇 시간 동안 진통하며 분만하는 내내 나는 희망을 버리지 않았다. 하지만 의료진과 담요 사이로 언뜻 애덤의 조그만 발이 보였고, 오른발 엄지발가락이 다른 발가락들과 조금 멀리 떨어져 있는 것을 봤다.

이곳에 들어오는 자, 모든 희망을 버려라.

내 부인은 무너졌다. 오진과 실수는 없었다. 내 아기는 다운증후군이었다. 하지만 이상하게도 나는 그 상황을 편하게 받아들일 수 있었다. 그 순간 내가 할 수 있는 일은 많지 않았다. 그저 내 몸이 태아를 세상에 내보내도록 호흡하는 것 외에는. 신은 아실 것이다. 내가 의도적으로 그렇게 하지 않았음을.

다시 한번 나는 희망을 내려놓고 내게 일어난 일을 그대로 받아들이며 집으로 왔다. 내게 일어난 일은 이렇다. 한 젊은 엄마가 분만용 침대에 누워 있었다. 한 아름다운 아기가 첫 숨을 쉬고는 조그만 손을 휘저었다. 이 세상에 태어난 모든 존재가 그렇게 하듯. 그리고 나와 아기가 건강하도록 도와준 사람들이 있었다.

나는 그 상황을 대처할 수 있었다.

사실 사람들이 나와 애덤에게 베풀어준 따뜻한 호의를 바라보며 그 장면이 무척 아름답게 느껴졌다. 눈이 부시게 아름다웠다. 이 현실은 그 어떤 절망적 희망보다 오래도록 지속되었다. 지옥의 문까지 가는 길은 지독히도 힘들었지만 그 문을 통과해 희망을 등 뒤로 한 채 한 발짝, 한 발짝 내딛는 모든 순간이 좋았다. 더 이상 희망은 필요 없었다. 아무 걱정이 없었기 때문이다. 다만 조금 피곤했을 뿐이다.

제2막

지옥편

The Way of Integrity

지옥 속으로

　지옥의 문을 통과한 단테는 어두운 과오의 숲에서 벗어나 숲보다 훨씬 극적인 상황이 펼쳐지는 장소에 도착했다. 그곳은 지옥이었다. 지옥은 거꾸로 뒤집어놓은 원뿔 모양이었다. 거대한 원뿔 구덩이는 층층이 분리되어 있었고 아래로 갈수록 각 층은 더 비좁고 음울했다. 그곳에서 단테는 죽은 이들도 만났는데 온갖 무시무시한 형벌을 받는 죄인들이 가득했고 매우 시끄러웠다! "탄식, 불평, 한탄, 분노의 외침"이 그의 고막을 때려댔다.

　이 지옥의 풍경에 관한 해석은 독자들의 수만큼이나 다양하다. 책에 나온 묘사를 그대로 믿는 종교인들도 있고, 어떤 이들은 《신곡》을 중세의 신학 작품으로 보거나 정치적 선언으로 보기도 한다. 단테가 묘사한 이미지 대부분이 공식적인 가톨릭 교리와 같지 않다는 이유로 단순한 소설로 보는 이도 있다(《신곡》에 나오는 지옥의 풍경은 단테가 지어낸 것이다).

이 책에서 나는 단테라는 시인의 이 걸작을 잘못된 길에서 벗어나 온전함으로 가는 개인의 여정에 관한 은유로 본다. 이 관점에서 보면 누구에게나 자신만의 지옥이 있다. 내면에 품은 지옥이.

나는 망자들에게 끔찍한 고통을 가하는 물리적인 공간이 실제로 있다고는 생각하지 않는다. 하지만 지옥을 믿는다. 내가 그곳에 다녀온 적이 있기 때문이다. 내가 본 지옥은 고통이었다. 영원히 벗어날 수 없을 것만 같은 고통이 끊이지 않는 곳이었다.

처음에도 말했지만 나는 '아픔'이라는 단어와 '고통'이라는 단어를 구분해서 사용한다. 아픔은 어떤 사건이나 일에서 생기는 것이고 고통은 그 사건에 대처할 때 발생하는 것이다. 어떤 사건에 맞닥뜨려 뭔가를 할 때, 특히 그 사건에 대해 생각할 때 고통이 생긴다. 고대 그리스의 철학자 에픽테토스Epictetus는 AD 2세기에 이런 글을 썼다. "사람을 화나게 하는 것은 그들에게 일어나는 일이 아니라 그 일에 대한 생각이다."

예를 들어 누군가 내게 주먹 인사를 하려다가 주먹이 서로 맞지 않는 바람에 머리를 쳤다고 생각해보자. 꽤 얼얼하게 아플 것이다. 너무 아파서 냉동실에 얼음팩을 가지러 가야 할 수도 있지만 생각이 개입되지 않는 한 그 아픔이 피할 수 없는 고통을 안겨주지는 않는다. 다시 말해 고통은 생각하기에 따라 다르다. 몇 년 동안 두고두고 그 사건을 곱씹으면서 '그 사람은 날 때릴 작정이었어!'라고 생각하거나 '반드시 복수할 테다!' 혹은 '이 썩을 놈의 세상에 믿을 사람 하나 없어!'라고 생각할 수도 있다. 그리고 남은 인생 내내 고통 속에서 살 수도 있다.

다소 과장된 예이긴 하지만 실제로 이렇게 터무니없는 생각에 사로잡혀 지옥에 사는 사람들이 많다. 내 고객인 헬렌은 60대의 억만장자다. 헬렌의 할아버지는 그녀가 다섯 살 때 세상을 떠났다. 그런데 그녀는 할아버지가 그녀의 부모에게 유산을 상속하지 않고 자선단체에 전부 기부했다는 사실에 평생 분노하며 살았다. 헬렌의 부모님은 할아버지가 돌아가실 무렵에도 이미 부자였다. 하지만 헬렌은 '할아버지가 우리에게 주어야 할 돈을 빼앗았다'라고 생각하며 매일 그 생각이 불러오는 온갖 고통스러운 생각들에 시달렸다.

루이스는 동생이 자신의 아내보다 훨씬 아름다운 여자와 결혼하자 미칠 듯한 분노에 사로잡혔다. "동생은 제게 치욕감을 주었어요. 오직 나를 패배자로 만들겠다는 일념 하나만으로 그 여자랑 결혼한 거예요." 질투심에 사로잡힌 루이스는 자신의 결혼생활마저 망쳐버렸다.

로다는 가장 친한 친구가 임신하면서 종종 함께했던 점심 식사를 못 하게 되었다. 로다는 절망감에 빠졌고 평생 겪었던 거절과 외로움을 곱씹으며 '난 또다시 이 차가운 세상에 버려졌다'라고 생각했다.

지금은 상대적으로 편안한 상태이고 물리적으로 공격하는 사람도 없는 상황에서 느끼는 고통은 대부분 생각이 빚어내는 것이다.

신체적으로 아픈 상태라 하더라도 마찬가지다. 나 역시 몇 년 동안 만성 통증으로 힘든 나날을 보내면서 신체적 아픔보다는 '견딜 수가 없어!', '이 고통이 영원히 지속될 거야', '다시는 평범한 삶을 살 수 없겠지' 같은 생각들이 더 괴로웠다.

고통이 생각에서 온다는 사실에 공감한다면 또 다른 개념, 지옥에서 해방될 중요한 통찰력을 얻을 준비가 된 것이다. 바로 이 사실이다. '아무리 절대적으로 믿는 생각이라 할지라도 늘 진실은 아닐 수도 있다.'

거짓을 진실로 믿는 사람들

○

성공 축하 파티 자리에서 2억 달러가 넘는 돈을 벌었음에도 충분하지 않다고 말했던, 재수 없는 키스를 기억하는가? 사실 키스가 그날만 우울했던 것은 아니다. 그는 불만과 불평이 끊이지 않았고 늘 내면의 평화를 갈망했다. 그는 스스로 내적 평화를 얻는 법을 잘 안다고 생각했는데, 실은 오직 한 가지 생각만 하며 살았다. '돈이 더 많으면 행복해질 거야.'

하지만 이 신념이 틀렸음을 입증하는 증거가 있다. 키스에게 가장 행복했던 기억은 10대 시절 가진 것 하나 없을 때 떠난 배낭여행이었다. 훗날 그는 작은 도시 전체의 부에 맞먹는 돈을 벌었지만 아무 근심 없는 순수한 기쁨은 한 번도 느끼지 못했다. 나는 키스에게 이렇게 말했다.

"당신은 돈 한 푼 없던 시절에는 행복했지만 억만장자가 된 지금은 불행하네요. 정말 돈이 더 많으면 더 행복해진다고 생각하세요?"

내가 이런 질문을 할 때마다 키스는 드라마 〈웨스트월드Westworld〉에 나오는 로봇처럼 대답하곤 했다. 드라마에서 로봇들은 자신이 서부 시대에 사는 카우보이라고 생각하도록 프로그램되어 있다. 만일 그 로봇들이 믿는 세계관이 사실이 아니라는 증거를 보여주면, 가령 현대 사회의 사진을 보여주거나 하면 로봇들은 프로그램이 작동되면서 방금 본 것을 백지화하며 이렇게 말한다. "그건 내게 아무것도 아닌 것처럼 보입니다."

내가 키스에게 돈이 없던 시절이 더 행복했다는 사실을 지적할 때마다 그는 눈을 가늘게 뜨고 이렇게 말하곤 했다.

"그게 무슨 소리예요? 말도 안 되는 소리 말아요."

그러고는 대화의 주제를 바꿨다. 내가 한 말은 아무것도 아니라는 듯했다.

헬렌 역시 비슷한 반응을 보였다. 헬렌이 내내 사로잡혀 있던 '할아버지가 우리의 것을 빼앗았다'라는 생각이 진실이 아닐 수도 있다고 말하자 그녀도 비슷하게 대꾸했다. 루이스는 내가 "동생이 정말 형을 괴롭히려고 결혼한 게 확실한가요? 다른 이유가 있지 않을까요?"라고 묻자 내 말을 들으려고조차 하지 않았다. 로다에게 친구가 일부러 그녀를 차가운 세상에 버린 것이 아닐 수도 있다고 말하자 로다는 흥분하며 이렇게 말했다. "당신도 저를 버리는군요! 당신도 다른 사람들하고 똑같아요!"

위 사례들은 다소 극단적이긴 하지만 내가 상담했던 이들은 모두 고통스러운 생각으로 내면의 지옥을 키우고 있었다. 그들 대다수는 같은 생각을 하고 있었다. 바로 우리 문화가 가장 좋아하는 것이다. 아마 당신도 이 생각의 지옥을 겪고 있는지도 모른다. 예를 들면 키스는 항상 돈이 충분하지 않다고 생각했다. 다른 사람들도 '이걸로는 충분하지 않아', '아무도 날 사랑하지 않아', '난 행복할 자격이 없어', '원하는 것만 가질 수는 없어', '싫어하는 일이지만 해야 해' 같은 생각을 한다.

위에 언급한 내용 중 평소 자신과 똑같이 생각하는 누군가를 보고 이렇게 생각할 수도 있다. '저 말이 어때서! 사실이잖아! 다들 아는 사실 아니야?'

이 시점에서 이 말을 해야겠다. 만약 당신의 생각이 진실이라면, 그 생각이 당신을 행복하게 해준다면 더할 나위 없이 좋다. 이 장은 당신의 모든 신념을 조목조목 반박해 고통을 주려고 쓴 것이 아니다. 이 장은 또 다른 중요한 개념을 전달하기 위한 장이다. 비록 프레첼 과자처럼 마음이 이리저리 꼬이고 고통스럽더라도 조금만 참아주길 바란다. 최악의 심리적 고통은 무언가를 진심으로 믿는 동시에 그것이 진실이 아님을 알게 될 때 생긴다.

이 말이 우습게 들릴 수도 있다. 어떻게 진실이 아니라는 것을 알면서도 믿을 수 있단 말인가? 논리적으로 어긋나는 말이다! 하지만 실제로 그렇다. 우리는 진실이 아님을 알면서도 믿는다. 그런 사고방식에 길들여졌기 때문이다.

나는 강연을 할 때 종종 하던 말을 멈추고 청중에게 묻는다. "다들 이 자리가 편안하신가요?" 청중은 미소를 지으며 고개를 끄덕이거나 조그만 목소리로 편안하다고 대답한다. "정말요? 정말 지금 이 자리가 편안하신 것 맞나요?" 나는 다시 묻는다. 청중은 이번에도 고개를 끄덕인다. "정말 여러분은 완벽하게 편안하신가요?" 거듭되는 질문에 몇몇 사람들이 조금 짜증스러운 반응을 보이며 그렇다고 강하게 대답한다. 그들은 자신이 완벽하게 편안한 상태임을 완벽하게 확신하고 있다. 나는 다시 묻는다.

"만약 여러분이 지금 이 강연장이 아니라 집에 계신다면 지금처럼 의자에 똑바로 앉아 있을 사람이 얼마나 될까요? 한번 손 들어 볼까요?"

아무도 손을 들지 않는다.

"왜 집에서는 이 자세로 있지 않은 거죠?"

긴 침묵이 흐른 뒤에야 몇몇 사람들이 집에서는 왜 다르게 느끼는지 깨닫는다. 지금 강연장에서의 자세는 약간 불편하다. 여기서 문제는 불편함 그 자체가 아니다. 인간은 경비견처럼 튼튼해서 조금 불편한 자세로 앉아 있어도 괜찮다. 문제는 사람들이 불편함을 느끼면서도 동시에 완벽하게 편안하다고 단언하는 것이다.

아마 사람들의 의중은 이런 것일 가능성이 크다. '어린 시절부터 의자에 바른 자세로 오래 앉아 있어야 한다고 배워서 지금의 불편함 정도는 아무렇지도 않게 참을 수 있습니다.' 청중의 뇌는 자동으로 이 경험을 뇌에 적용해 내 눈을 똑바로 보면서 반복적으로 거짓말을 하고도 자신이 거짓말을 하고 있다는 사실을 깨닫지 못한다. 청중이 살아온 문화는 지금 그 자세가 편안하다고 말한다. 하지만 본능은 알고 있다. 그 자세가 편하지 않음을.

마음속 가장 깊은 곳에서 진실이 아닌 것을 진실이라고 믿는 것은 온전함을 잃어버리는 가장 흔한 방식이다. 여기서 고통이 생겨난다. 이 고통은 형벌이 아니라 자신이 분열되어 있음을 알려주는 신호다. 이 고통의 목적은 내부의 분열에서 제자리를 찾고, 진정성을 회복하고, 내적 균열을 치유하도록 돕는다.

나를 찾아오는 고객 중 상당수가 인기 있는 심리학을 어설프게 배워서 '나는 내 일을 사랑해' 같은 긍정적 생각이 자신을 행복하게 만들고 '나는 내 일을 싫어해' 같은 부정적 사고방식은 자신을 불행하게 만든다고 믿는다. 하지만 진실이 아님을 알면서도 진실처럼 씩씩하게 말하는 것은 영혼을 죽이는 행위다. 반면 부정적 사고처럼 보이는 생각이 오히려 자유로운 기쁨을 선사하기도 한다.

예를 들어 내 고객 중에는 "난 이 일을 잘 견딜 수 있어."라고 말하면서 끔찍한 인간관계나 지속적인 학대, 불신, 온갖 잔혹한 일을 겪는 이들도 더러 있었다. 하지만 이 모든 긍정적 생각에도 불구하고 그들의 마음에는 가시지 않는 상처와 지독한 고통이 남아 있었다. 나는 이 고객들이 오히려 '이 결혼생활은 사실 괜찮지 않다', '배우자가 내게 뭔가 숨기고 있는 것 같다', '이 인간관계에 지쳤다. 나만의 시간과 공간이 좀 필요하다' 같은 부정적 생각을 할 때 상황이 급격하게 좋아지는 경우를 많이 봤다.

아마 당신도 이런 식의 역설적인 위안을 경험한 적이 있을 것이다. 좋다고 믿었던 것, 가령 조깅이나 직장 동료와의 식사, 의대 진학 등을 사실은 좋아하지 않는다는 걸 인정할 때 오히려 안도감이 들기도 한다. 아니면 항상 옳다고 생각했고 그래서 존경했던 누군가가 틀렸다는 사실을 인정할 때 위안을 받는 경우도 있다. 나는 주위에서 "우리 엄마는 남자들을 혐오해.", "나는 난독증이 있어.", "어릴 적 우리 집에는 진정한 사랑 따윈 없었어." 등 부정적 상황을 입 밖으로 말할 때 비로소 고통에서 벗어나는 사람들을 봤다.

우리를 행복하게 하거나 슬프게 만드는 것, 우릴 억압하거나 자유롭게 만드는 것은 사고방식이 긍정적이냐, 부정적이냐가 아니다. 변수는 그런 생각들을 진실이라고 느끼는가 아닌가다. 진실에서 분열될 때 그곳이 지옥이다. 온전함을 회복한다는 말은 지옥에서 벗어난다는 의미다.

여기서 반드시 강조하고 싶은 것이 있다. 온전함에서 벗어났다고 해서 당신이 나쁘다는 말이 아니다. 다만 잘못된 전제를 내재화한 채 잘 되려는 노력을 기울이고 있을 뿐이다. 가장 도덕적이고 선한 사람들의 마음속에도 가장 무서운 악마들이 우글거리는 거대한 지옥이 있다.

예컨대 수줍음을 많이 타고 온화한 성품의 소유자인 영국의 작가 C. S. 루이스는 자신의 마음을 처음으로 들여다보기 시작하면서 이런 글을 썼다. "내 안에서 섬뜩한 공간을 보았다. 정욕의 동물원, 야망의 아수라장, 두려움 양성소, 증오가 귀한 대접을 받는 소굴. 내 이름은 군대였다." 그는 끔찍한 사람이었기 때문에 지옥에 던져진 것이 아니었다. 단지 의도치 않게 그의 마음속에 무수한 고통을 만들고 억압했을 뿐이다.

지옥 같은 생각의 사슬을 끊는 법

○

자신을 내면의 지옥에서 해방시키는 과정은 매우 단순하다. 그러나 수월하진 않을 수도 있다. 단테는 《신곡》에서 이 과정을 보여준다. 고통받는 영혼들의 분노 어린 울부짖음에 잔뜩 겁먹은 단테는 여정을 포기하고 되돌아가고 싶어 한다. 하지만 그의 정신적 스승은 그가 포기하도록 내버려두지 않는다. 베르길리우스는 단테에게 지옥을 통과하는 동안 세 가지 일을 하라고 한다. 악마를 보고, 그들에게 질문을 하고, 계속 나아갈 것.

우리가 정신적 고통을 끝내기 위해 필요한 것도 바로 이 세 과정이다. 첫째, 바다를 헤엄치다 거센 소용돌이에 휩쓸려 익사하는 사람이 아니라 자기 고통의 관찰자가 되어야 한다. 둘째, 우리를 불행의 덫에 가둔 믿음들에 계속 질문을 던져야 한다. 우리가 진정한 본성으로부터 엇나가기 시작한 지점이 어디인지 알아낼 때까지. 이 시점에서 지옥의 사슬이 끊어지고, 세 번째 단계인 계속 나아가는 과정을 밟는다.

앞에서 나는 당신에게 지옥의 문을 찾아보라고 말했다. 정말 자신을 압도하는 거대한 지옥이 아닌 소소한 문젯거리들을 찾아보라고 말이다. 골치 아픈 문제들을 아래 빈칸에 써보자. 차근차근 생각하는 과정을 통해 우리 마음을 고통에서 해방시키는 과정을 밟을 것이다.

엄청나게 끔찍한 문제는 아니지만 나를 괴롭히는 문제는

_____

_____

제4곡에서는 과거와 미래에 대한 생각에서 벗어나 오직 현재, 지금 이 순간을 들여다보며 이 주제를 생각해봤다. 여기서는 정반대로 해볼 것이다. 위에 언급한 내용을 생각하면서, 의도적으로 마음속에 온갖 두려운 생각들을 가득 떠올려보자. 낮을 망치고 밤에 깨어 있게 하는 두려움을 떠올려보자. 이 과정이 괴로울 수도 있지만 꽤 익숙할 수도 있다. 아마 다들 이런 생각을 수도 없이 많이 해왔을 것이기 때문이다. 그렇지 않다면 나도 이 과정을 해보라고 하지 않았을 것이다.

위에서 선택한 주제를 둘러싼 온갖 괴로운 생각들이 잔뜩 생겨날 것이다. 예를 들어 외로움이 문제라고 해보자. 마음이 평소처럼 그 문제를 헤집도록 내버려둔다면 아마 이런 생각까지 했을 것이다. '나를 사랑하는 사람은 아무도 없어. 이 세상에 그 누구도 나를 진정으로 사랑하지 않을 거야. 난 사랑받을 만한 사람이 아니야. 난 홀로 죽을 거야.'

어쩌면 정확히 뭐라 설명할 수 없는 분노가 치밀어 아무 때나 소리를 지르기도 하고, 시시때때로 패닉 상태가 되고, 미칠 듯 화가 치밀고, 끝도 없이 좌절하기도 할 것이다. 이런 감정들을 밀어내지 마라. 이런 감정을 감추려는 모든 행동의 기저에는 이 감정들이 사라지지 않고 그대로 남아 있다. 오히려 이 감정의 불협화음을 예민하게 들여다보면 특정 두려움이나 괴로움의 기저에 깔린 후회 등이 보이기 시작한다.

예를 들어 모호한 인간관계가 걱정되어 말로 표현할 수 없는 두려움에 사로잡힌 사람은 그 두려움이 자신에게 고함을 치는 사람들의 모습이나 누군가 자신의 인생에 거센 소용돌이를 일으키는 모습으로 나타난다. 그리고 이런 형상들은 점차 '모두가 내게 화를 내!' 같은 생각에 유착된다. 이런 생각은 이내 다른 무수한 생각들로 이어진다. '난 문제가 있는 사람이야. 사람들은 나를 싫어해. 다들 내게 상처를 주려 해. 나라도 나 자신을 방어해야 해!'

고민하는 문제에 관해 구체적인 어떤 말이 '들린다면' 아래 빈칸에 적어보자. 오직 끔찍한 감정만이 느껴진다면 그 감정이 소용돌이치다가 두려운 생각을 말하기 시작할 때까지 가만히 내버려두자. 보통은 한 가지 생각, 한 가지 문장으로 귀결된다. 신체적 고통을 느낀다면 그 고통에 관한 '생각들'을 깊이 들여다보자. 떠오르는 모든 '지옥 같은 생각'을 적어보자. 최소 세 가지 이상 적어보자.

고민 중인 문제와 관련해 지옥 같은 생각들은

이 시점에서 자신을 따스하게 대하라. 특히 어려운 상황에 처해 있다면 더더욱 자기 자신을 다정하게 대해주어야 한다. 내게 찾아오는 고객 중 트라우마나 특정 문제를 겪고 있는 사람들 대다수는 지옥 같은 생각들을 집요할 정도로 확신하며 괴로워한다. 그 생각들을 구체적으로 말로 옮기기조차 힘들어한다.

나도 그런 생각들로 괴로웠던 적이 있었다. 가장 지옥 같은 생각에 시달렸던 건 내 아들이 태어나던 날이었다. 의사는 아이를 꺼내 몸을 닦아주고, '문제'와는 별개로 건강하다는 사실을 확인시켜 주면서 내 품에 안겨주었다. 첫아이와 마찬가지로 애덤은 작은 기적이었다. 여느 아기처럼 팔다리와 몸을 지닌, 여느 아기처럼 약하디약한, 여느 아기처럼 조그만 손톱을 지닌 조그마한 기적의 생명체였다. 하지만 애덤은 여느 아기보다 힘없이 축 늘어져 있었다. 눈 모양도 이상했다. 귀도 여느 아기보다 작았다.

내 작은 지옥의 문.

마침내 부인을 포기하고 그 문으로 걸어 들어가니 마음속에서 지옥의 소리가 합창처럼 울렸다. '이 아이는 영원히 짐이 될 거야.' '이 아인 무슨 일을 해도 성공하지 못할 거야.' '사람들이 이 아일 역겨워할 거야.' '그런 사람들을 나도 역겨워할 거야.' 나는 이제 막 태어난 아기를 꼭 끌어안으며 입맞춤을 했다. 온 마음을 다해 아이를 사랑했다. 나를 형용하는 이름은 군단을 이룰 만큼 많았다.

그러니 만일 당신이 오직 지옥의 생각만 떠오를 뿐 아무것도 듣지 못한다 해도 충분히 이해한다. 마음 편하게 먹고 자신에게 다정하게 대해주어라. 포근한 담요를 덮고 따끈한 수프도 먹어라. 자신을 가혹하게 밀어붙이지 마라. 다만 앞으로 나아가야 한다는 두려움에 움츠리기보다 자신을 더 무겁게 짓누르는 고통에서 벗어나고 싶다면 다음 단계들을 차근차근 밟으며 온전함으로 가는 길을 따라가자.

고통의 지옥을 통과하는 3단계 여정

1단계: 내게 고통을 주는 악마들 관찰하기

앞서 작성한 지옥 같은 생각들을 다시 펼쳐서 들여다보자. 그리고 각각의 생각들이 자기 자신의 조각이자 지옥에 갇힌 악마의 모습으로 비명을 지르고 있다고 생각해보자.

그 악마는 자신과 닮았지만 오로지 한 가지 끔찍한 생각을 외치는 데만 온 정신이 팔려 있다. 어쩌면 신음하고 있는지도 모른다. '아무도 나를 존중하지 않아, 아무도 나를 존중하지 않아, 아무도 나를 존중하지 않아….' 그 옆에 있는 또 다른 악마는 끊임없이 이렇게 중얼거린다. '나는 정말 멍청해. 나는 정말 멍청해. 나는 정말 멍청해….' 세 번째 악마는 새된 소리를 지르고 있다. '다들 나를 괴롭혀. 다들 나를 괴롭혀. 다들 나를 괴롭혀….' 상처와 두려움을 주는 모든 생각마다 각각의 악마들이 따로 있다.

이제 그 악마들을 똑바로 마주 보고 선 자신의 모습을 상상하라. 지금 앞에는 온갖 고민거리에 관한 생각들을 외치고 한탄하는 악마들이 있다. 그 악마들에게 당장 달려가고 싶은 충동, 음식과 약물로 악마들의 시끄러운 소리를 가리고 싶다는 마음, 당장 위안을 얻으려고 친구에게 전화하고 싶은 충동, 배우자와 싸우고 싶은 충동에 완강히 맞서라. 단테가 지옥의 참담한 광경과 마주했을 때 베르길리우스가 했던 말을 기억하자. "여기서는 모든 두려움을 버려야 한다." 두려운 생각들을 피하지 마라. 밀쳐내지 마라. 그저 지켜보라.

이제 내면의 악마를 의식하며 주위를 둘러보자. 지금 당신은 어디에 있는가? 방 안? 지하철? 공원? 어떤 색이 보이는가? 지금 기온은 어떤가? 어떤 냄새가 나고 무슨 소리가 들리는가? 지금 무슨 옷을 입고 있는지, 그 옷의 촉감은 어떤지 느껴보라. 주위에 사람이나 동물, 식물 등 생명이 있는 존재가 있는가? 그 존재는 지금 무엇을 하고 있는가? 아래 빈칸에 짧게 요약해 적어보자.

지금 내가 있는 곳에는

_____

_____

_____

이것이 인생을 바꾸는 훈련처럼 보이지 않을지도 모른다. 하지만 정말 인생을 바꿀 수도 있다. 실제로 이 훈련은 뇌를 재구성해 고통에 덜 상처받도록, 기쁨을 더 크게 누리도록 해준다. 내 고객들도 처음에는 자신의 고통에만 골몰해 있다가 주위에 있는 것들을 의식하고 알아채는 과정에서 에너지가 바뀌었다.

예를 들면 돈이 곧 행복이라고 믿는 키스 같은 고객들이 아주 많왔다. 하지만 키스와 달리 그들은 그 관념에서 벗어났다. 그저 주위에 일어나는 일에 집중하기만 했을 뿐인데도 그들은 햇빛, 공기, 우정 등을 감지하고 기뻐하기 시작했다. 그들의 삶은 즉각 더 풍요로워졌다.

물론 모든 악마가 이처럼 쉽게 떨어져 나가는 것은 아니다. 이 단계에서 많은 사람이 여전히 자신의 끔찍한 생각을 믿는다. 그리고 그 생각에 상처받는다. 하지만 그 고통을 지켜보면서도 한편으로는 자신이 부드러운 파란색 셔츠를 입고 있음을, 밖에 새가 지저귀고 있음을, 가벼운 비가 내리고 있음을 알아차릴 수 있다. 그 예민한 감지가 지옥을 벗어나는 티켓이다.

애덤을 낳고 몇 주 후, 우연히 나도 이런 경험을 했다. 내 악마는 시끄러운 소리로 끊임없이 나와 아들의 어두운 미래를 두려워하는 생각들을 외치고 있었다. 나는 그 악마들이 하는 모든 말을 믿었다. 하지만 운 좋게도 더 이상 그런 말들을 견디기가 힘들었다.

어느 날 밤 2시가 넘은 시각, 애덤에게 젖을 먹이고 흔들며 재워주다가 문득 내 두려운 생각들이 지긋지긋해졌다. 그리고 그 생각들이 내 관심 밖으로 떨어져 나가는 기분이 들었다. 그 순간을 선명히 기억한다. 갑자기 천장에 도시의 불빛 무늬가 어른거렸고 흔들거리는 흔들의자가 아늑하게 느껴졌다. 애덤이 태어나고 처음으로 내 마음이 악마로부터 떨어져 나와 무심히 주위를 관찰하고 있었다.

그 순간부터 내 삶은 천천히 조금씩 변하기 시작했다. 고통을 응시할 때 변화는 시작된다.

2단계: 고통스러운 생각이 '전부 진실'이라는 믿음 의심하기

단테는 지옥을 조심조심 통과하며 그 속에서 거센 바람과 더러운 비에 시달리는 망령, 진흙 구덩이에 빠지진 망령, 거대한 돌을 굴려야 하는 망령 등 저주받은 망령들을 봤다. 그렇게 지옥을 통과하며 베르길리우스에게 질문하고 저주받은 망령들에게도 물었다. 망령들이 얼마나 지독하고 비참한 고통을 겪고 있는지 대답할 때마다 단테는 "슬픔과 혼란을 느꼈다."

흔히 우리가 고통스러운 생각을 할 때 보이는 반응이다. 우리는 슬픈 생각을 단순하게 믿고 곧장 절망에 압도된다. 비참함이 끝나지 않을 성싶다. 여기서 두 번째 단계로 나아가지 않으면 그 감정은 지속된다. 두 번째 단계에서는 고통의 원인에 대한 믿음에 질문을 던지는 것이다.

최선을 다해 온전함으로 나아가기로 했다면 이제는 사건을 맡은 탐정처럼 행동해야 한다. 모든 증거를 샅샅이 조사하고 증거가 모두 합리적으로 타당한지 검증해야 한다. 조직행동학자 크리스 아지리스Chris Argyris는 이를 '불일치 찾기seeking disconformation'라고 부른다. 다시 말해서 우리는 정확하지 않은 사실을 왜 믿는지 그 이유를 의도적으로 찾아야 한다.

이제 문제를 해결해보자. 아래 빈칸이 있다. 빈칸에 지금 골치 아픈 문제나 괴로운 고민거리가 어째서 사실이 아닐 수도 있는지 그 이유를 최대한 많이 적어보자. 쉽지는 않을 것이다. 앞서도 봤듯이 우리는 그 생각을 믿기 때문이다. 하지만 당신은 좋은 마음가짐과 생생한 상상력을 지니고 있다. 그 마음과 상상력으로 자기 자신과 자신을 괴롭히는 이야기를 약간 이간질해보자.

내 고객들은 이 단계를 진행하며 처음에는 당황하고 난처해했다. 아직도 선명히 기억나는 장면이 있다. 한 남자가 '세상 모든 여자가 내가 자기를 구원해주길 바란다'라는 믿음에서 단 하나의 예외를 떠올리려고 약 5분 정도 미친 듯한 고뇌에 빠져 있었다. 그 사람 앞에 마주 앉아 있던 나는 마침내 큰 소리로 이렇게 말했다. "저기요, 전 뭔가요? 찬밥인가요?" 그는 내 말을 듣고는 멍한 표정을 지었다. 그러다 결국 우리 둘 다 웃음을 터뜨렸다.

만약 지옥 같은 생각에 모순되는 단서나 생각을 떠올리기 어렵다면 친구나 코치, 상담사 등에게 부탁하라. 자신의 신념에 가로막혀 보이지 않는 것들이 혹시 그들에게는 잘 보인다면 알려달라고 요청하는 것도 방법이다.

나의 지옥 같은 생각이 진실이라고 확신할 수 없는 이유

_____

_____

_____

할아버지가 자신의 재산을 '도둑질'했다고 믿었던 헬렌조차 이 과정을 겪으며 할아버지가 가족에게 기여한 일들을 떠올렸다. 할아버지는 그녀의 아버지 사업 토대를 다져주었고, 손주들에게 돈을 관리하는 법을 가르쳐주었다. 동생을 질투했던 루이스는 동생과 자신을 끊임없이 비교하는 경쟁심이 일방적이며, 정작 동생은 그런 비교에 별로 신경 쓰지 않는다는 사실을 서서히 깨달았다. 로다와 나는 부모가 되면서 부모라는 자리가 얼마나 바쁘고 고단한 것인지를 이야기했다. 이후 로다는 친구가 의도적으로 자신을 피한다는 두려움을 떨치게 되었다.

새로 떠오르는 생각을 모두 믿을 필요는 없다. 그저 자신의 어느 한 부분에서 내면의 악마를 의심할 부분을 찾을 때까지 훈련을 꾸준히 하면 된다. 지옥 같은 생각에서 아주 조금만 멀어져도 몸과 마음이 약간이나마 느긋하고 편안해진다. 그 약간의 편안함이 자신을 고통스럽게 만드는 믿음을 훨씬 단호히 부인하게 해준다.

흔들의자에서 애덤을 재우며 공포를 다스리지 못하던 내게도 이런 일이 우연히 일어났다. 내 모습 중 일부가 어떤 광경을 그저 응시하기 시작했고 머릿속에 어떤 기억이 떠오르기 시작했다. 나는 임신 기간에 겪은 이상하고도 낯선 영적 경험을 생각했다. 모든 진실은 주관적이라던 칸트의 확언을 기억했다. 여전히 나는 두려운 생각들을 믿고 있었지만 그렇게까지 완전히 믿는 것은 아니었다.

그러다 내 안에서 들려오는 내면의 목소리를 들었다. 악마의 절규가 아니라 들릴락 말락 한 속삭임이었다. 천지가 개벽할 만큼 중요한 말도 아니었고 당시 내가 생각했던 내용도 아니었다. 흔들의자에 앉아 '내 인생은 망했어!'라고 믿는 내게 그 목소리는 아주 작은 소리로 이렇게 물었다. '확실해?'

그 질문을 들은 나는 처음엔 분노했다. '당연하지! 확실해! 내 아이는 결함을 안고 태어났어. 내 모든 경험이, 모든 의사가, 모든 과학이 말해주고 있잖아. 내 인생은 망했다고!'

'확실해?'

이번엔 잠시 생각했다. 어쩌면 완전히 확신할 수 있는 건 없을지도 모른다는 생각이 들었다. 칸트도 그랬으니까. 아무도 미래를 장담할 수는 없으니까.

그 순간 애덤이 다운증후군이라는 진단을 받은 후 처음으로 안도감이 들었다. 그 이후로는 절망감에 빠질 때마다 그 나긋하고 작은 목소리가 다시 들려왔다. '확실해?'

몇 달이 지나고, 몇 년이 지나면서 나를 괴롭히던 믿음들이 가벼워지기 시작했다. 난 그 믿음들에 질문했다. 그 믿음들을 의심했다. 그 믿음들은 너무도 끔찍했기에 그리고 나는 더 이상 그 믿음들이 사실이라고 확신하지 않았기에 지옥의 생각들은 서서히 흐릿해지더니 사라졌다.

당신의 지옥도 그렇게 사라질 것이다. 내면의 악마가 진실인지 의심하기 시작하면 악마의 시간은 시한부가 된다.

나는 헬렌, 루이스, 로다를 비롯해 수많은 고객이 이런 경험을 하는 것을 수도 없이 봤다. 그들은 고통스러운 생각에 사로잡혀 있다가 점차 기쁨과 즐거움을 선사하는 생각과 경험들로 가득한 세상이 있음을 알아채기 시작했다. 화려한 팡파르는 없었지만 그들은 조금씩 행복한 삶 쪽으로 옮겨가고 있었다.

3단계: 나아가기

믿음, 특히 두려운 대상을 향한 믿음은 맹목적이다. 어떤 생각을 믿기 시작하면 그 믿음을 지지해주는 것에만 집중하게 된다. 그 믿음을 부인하는 증거가 나온다면 맹목적인 집중력도 서서히 흩어진다. 그리고 그것이 아무것도 아닌 듯 보인다.

고통스러운 생각을 의심하고 부인할 때 맹목성이 사라진다. 끔찍한 믿음이 사실이 아니라는 증거들을 보기 시작한다. 어린 시절 두려워했던 대상을 극복한 사람이라면 이미 이 과정을 지나온 것이다. 욕조 배수구로 빨려 들어갈 것이라는 확신, 옷장에서 좀비들이 튀어나올 것이라는 믿음은 사라졌을 것이다. 과거에 자신을 괴롭혔지만 지금은 전혀 성가시지 않은 두려움이 있다면 아래 빈칸에 적어보자.

과거에 내가 두려워했던 것은

이제 잠시 시간 여행을 해보자. 어린 시절 정말 무서워했던 무언가를 떠올려보자. 그 대상을 생각하면서 지금보다 어렸던 당시의 자기 모습을 떠올려보고, 그 아이 곁에 가만히 앉아 이렇게 말해보자. "안녕! 난 네 미래에서 왔어. 지금 네가 무서워하는 그 일은 절대 일어나지 않는다고 100퍼센트 장담할 수 있단다. 넌 앞으로 이 일을 무서워하지 않을 거야." 이 말에서 진실의 울림을, 내면의 스승과 교감하고 있음을 느껴보라. 마음속 꼬마 아이가 마음을 푹 놓게 하라.

이제 지금 자신을 괴롭히는 지옥의 생각들을 생각해보자. 그리고 미래의 내가 와서 이렇게 말한다고 생각해보자. 그 목소리는 확신과 자신감에 가득한 위로의 목소리다. "안녕! 난 네 미래에서 왔어. 지금 네가 무서워하는 그 일은 절대 일어나지 않는다고 100퍼센트 장담할 수 있단다. 넌 앞으로 이 일을 무서워하지 않을 거야."

이 말을 반드시 믿지 않아도 좋다. 다만 이후에 일어나는 일을 지켜보라. 미래의 자신이 하는 확신의 말을 듣고 몸과 마음에서 진실의 울림이 느껴지는지 살펴보자.

30년이라고 하는 시간을 건너와 돌이켜보면, 애덤이 내 인생을 망칠 것이라는 끔찍한 생각들 중 어느 하나도 사실이 아니었다. 애덤은 내게 수치심을 주기는커녕 어마어마한 자부심을 느끼게 해주

었다. 내 경력을 망치기는커녕 작가가 되어 글을 쓸 때 글의 중요한 화두와 주제가 되었다. 어릴 때부터 차분하고 균형 잡힌 성격의 소유자였던 애덤은 내가 분노하고 흥분할 때마다 나를 바로잡아 주었다. 그리고 애덤의 주위에는 자비로운 일들이 이상하리만치 자주 일어났고, 어떤 일들은 정말 일어날 성싶지 않은 일이라 기적처럼 느껴졌다.

애덤이 유독 기특한 행동이나 말을 할 때면 문득문득 케임브리지에 있던 컴컴한 내 침실이 떠오르곤 했다. 어린 시절 내 고통이 시작된 곳, 지옥에서 나오는 길을 의심하며 머뭇거리던 곳이다. 그곳으로 돌아갈 때마다 나는 스물다섯이었던 내게 애덤이 내 삶을 얼마나 밝혀주었는지 말해주고 싶다. 그러나 젊은 나는 듣지 못한다. 아마 절망과 공포에 짓눌려 내 목소리를 들을 겨를이 없는 탓이리라. 나는 흔들의자에 앉은 젊은 내 곁에 나란히 앉아 묻고 또 묻는다. '확실해?'

이 장의 내용을 주제로 상담이나 강연을 하다 보면 사람들이 어중간한 지점만 응시하는 경우가 많다. 이 내용이 그들에겐 아무것도 아닌 듯 보인다. 신념에 의문을 제기한다는 사실은 역설적이다. 우리의 사회와 문화는 믿음을 의심하라는 충고는커녕 그런 의심이 가능하다는 사실을 인정조차 하지 않는 경우가 많다. 우리는 불일치를 의심하고 찾아보도록 배우고 훈련받지 않았다. 오히려 그 반대다. 우리는 자신의 믿음을 확신하고 자신이 옳음을 증명하며 산다.

고통은 우리의 동맹군이다. 다양한 신호를 통해 기존의 믿음에 의문을 품게 해준다. 고통 덕분에 내게 상담을 받은 사람들 대부분이 내면의 지옥에 갇혀 있는 자신의 일부를 바라보고, 질문을 던지고, 거기서 해방되는 법을 배웠다. 온전함으로 나아가는 이 기본적인 단계가 낯설게 느껴지거나 효과가 없는 듯 보여도 너무 걱정하지 않아도 된다. 이제부터 본격적으로 지옥을 무너뜨리는 다양한 기술을 살펴보고 연습할 것이다. 이 과정이 잘 이해되지 않아 두려운 마음이 든다 해도 괜찮다. 그 두려움은 당신을 지금보다 더 성숙하게 해줄 것이다.

지금 어떤 두려움이 있든, 내면의 악마가 뭐라고 소리를 지르든 그 두려움과 고함에 굴복하지 않아도 된다는 사실을 알아채길 바란다. 그 두려움과 고함은 불필요하고 유독하다. 당신의 진정한 본성과 자아가 계속 신호를 보내고 있다. 지옥에 갇힌 믿음에 질문을 던지고, 그 믿음을 의심하고 떨칠 수 있도록 계속 관심을 끌려고 노력하고 있다.

만일 이런 자아가 느껴진다면 축하한다. 지옥을 통과하는 여정은 아직 끝나지 않았지만, 나로 온전한 삶으로 향하는 여정에 '그'가 드디어 다시 합류했다. 그리고 그의 합류는 모든 고통을 충분히 겪고 그 고통의 길 반대편으로 나아갈 만큼 충분히 배웠다는 의미이기도 하다.

무지의 과오

　고통을 원하는 사람은 없다. 대부분 사람이 살면서 해야 할 일 목록에 '고통 피하기'를 1순위로 적어두곤 한다. 우리는 사는 내내 부지런히 아픔을 피하고 기쁨을 추구한다. 하지만 이 모든 노력에도 불구하고 모든 인간은 고통받으며 산다. 삶이 고통이라는 사실은 인간의 삶에서 몇 안 되는 확실성 중 하나다. 단 한 명도 예외 없이 모두가 고통스러운 삶을 산다. 왜 그럴까?

　단테는 지옥 깊숙이 들어가면서 베르길리우스와 많은 대화를 나눴고 저주받은 망령들에게도 이런저런 질문을 던졌다. 저주받은 망령들은 온갖 악행을 고백했다. 다른 사람의 배우자를 탐내기도 했고, 가진 돈을 모두 탕진하기도 했고, 정치적 논쟁을 벌이다가 폭력을 행사하는 등 수많은 죄를 고백했다. 하지만 망령들은 자신들이 '무슨' 잘못을 했는지는 말하면서도 '왜' 그랬는지는 잘 알지 못했다.

사실 지옥의 9단계 중 6단계까지, 즉 지옥의 3분의 2는 단테가 '실금(무절제)의 죄'라고 부르는 죄를 지은 이들이 있는 곳이다[단테가 묘사한 지옥도는 9개 고리의 원뿔형으로 되어 있으며 각 고리에는 림보(성현들의 성), 애욕, 탐욕, 낭비(혹은 인색), 화(또는 태만), 이교도, 폭력, 사기꾼, 배신자가 형벌을 받고 있다. 이중 '애욕~이교도' 고리의 죄는 무절제한 자들이 형벌을 받는 곳이다.—옮긴이]. 여기서 실금이란 성인의 요실금을 뜻하는 것이 아니라 어떤 행동을 자제할 수 없다는 의미다.

단테의 관점에서 보면 지옥에 있는 망령들 중 일부러 작정하고 죄를 지은 이들은 지극히 드물다. 그저 나태하게 어슬렁거리며 고통을 피하고 쾌락만 추구하다 보니 통제할 수 없는 욕망, 탐욕, 분노 같은 내면의 힘에 휩쓸렸을 뿐이다. 어쩌면 아이들이 가지고 노는 레고 장난감에 발이 걸려 지옥에 떨어진 건지도 모른다.

무지의 과오를 저지르는 이유

○

사람들 대부분이 의도치 않게 무지로 인한 실수를 저지르고 이로써 심리적 고통을 겪는다. 자신이 고통스럽다는 사실을 알고 있기에, 뭔가 잘못을 저질러서 그렇다고 생각하는 것이 합리적인 듯 보이지만 사실 고통의 이유는 확실치 않다. 이 혼란은 유쾌하지는 않지만 가벼운 형태의 고통이다. 여느 고통과 마찬가지로 이 고통 역시 사실이 아닌 것을 믿는 데서 생겨난다. 하지만 이는 교활한 거짓말이다. 우리 사회와 문화 곳곳에는 고통을 유발하는 것이 나쁜 것이라는 전제가 너무도 깊숙이 뿌리박혀 있으며 이런 인식이 너무 깊숙이, 너무 곳곳에 퍼져 있다 보니 그런 전제가 존재한다는 사실조차 깨닫지 못할 때가 많다. 이 장에서는 이런 전제들을 살펴볼 것이다.

다만 나는 단테가 말한 '실금의 죄'라는 표현을 조금 변형해서 사용하려 한다. 현대 사회에서는 이 두 단어가 내포하는 의미가 조금 다르게 전달될 수 있기 때문이다. 나는 저 표현이 '무지의 과오'가 초래하는 문제들에 더 가까운 의미라고 생각한다. 당신의 지옥에서 가장 큰 부분, 가령 불행 같은 것은 무지로 인한 실수들을 역추적해 파악할 수 있다. 이 장에서는 무지의 실수가 초래한 것들을 찾아내서 저마다 자신의 삶에서 씻어내는 법을 배울 것이다.

우리는 유아기부터 어마어마한 정보를 흡수한다. 명백한 개념부터 문화적 태도, 사회의 신념에 이르기까지 모든 정보를 흡수한다. 부모와 형제자매, 종교적 지도자와 정치적 리더, 책, TV와 유튜브 등으로부터 문화적 전제들과 신념을 보고 들으며 성장한다. 인간이 자신의 눈을 볼 수 없듯이 모든 환경에 녹아든 이 신념 역시 보지 못한다. 이 신념은 단순한 사고가 아니라 우리가 생각하는 방식 그 자체다.

가령 대부분 문화권에 흔히 있는 '강아지는 사랑스럽다' 같은 믿음은 우리 마음속 깊은 곳에 있는 진실과 완벽하게 일치한다. 또 어떤 문화권에 있는 '외모가 아름다운 사람은 못생긴 사람보다 더 좋은 사람이다' 혹은 '인간관계를 맺지 않으면 행복해질 수 없다' 같은 신념은 자신의 내면에 있는 진실과 일치하지 않을 수도 있다. 신념을 믿는 것은 독약을 삼키는 것과 같은 효과를 낸다. 하지만 우리는 명확히 알지도 못하는 그 신념들을 무턱대고 믿는 경우가 많다.

우울, 분노, 불안 등 설명할 수 없는 감정들 대부분은 사실 우리 마음 어딘가 숨겨진 거짓 믿음에 대한 반응이다. 내 고객 중 아이린은 내가 하는 모든 말을 공격 내지는 모욕으로 받아들였다. 한번은 내가 아이린에게 무척 건강해 보인다고 말하며 좋아하는 운동이 있느냐고 물었다. 그러자 아이린은 눈물을 글썽이며 이렇게 말했다.

"선생님도 제가 운동을 열심히 하지 않는다고 비난하는 건가요? 정말 믿을 수 없군요!"

아이린은 '모두가 내게 모든 면에서 완벽해지라고 요구한다'라고 강박적으로 믿고 있었다. 나는 단 한 번도 마음속으로 아이린을 평가한 적이 없었다. 하지만 유치원에서부터 이미 모든 것이 평가받고 순위가 매겨지는 문화에서 자라다 보면 아이린처럼 평가받는 것에 대한 두려움이 생기기 쉽다.

또 다른 고객 제프는 광고회사에서 일했는데 늘 과로에 시달리다 보니 상담을 받는 동안 말할 기운조차 없었다. 상담 시간에 그는 가만히 앉아 입을 꽉 다문 채 울지 않으려 애썼다. 알고 보니 그의 아내는 남부럽지 않은 직업을 가진 사람이었다. 그녀는 과로에 시달리는 남편에게 광고회사를 나와 좀 더 행복해질 수 있는 일을 찾아보라고 말하곤 했다.

하지만 제프는 남편이자 아버지 역할을 하려면 아무리 힘들어도 쉬지 않고 일해야 한다는 믿음을 가지고 있었다. 그는 아버지가 싫어하는 일을 하면서 서서히 늙어가는 모습을 보며 그런 믿음을 갖게 되었다. 실제로 그에게 "남자라면 직장을 그만두지 말고 꾸준히 일해야 한다."라고 대놓고 말한 사람은 아무도 없었지만 그 믿음은 평생토록 그를 지옥에 묶어놓았다.

때론 문화적 전제가 수백만 명을 한꺼번에 지옥의 구렁텅이에 밀어 넣기도 한다. 인종이나 계급으로 차별을 겪은 사람은 이 모든 것을 너무도 잘 알 것이다. 하지만 이보다 훨씬 더 무해해 보이는 차별이 거대한 고통을 야기하기도 한다.

1950년대 미국 사회는 여성을 얌전하고 상냥하며 지적으로 열등하고 아이를 낳고 집안일을 하는 존재로 여겼다. 1963년 베티 프리단Betty Friedan이 《여성성의 신화》를 출간했을 때 수많은 여성이 프리단이 말한 '이름이 없는 문제'로 고통받고 있었다. 여성들은 불행했고 만족스럽지 않았다. 사랑스러운 가족이 있고 완벽한 디저트 요리법을 잘 알고 있음에도 불구하고 어째서 그토록 끔찍한 감정을 느끼는지 몰라 당황하곤 했다.

문제는 영화 〈비버는 해결사Leave It to Beaver〉(1957~1963년에 방영된 미국 TV 시트콤을 1997년에 영화화한 것으로 1950년대 미국 중산층 가정의 모습을 잘 반영하고 있다.─옮긴이) 속 여성 같은 역할이 대부분 여성의 진정한 자아 표현과 전혀 맞지 않는다는 점이다. 더욱이 여성은 남성보다 능력과 가치가 부족하다는 전제에 마음이 병들고 곪는다. 피부색에 따라 인간의 가치가 달라진다, 가난한 사람은 게으르다, 정신 질환은 신의 형벌이다 같은 신념도 모두 마찬가지다. '마음이 곪는다'라는 건 말 그대로 상처가 치유되지 않고 점점 더 악화된다는 의미다. 의도한 것은 아니지만 잘못된 문화적 전제들은 우리의 머릿속을 돌아다니며 우리에게 상처를 입힌다.

베티 프리단 같은 사람이 문화적 전제를 분석하기 시작하면서 여성들의 마음이 곪는 이유도 어느 정도 선명하게 드러나기 시작했다. 하지만 마음이 곪는 이유는 주로 '딱 집어 말할 수 없는 문제들'에서 시작되는 경우가 많다. 장담컨대 당신의 인생관에도 그런 믿음들이 존재할 것이다. 어쩌면 가족 구성원 그 누구도 입 밖에 내지 않았지만 가족들이 '둔한 애' 혹은 '드라마에 매달려 사는 애' 취급을 하는 사람은 무의식중에 자기 정의를 '둔한 사람' 혹은 '드라마 퀸'으로 내리고 있을지도 모른다.

사회적으로 완벽하다고 여기는 기준에 자신이 미치지 못한다고 여겨 암암리에 자신을 부족한 사람, 결함이 있는 사람으로 전제하기도 한다. 주위에서 약자를 괴롭히는 사람이 모든 사회 계층에서 성공하는 모습을 보다 보니 성공하려면 약자를 괴롭히는 것만이 유일한 방법이라고 믿게 된 사람도 있을 것이다.

제대로 확인하고 검증하지 않은 거짓 믿음은 고통을 유발한다. 우리는 원하지 않는 일, 이해하지 못하는 일, 통제할 수 없는 일을 하면서 이 고통에 순응하려 애쓰곤 한다. 이런 행동들, 이 무지한 실수들 때문에 자기 자신에게 한 약속을 저버리기도 한다. 하지만 정말 이상하게도 멈출 수 없다. 지옥에 온 걸 환영한다!

고통과 자기 파괴

∘

어떤 거짓말을 수용해야 한다고 세뇌당해서 이를 진실이라고 믿게 되면 내적 분열이 일어난다. 그리고 이 내적 분열은 종종 자기 파괴로 이어진다. 단테가 만나 질문을 던진 망령들처럼 자신도 7대 죄악(가톨릭과 정교회에서 규정한 일곱 가지 죄악으로 교만, 인색, 질투, 분노, 음욕, 탐욕, 나태가 있다.—옮긴이)에 빠졌다고 생각할 수도 있고 '400만 가지 불행한 선택'을 내렸다고 여길 수도 있다.

예를 들면 틈틈이 시간을 할애해 소설을 쓰려고 마음먹었다가 재미있는 유튜브 동영상이나 뜬금없이 토끼굴 사진에 정신이 팔릴 수도 있다(구글에 토끼굴을 검색해보라. 정말 귀엽다!). 아니면 아내의 가족 혹은 남편의 가족과 정치 이야기는 절대 하지 않겠다고 굳게 다짐해놓고서 가족들이 꿩사냥을 즐기는 내내 아무도 듣고 싶어 하지 않는 정치 이야기를 핏대 올리며 이야기할 수도 있다. 세무사와 약속한 날 아침 알람을 다섯 개나 맞춰놓고선 막상 당일 아침에 딱 1분만 더 누워 있겠다고 했다가 약속 시간 내내 푹 자버린 경험도 있을 것이다.

이렇듯 자신의 의도와 노골적으로 반대되는 행동을 한다는 말은 우리 내부 어딘가에서 내전이 진행 중이라는 신호다. 내 고객들은 자신과 정반대로 행동하는 또 다른 자아가 있는 기분이라는 말을 자주 한다. 마치 양심적인 지킬 박사가 규칙을 만들면 악당 하이드가 그 규칙들을 계속 어기듯 말이다. 자아가 두 개로 분열된 것 같은 이중성이 느껴질 때 자기 파괴를 멈추려면 온전함을 회복해야 한다.

대부분 사람은 지킬 박사의 의지로 하이드를 지배하려든다. 훌륭한 방법이다. 효과가 전혀 없다는 점만 제외하면 말이다. 이 방식으로는 자기 파괴적인 고통을 멈출 수 없다. 우리의 신념 체계에서 '인식되지 않은' 분열로부터 이중성이 생기기 때문이다.

자기 파괴에 대처하는 가장 좋은 방법은 이를 하나의 신호로 보는 것이다. 우리 마음속 음침하고 깊은 곳의 지옥 어딘가에서 그 믿음이 자신에게 상처를 주고 있다는 신호다. 이 신호를 출발점으로 삼으면 자기 파괴를 신호로 활용해 거짓된 가정들을 드러낼 수 있다. 무지로 인한 실수를 찾고 이를 명확히 들여다본다면 어쩌면 우리가 말하는 법을 배운 이후로 한 번도 경험하지 못한 온전함을 회복할 수 있을지도 모른다. 그러면 신호를 인식하고 무지로 인한 실수를 들여다보는 구체적인 방법들을 살펴보자.

'고양이 뒷걸음질 치기' 기법

○

이 훈련이 얼마나 효과적인지, 최근에 내가 겪은 자기 파괴 사례를 가지고 집중적으로 파헤쳐보자. 얼마 전 나는 주치의로부터 달걀이 내 면역 체계에 나쁜 영향을 미친다는 말을 들었다. 대부분 사람에게 달걀은 훌륭한 음식이지만 내게는 위험하다. 나는 달걀을 먹지 말아야 하는 사람이다. 하지만 나는 이따금 달걀을 먹는다.

조금 솔직히 말하자면 나는 오늘 아침에도 달걀을 하나 먹었다. 아니, 정말로 솔직하게 말하면 두 개 먹었다. 식당에 가서 일요일 브런치 메뉴를 보며 수많은 선택지 중 '아보카도 달걀 베네딕트'를 주문해서 굶주린 늑대처럼 먹어치웠다.

여기서 내가 '최근'의 자기 파괴 사건을 이야기하고 있다는 점을 기억해두길 바란다. 앞으로 당신이 이 훈련법을 활용할 때도 이렇게 해야 한다. 최근에 일어난 일일수록 생생하게 기억하고 있어 떠올리기 좋고, 훈련도 더욱 효과가 있다. 또렷하게 기억하면 다음 단계인 '고양이 뒷걸음질 치기walk back the cat'에도 큰 도움이 된다.

고양이 뒷걸음질 치기는 스파이 세계에서 사용되었던 표현이다. 정보 요원들이 잠복 작전 실패부터 쿠데타 실패에 이르기까지 실패한 작전의 과정을 되짚으며 어디서 무엇이 잘못되었는지를 꼼꼼히 분석하는 기법이다. 이 방법을 사용하려면 가장 최근에 일어난 일에서 시작해 점점 과거로 시간을 거슬러 올라가며 사건을 재구성해야 한다.

가령 달걀을 먹는 나의 자기 파괴적 행위를 되짚어본다고 하면 영화 필름을 거꾸로 되감듯 아주 천천히 장면들을 재생하는 것이다. 그러면서 각 순간을 스냅숏 찍듯 떠올리며 기억해낸다. 첫째, 정확히 그때 그 순간에 내 주위에서는 무슨 일이 벌어지고 있었는가? 둘째, 나는 무엇을 하고 있었는가? 셋째, 내 감정은 어땠는가? 넷째, 나는 무슨 생각을 하고 있었는가? 다음은 내 사례를 되짚어본 내용이다.

출발점은 내가 실제 달걀을 먹는 행위에서 시작한다. 나는 그 순간을 아주 잘 기억하고 있다. 나는 어느 식당에 앉아 있었다. 테이블마다 은 식기들이 달그락달그락 부딪치는 소리를 내고 있었고 사람들은 도란도란 대화를 나누고 있었다. 음식을 너무 빨리 먹어치운 나는 하나 마나 한 생각을 하고 있었다. '이러면 안 되는데. 하지만 먹고 싶어!'

이제 달걀을 먹기 몇 분 전, 내가 달걀 요리를 주문하던 순간으로 가보자. 테이블 앞에 종업원이 미소를 지으며 서 있었다. 원래 나는 의사가 허락한 식단대로 음식을 주문할 계획이었다. 하지만 순간 짜증과 압박감이 치밀었다. 나는 즉흥적으로 달걀을 먹기로 하고 달걀 요리를 주문했다. 야만적 승리감이 들었다.

이제 달걀 요리를 주문하기 몇 분 전으로 돌아가보자. 내가 그 식당에 들어갔던 순간이다. 식당은 무척 근사했다. 근사한 식당과는 별개로 나는 좀 피곤했고 다소 흥분한 상태였다. 그때 나는 내가 친구의 아파트를 꽤 잘 청소했다고 생각하고 있었다.

다시 몇 분 전으로 돌아가, 친구의 집 청소를 끝냈던 순간으로 돌아가자. 친구는 잠시 집을 비우는 동안 내가 그 집을 사용하도록 해주었고, 나는 그곳에서 시간을 보내다가 친구가 돌아오는 시간에 맞춰 아침부터 부지런히 집을 정돈했다. 몇 블록 떨어진 곳에 있는 세탁소에 수건이며 침대보 등을 가지고 걸어서 왔다 갔다 했다. 중간에 좀 쉬고 싶었지만 나는 그러지 않고 오히려 나 자신을 채찍질했다. '멈추면 안 돼.'

아! 이제야 나는 친구의 아파트에서 휴식을 취하지 않았던 그 순간이 나의 온전함에서 벗어난 순간임을 깨달았다. 그 순간을 느낄 수 있었다. 우리가 진실에서 분리되어 나온 그 순간을 확대해 들여다보면서 그때 그 순간의 감정을 느끼는 것이 이번 훈련의 세 번째 단계다.

내가 빨래를 가지러 갔을 때, 그 아침의 행복하고 평화로운 기분을 기억한다. 만약 그때 누군가 내게 아보카도 에그 베네딕트를 내밀었다면 유혹에 넘어가지 않고 단호히 거절했을 것이다. 하지만 '멈추면 안 돼'라는 믿음이 휴식이 필요한 순간을 망가뜨리면서 나는 나 자신을 버렸다. 내 몸과 마음과 영혼이 '멈추면 안 돼'라는 생각에 반응했다. 거짓말에 늘 그렇게 반응하듯 말이다. 이전 장에서도 설명했지만 다시 한번 요약해서 설명하면 다음과 같다.

- **'신체적으로' 나는 긴장감을 느꼈고 에너지가 떨어지는 기분이었다. 목이 조금씩 아파오기 시작했고 약간의 두통도 시작되었다.**

- '감정적으로' 부루퉁한 나 자신에게 화가 났다. 그런 나를 '기운 내! 젠 장!'이라는 말로 공격했다.
- '정신적으로' 멈추면 안 된다고 생각함으로써 해방감이 아닌 무게감 과 억압감을 느꼈다.

내가 이 모든 신호를 무시하고 계속 일한 이유는 우리 사회에서 지극히 보편적인 신념에 강하게 집착했기 때문이다. 바로 '멈추지 않고 열심히 일하는 것이 도중에 그만두는 것보다 더 좋다'는 믿음 이다. 꾸준한 인내가 좋지 않다는 말이 아니다. 나는 멈추면 안 된 다는 식의 슬로건을 추종하며 추진력을 얻곤 했다. 그 슬로건들은 주로 '멈추는 사람은 승리하지 못한다. 승자는 절대 멈추지 않는 다', '힘든 상황은 나를 더 강하게 만든다', '고통이 없으면 열매도 없다' 같은 것들이었다.

문제는 친구의 아파트를 치웠던 그날, '멈추면 안 돼'라는 생각 이 잘못되었다고 내 진심이 말해주는데 나는 그 잘못된 생각을 따 라야 하는 진리라고 믿었다는 점이다. 심지어 이 글을 쓰는 동안에 도 나는 그때의 감정으로 거슬러 올라가 평온함을 상실한 기분, 약 간의 스트레스를 느낄 수 있다. 그 감정의 일부에는 피곤함도 있지 만 대부분은 진실하지 않다고 생각하는 것을 믿는 데서 오는 불안 감이었다. 몇 분 후 나는 달걀 요리를 주문하고 걸신들린 듯 먹어 치우면서 내 감정을 달랬다.

아마 이 일은 별것 아닌 사소한 사건으로 보일 것이다. 실제로도 그렇다. 하지만 우리 삶은 결국 이렇게 작은 사건들이 쌓이고 쌓여 하나의 궤적을 그린다. 진실에 어긋나는 선택은 아무리 사소한 선택이라 해도 우리를 자기 파괴적으로 만든다. 마치 자아가 분열되어 좋은 의도를 파괴하는 또 다른 자아가 생기는 것과 비슷하다.

내 경우 그날 저지른 무지한 실수는 달걀을 먹은 것이었다. 하지만 내가 저지른 진짜 실수는 내 진심과는 거리가 먼 사회적 전제를 나도 모르게 추종한 것이었다. 그동안 나는 수많은 시행착오를 거쳐왔고, 이제는 거짓말을 버릴 때 내 정신이 온전함을 회복하고 내 몸이 견딜 수 없는 음식을 먹으라는 압박도 사라질 것임을 잘 안다. 하지만 당신은 단 1분 만에 이 과정을 숙지할 것이다. 자신의 무지한 실수를 파악하려면 일단 자기 파괴적 행동을 살펴보는 일부터 시작해야 한다. 바로 해보자.

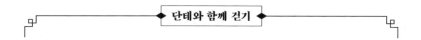

◆ 단테와 함께 걷기 ◆

나를 파괴하는 거짓 믿음은 무엇인가?

1단계: 최근에 원치 않는데 계속 반복하는 일이 있는가?

진심으로 그 일을 멈추고 싶다는 사실을 잘 알면서도 멈추지 못하고 계속 반복하는 행동 패턴이 있는지 생각해보자. 우리는 그런 행동을 자기 파괴적 행동이라고 부를 것이다. 늑장 부리기, 잡화점에서 이상한 물건 사기, 접근 금지 명령을 받았음에도 불구하고 몇 번이나 예전 배우자 집 찾아가기 등 곰곰이 생각해보고 아래 빈칸에 적어보자.

_____

_____

가장 최근에 한 자기 파괴적 행동을 떠올려보자. 그 일과 관련된 구체적이고 세부적인 사항들을 적어보자('어제 아이들에게 또다시 소리를 질렀다' 혹은 '사흘 전 그 사람의 집 앞에 가서 나무 뒤에 숨어 그 집을 몰래 훔쳐봤다' 등).

_____

_____

2단계: 고양이 뒷걸음질 치기

1단계에서는 자기 파괴적 행동을 떠올려봤다. 이제는 그때 무슨 일이 일어났는지, 당신은 무엇을 하고 있었는지, 어떤 기분이었는지, 당시 무슨 생각을 하고 있었는지 등을 떠올려보자. 그다음엔 그 순간 전으로, 그전으로, 그전으로 계속 거슬러 올라가 보자. 불편함이 처음 나타났던 순간, 자기 파괴 준비를 막 시작했던 그 순간으로.

자기 파괴의 순간을 떠올려보자. 그때 무슨 일이 일어나고 있었는가?

_____

_____

당신은 무엇을 하고 있었는가?

_____

_____

어떤 기분이었는가?

_____

_____

무슨 생각을 하고 있었는가?

_____

_____

이제 그 일이 일어나기 전 순간으로 거슬러 올라가 보자. 그때 무슨 일이 일어나고 있었는가?

_____

_____

당신은 무엇을 하고 있었는가?

_____

_____

어떤 기분이었는가?

_____

_____

무슨 생각을 하고 있었는가?

_____

_____

위 순간 바로 전으로 거슬러 올라가 보자. 그때 무슨 일이 일어나고 있
었는가?

_____

_____

당신은 무엇을 하고 있었는가?

_____

_____

어떤 기분이었는가?

_____

_____

무슨 생각을 하고 있었는가?

_____

_____

필요하다면 종이를 더 가져와 훨씬 이전까지 계속 거슬러 올라가
도 좋다. 매 순간을 되짚어가며 위 질문에 대답해보자. 당시 자신

의 행동, 감정, 생각 등을 샅샅이 살피면서 뭔가 변화가 일어났던 과거의 어느 순간까지 가보자. 기분이 좋았다가 나빠졌던 그 순간으로. 그 순간이 진실을 떠난 순간이다.

3단계: 온전함을 떠난 그 순간에 집중하기

기분이 바뀌었던 그 순간을 곰곰이 생각해보자. 무슨 일이 일어났는가? 그때 당신은 무엇을 하고 있었는가? 당시 몸, 마음, 정신은 어땠는가? 가장 중요하게는, 그때 당신은 무슨 생각을 했는가? 아래 빈칸에 적어보자.

_____

_____

위에 적은 생각은 진짜처럼 보여도 거짓 믿음이다. 우리의 정신을 내면의 지옥 가장 비참한 구렁텅이로 밀어 넣는 사슬이다. 거짓 믿음을 확인했으니 이제 고통의 날들을 만들었을 그 무언가로부터 멀어져 당신을 자유롭게 해줄 지점에 아주 가까이 다가선 셈이다.

나를 지배하는 거짓 전제 없애기

○

방금 위에 적은 내용은 언뜻 보면 정직하고 옳은 것처럼 보인다.

많은 사람이 '나는 항상 좋은 사람이어야 한다' 혹은 '나는 불평해서는 안 된다' 같은 생각 때문에 지옥의 덫에 빠지곤 한다. 우리 주변에서 이런 생각들을 강조하면 할수록 우리는 이 가정들이 진실이라고 더욱 강력하게 믿게 된다.

언젠가 내 딸 캣이 이런 글을 쓴 적이 있었다. "믿음은 단지 가까이 있는 무언가를 여러 번 반복해서 말하는 것이다." 인간의 마음은 참으로 놀라워서 계속해서 반복되는 소리를 각각의 이미지와 감정에 연결하고, 그것이 전달하는 추상적 관념들을 '보편적 진리'라고 결론 내린다.

다행히 이 사슬을 만드는 마음은 사슬을 끊는 데도 사용될 수 있다. 자기 파괴를 유발하는 믿음을 발견했다면 이제 그 믿음에 질문을 던져야 한다. 이전 장에서 나는 당신에게 가장 시끄럽게 고함을 지르는 '지옥의 생각'을 떠올리고 '확실해?'라고 의심의 질문을 던져보라고 했다. 지금 단계에서는 자기 파괴에 불을 붙이는 생각들에 좀 더 신중하고 단호한 접근 방식이 필요하다.

내가 나의 지옥에서 나를 해방하기 위해 가장 자주 사용하는 방법은 내 정신적 스승인 바이런 케이티Byron Katie의 책과 동영상을 보는 것이다. 케이티의 책과 동영상 자료를 강력히 추천한다. 케이티는 고통을 유발하는 믿음을 파악하고 이를 '탐구' 도구를 활용해 부수라고 제안한다. 그녀는 가장 먼저 단순한 질문을 던진다. '그 생각이 진실인가?' 그다음에는 표현을 약간 달리한 질문을 한다. '그 생각이 진실이라는 것을 확실히 알 수 있는가?'

이 단순한 두 개의 질문은 보기보다 대단히 강력하다. '확실히 안다'라는 말은 매우 강력한 말로 우리의 마음을 대번에 사로잡는다. 그리고 우리는 마치 과학자 같은 자세로 우리의 믿음을 꼼꼼히 탐구하게 된다. 당신은 당신 자신이 늘 좋은 사람이어야 한다는 걸, 심지어 물리적 공격을 당하는 상황에서조차 좋은 사람이어야 한다는 사실을 확실히 알 수 있는가? 절대로 불평하면 안 된다는 사실은 어떤가? 엄청난 불의를 눈앞에 보면서도 불평하면 안 되는가?

케이티는 두 번째 질문을 깊이 생각해보라고 권한다. 특히 내가 내면의 스승이라고 말한 깊은 진실의 울림이 느껴지는지 곰곰이 생각해보라고 말한다. 다른 모든 사람이 그 믿음에 동의한다 해도 내면의 스승은 여전히 그것이 거짓이라고 말할 수도 있다. 내 경우는 친구의 아파트를 치우고 나서 '멈추면 안 돼'라는 생각이 진실이라고 느껴져 좀 쉬고 싶었지만 쉬지 않고 계속 일했다. 하지만 그 순간을 돌이켜보면 '멈추면 안 된다'라는 믿음은 명백한 거짓이었다.

이 말을 깊이 생각할수록 '멈추는 자는 승리하지 못한다!'라는 게 명백한 거짓임을 보여주는 상황이 수두룩하게 떠오른다. 에베레스트를 등반하다가 기상 상황이 악화되었지만 멈추지 못해서 세상을 떠난 이들도 있다. 내 고객 중에는 멈추기를 거부했기에 폭력적인 관계를 계속 유지했던 이들도 있다. 나는 내가 아는 모든 사람이 흡연을, 도박을, 직접 머리 자르는 일을 멈추길 바란다.

내면의 스승이 말하는 소리를 듣고 진실에 다가가려 했다면 나는 그날 친구의 아파트에서 피곤하다는 사실을 알아차렸을 때 다르게 행동했을 것이다. 아마도 나는 '좀 쉬는 게 좋겠어'라고 생각하고는 시원한 물 한 컵을 마시고 의자에 앉아 느긋하게 심호흡을 하며 쉬었을 것이다. 곧바로 내가 식당에서 느꼈던 약간의 짜증과 조급함이 사라진다. 나는 훨씬 더 차분한 상태이고 강박적으로 위안을 찾으려 안달하지 않는다. 나는 멈출 수 있는 사람, 달걀을 자제할 수 있는 사람이 된다. 가장 현명한 행동을 하게 된다.

거짓 가정을 발견했을 때 또 다른 믿음으로 그 가정을 대체할 필요는 없다. 지옥에서 벗어난다는 말이 새로운 사슬, 새로운 믿음을 짊어져야 한다는 의미는 아니다. 매 순간 진실을 추구하며 경직된 신념을 유연하고 호기심 어린 마음으로 대체한다는 의미다.

예를 들어 내 고객 중 완벽주의자인 아이린은 '모든 사람이 내가 완벽하기를 바란다'라는 생각을 버렸을 때 모두가 원하는 또 다른 일을 하지 않겠다고 결정할 수 있었다. 아이린은 무엇이 옳은지를 파악하는 데 집중했다. 제프는 '진정한 남자라면 절대 일을 그만두면 안 되지'라는 생각에 의문을 던졌을 때 비로소 직업으로 사람을 평가하고 얕보던 태도를 멈출 수 있었다. 제프는 더욱 독창적인 방식으로 돈을 버는 방법을 고민하기 시작했다. 그리고 직장을 그만두고 학교생활에 어려움을 겪는 청소년들을 돕는 사업을 시작했다. 사업 내용은 그가 수년 전 열정을 품었던 무술을 학생들에게 가르치는 것이었다.

모순되고 분열된 삶에서 벗어나기

애덤을 낳고 얼마 되지 않아 나는 거의 나 자신을 파괴할 뻔한 무지한 실수를 향해 눈을 크게 뜨고 뚜벅뚜벅 걸어 들어갔다. 당시 남편이었던 존에게 유타에 있는 고향으로 돌아가자고 말했다. 그곳에서 둘이 같이 조교로 일하며 학생들을 가르치고, 그동안 나는 박사 학위를 마칠 수 있었기 때문이다. 지치고 힘들었던 나는 존과 유타주에 자리를 잡고 셋째 딸인 엘리자베스를 낳았다.

삶은 넘치게 풍요로웠다. 든든한 공동체, 교육 관련 직업, 사랑하는 세 아이. 하지만 엄마로서, 교육자로서 반드시 해야 한다고 생각했던 모든 것을 다 하며 살 수는 없었다. 출근하기 전 리지는 어린이집에, 애덤은 특별 유치원에, 캣은 일반 유치원에 각각 내려주기 위해 온 마을을 숨 가쁘게 질주해야 했고 그때마다 마치 아이들을 버리는 엄마가 된 기분이었다.

퇴근 후에는 아이들을 한 명씩 태우고 애덤의 물리치료 병원에 갔다. 애덤이 물리치료를 받는 동안 기다리는 두 아이를 즐겁게 해주려고 갖은 애를 썼다. 내 논문 멘토들은 연구에 더 집중해야 한다고 말했다. 밤을 꼬박 새워 자료를 조사하고 학생들 시험지를 채점할 때면 마음 한구석에서 죄책감이 밀려왔다. 일에서도 가정에서도 너무 지쳐버린 나 자신에 대한 죄책감이었다.

그 무렵 내 어두운 과오의 숲 증후군 증세는 최고조에 달했다. 나는 진단 불명의 끈덕진 통증들로 고통받았고 선페스트를 제외한 거의 모든 전염성 질병에 걸렸으며, 혹독한 항생제 투여나 이런저런 수술을 받기도 했다. 항생제와 수술이 모두 필요한 병 때문에 수시로 병원을 들락거려야 했다.

겉보기에 내 삶은 정신없이 바빴지만 내 안에서는 자기비판이 폭풍처럼 일고 있었다. 나는 지독히도 혼란스러웠다. 당시에는 내가 서로 모순되는 두 개의 사회적 신념을 따르고 있다는 사실도 알지 못했다. 내 무지한 실수는 이 모순을 보지 못한 채 두 신념의 모든 측면을 충족시키려고 안간힘을 쓴 것이다.

나는 '고양이 뒷걸음질 치기'를 통해 이 모순을 찾아냈다. 내 삶은 물론 보편적인 미국의 문화와 가치관까지 샅샅이 살피고 검토했다. 1990년대 당시 미국 사회는 여성에게 어린이와 노인, 병든 사람을 헌신적으로 보살피는 역할을 기대했다. 동시에 여성은 집안의 모든 지지와 도움을 공짜로 받으며 일하는 남성 위주의 직장에서도 성공해야 했다. 그러나 다른 가족을 뒷바라지해야 했기 때문에 직업적 성공을 포기해야 했고, 만일 개인적으로 성공하려면 가족을 뒷바라지하는 역할을 포기해야 했다. 마치 덫에 걸린 기분이었다. 벗어나려고 발버둥 칠수록 점점 더 옥죄는 덫.

모르몬교에 헌신적인 어머니이자 하버드 출신의 성공한 학자가 되기 위해 노력하던 나는 결국 무지의 실수 극단에 도달했다. 한쪽에서 요구하는 것들을 채우려고 노력할수록 다른 한쪽의 역할에서는 실패하는 기분이었다. 상충하는 두 역할 사이에서 균형을 맞추려고 애쓰면 애쓸수록 혼란스럽고 비참해졌다.

공부하면서 보니 나와 같은 배에 탄 여성들이 무척 많았다. 대다수는 우리가 양립할 수 없는 요구를 충족시키려고 애쓰고 있다는 사실조차 알지 못했다. 사회에도, 자신에게도 그런 사회적 통념이 뿌리 깊이 박혀 있었기 때문이다. 이는 순전히 무지로 인한 실수지만 그렇다 하더라도 지옥으로 가는 건 막을 수 없었다.

나는 이 모든 상황을 머릿속으로 철저히 이해할 때까지 지난날을 낱낱이 되짚어본 후 절망했다. 내 삶을 이토록 망가뜨리는 사회적 요구들에 대한 믿음을 모두 버릴 수 있다는 생각은 전혀 하지 못했다. 사회가 요구하는 것을 모두 다 하기란 불가능하다는 사실은 나도 잘 알았다. 하지만 안다고 해서 사회적 압박감이 사라지는 것은 아니었다. 결국 나도 인간이고 내 주변의 다른 사람들도 저마다 속한 사회의 규범과 기준을 따르며 살고 있었다. 내 비참한 상황에서 벗어날 탈출구는 없어 보였다. 내 정신적 스승을 만나기 전까지는 그랬다.

대개 그렇듯 내가 만난 정신적 스승도 책에 있었다. 그 책은 스티븐 미첼Stephen Mitchell이 번역한 《도덕경》이었다. 대학 시절 사서 한 번도 읽지 않은 책이었다. 하루는 우연히 책 아무 곳이나 펼쳤는데 이런 문구가 눈에 들어왔다.

학문을 추구하는 것은 날마다 더하는 것이요
도를 닦는 것은 날마다 덜어내는 것이다.
덜어내고 또 덜어내면 무위無為에 이르고

무위에 이르면 이루지 못할 것이 무엇인가.

이 문구를 읽는 순간 망치에 맞은 기분이었다. 이해는 되지 않았지만 마치 전기에 감전된 듯 강렬한 신체적 감각이 느껴졌다. 나는 빠른 걸음으로 방 안을 서성이기 시작했고, 주체할 수 없는 에너지를 발산시키기 위해 양손을 털었다. 참으로 이상한 일이었다. 지난 몇 달간 내 오른쪽 엉덩이와 무릎을 거의 움직이지 못했기 때문이다. 그래서 오른쪽 다리를 절었고 다리를 절면서 걷고 나면 기진맥진해지기 일쑤였다. 그런데 그 순간은 마구 움직이고 싶었다. 그것도 아주 빠르게.

운전하면 좀 나아질 것 같아 차를 몰고 산을 향해 갔다. 마치 내 몸이 자동조종 상태로 전환된 기분이었다. 어릴 적 자주 오르던 산 입구에 도착해 차를 세우고는 차에서 뛰어내렸다. 그리고 산길을 뛰고 또 뛰어 올라갔다. 피곤해서 지칠 때까지, 고통이 나를 멈춰 세울 때까지 달렸지만 피곤도, 고통도 오지 않았다.

더욱 속도를 내 봉우리 두 개를 연거푸 오르고 나니 거대한 폭포가 나왔다. 나는 물속으로 그대로 뛰어 들어갔다. 그리고 살아서는 나오지 못할 것 같은 거센 물살이 이는 곳까지 들어갔다. 얼음장처럼 차가운 급류가 내 머리 위로 쏟아져 내렸다. 마치 내 안에서 타오르기 시작한 불이 비로소 그 화력에 걸맞은 정반대의 힘을 만난 것 같았다. 벼락을 맞은 느낌이었다. 도대체 뭐가 뭔지 전혀 이해가 가지 않았다.

몇 년이 지난 후에야 내 안에서 터져 나왔던 그 에너지가 아시아 전통 철학에서 설명하는 반응, 즉 어떤 관념이나 망상으로부터 갑자기 해방되었을 때 나타나는 반응과 비슷하다는 사실을 알게 되었다. 마음속 갈등이 깊은 상태에서 읽은 도덕경은 충격적이었다. 그 충격에 내 마음은 기존의 문화적 기틀에서 벗어날 수 있었다. 내가 느낀 에너지는 유독한 신념 체계에서 분리되어 온전함과 이어지기 위한 내 몸의 반응이었다.

하지만 당시에는 내게 무슨 일이 일어나는지 알지 못했다. 그저 화들짝 놀랐을 뿐이다. 아주 가까운 거리에서 여성에 관해 내가 품고 있던 모든 고통스러운 관념이 산산이 부서지는 광경을 지켜보는 기분이었다. 어떤 사회적 요구와 기대가 절대적 진실이라고 말할 수 있을까? 아니다, 아니다. 절대 그럴 수 없다.

물속에 들어가 몇 분쯤 있으니 마음이 고요해지면서 몸이 기적처럼 치유되는 느낌이었다. 안타깝게도 물리적 효과는 오래가지 않았다. 차로 돌아올 무렵 나는 다시 다리를 절뚝거렸다. 하지만 여성의 의무와 역할에 관해 모순되는 모든 관념은 더 이상 나를 통제하지 못했다. 그 관념들을 생각할 수는 있지만 믿지는 않게 되었다. 그 후로 나는 여성에 관한 그 관념들을 일절 믿지 않게 되었다. 내 안에 있던 지옥의 사슬이 툭 끊어진 것이다.

당신도 무지한 실수를 곰곰이 되짚다 보면 당신이 속한 문화 속 거짓 믿음들을 무수히 만날 것이다. 그런 믿음들을 놓아주기가 겁날 수도 있다. 사람들이 내가 틀렸다고 생각하지 않을까? 남들이 나를 뭐라고 평가할까?

친애하는 독자들이여, 아마도 남들은 틀렸다고 말하고 당신을 평가할 것이다. 하지만 당신의 삶에 상처를 낸 무지한 실수들을 딱 짚어내는 순간, 그 과오들을 구석구석 관찰하고 깊이 탐구하며 낱낱이 해체하는 순간 당신은 사회적 규범의 틀에서 벗어날 것이다. 어떤 규범이냐고? 나도 모른다. 하지만 사회문화적 규범을 믿는 사람들은 당신의 행동을 수상쩍게, 더러는 사악하게 볼 수도 있다.

당신은 이전보다 천 배는 해방감을 느낄 것이고 사람들은 이를 좋아하지 않을 것이다. 하지만 걱정하지 마라. 이는 당신이 올바른 궤도로 들어섰음을 입증하는 증거다. 당신은 이제 자신과 타인의 판단에 대처하는 법을 배우는 지옥으로 들어서고 있다. 상황은 더욱 급격하게 변할 것이다.

옮음이 틀림이 될 때

폭포로 달려갔던 날, 나는 지옥의 일부를 버렸지만 전부 버리지는 못했다. 나는 여전히 전혀 다른 두 문화 사이에 놓인 장난감 덫에 갇혀 살고 있었다. 박사 논문을 쓰는 동안에도 존과 나는 브리검영대학교Brigham Young University에서 강의하며 재정적으로 넉넉하게 지냈다. 브리검영대학교는 존과 나의 아버지 두 사람이 모두 교수로 있던 곳이다. 나는 그 지역에서 가장 보수적인 대학에서 강의하면서 동시에 가장 진보적인 대학인 하버드를 졸업했다. 저마다 자기 방식대로 사는 거라는 내 철학 때문이었는지 나는 이것이 문제가 될 줄은 전혀 몰랐다.

돌이켜 생각해보면 내 순진한 발상에 실소가 나온다. 나는 브리검영대학교에서 일하면서 매일매일 머리가 돌 것 같은 모순들과

176

부딪쳤다. 가령 나는 대학 측에 학교의 명성을 유지하려면 여성을 더 고용해야 한다고 말했지만 다른 한편으로는 여학생들에게 직업과 일을 추구하며 살아서는 안 된다고 가르쳐야 했다. 모르몬교 교리로 보면 여성이 직업을 갖는 것이 눈살 찌푸려지는 일이기 때문이다. 일부 여학생들은 내가 그런 강의를 하는 것 자체가 안 좋은 여성의 표상이라며 불만을 제기하기도 했다. 게다가 나는 '젠더 사회학' 강의를 하면서도 절대 '페미니즘'이라는 단어를 사용하지 말라는 경고를 들었다.

얼마 지나지 않아 나는 존과 함께 이곳 유타주에 왔던 그 무렵이 이제 막 이데올로기의 거센 폭풍이 휘몰아치던 때라는 사실을 알게 되었다. 모르몬교 리더들은 교회의 교리에 반하는 내용의 글을 쓰거나 교육하는 학자들을 '훈육'하기 시작했다. 한 인류학자는 DNA 연구를 통해 아메리카 원주민이 모르몬교의 믿음대로 중동 유대인의 후손이 아니라 시베리아 조상들의 후손임을 발표했는데 교회를 떠나라는 권고를 받았다. 지질학자부터 예술가에 이르기까지 브리검영대학교의 모든 교수는 자신의 학문이나 프로젝트가 모르몬교의 교리에 어긋나면 직장을 잃고 지역 사회에서 추방당할 위험을 감수해야 했다.

유타주 외부에서는 이런 사실을 아는 이들이 거의 없었다. 나도 매사추세츠주에 있을 때는 몰랐다. 하지만 내 말을 믿어주길 바란다. 내 고향에서 이런 일은 큰 뉴스거리였다.

내 안의 사회과학 괴짜는 모르몬교 도시에서 일어나는 종교와 학문 사이의 갈등에 매료되었다. 마치 갈릴레오가 지구가 태양 주위를 돈다는 사실을 발견한 후 이단으로 몰려 재판받는 모습을 지켜보는 것 같았다. 하지만 다른 사람의 기분을 맞추는 나의 또 다른 자아는 격렬한 논쟁이 벌어지는 그곳이 지옥처럼 느껴졌다. 구체적으로 말하자면 단테의 지옥도에서 일곱 번째 고리에 해당하는 '폭력을 휘두른 자들'이 점령한 지옥이었다.

자신이 옳다고 믿는 실수
○

단테는 의도치 않게 무절제한 죄를 지은 이들이 형벌을 받는 여섯 개의 지옥을 지나 마침내 고의로 죄를 지은 영혼들과 만났다. 자신이 왜 죄를 지었는지 잘 알지 못하고 다른 이를 해칠 의도가 없었던 '실금'의 죄인들과 달리 지옥의 일곱 번째 고리에는 폭력을 행사해 타인에게 상처를 입힌 자들이 있었다.

단테의 일곱 번째 지옥에는 거대한 피의 강이 있었다. '폭력을 행사했던 자'들은 펄펄 끓는 피의 강에서 허우적거렸고 언덕에는 반인반수의 존재들이 서서 그들의 얼굴을 향해 화살을 쏘고 있었다. 다른 곳에서는 메마른 나무가 된 망자들을 하르피이아Harpies(여자의 머리와 새의 몸을 한 부정不淨하고 탐욕스러운 괴물—옮긴이)가 계속 찢어대고 있었다. 또 다른 곳에서는 망자들이 타오르는 대지 위로 떨어지는 불덩이를 맞으며 달아나고 있었다.

단테의《신곡》지옥편에서 벌어지는 이 모든 끔찍한 일은 콘트라파소contrapassos, 즉 인과응보다. 지상에서 저지른 악행을 지옥에서 형벌로 받는 것이다. 일곱 번째 지옥에 있는 모든 영혼은 끊임없이 공격받는다. 오직 지옥의 영혼들을 고통스럽게 하고 파괴하기 위한 이 공격 행위가 모든 폭력의 본질이기 때문이다.

이 시점에서 한 가지 분명히 해둘 것이 있다. 폭력과 분노는 전혀 다르다. 분노는 부당한 대우나 학대에 대한 정상적이고 건강한 반응이다. 반면 옥스퍼드 사전을 보면 '폭력violence'의 정의는 '어떤 사람 혹은 대상에게 상처를 주거나 해를 입히거나 죽이는 행위'다. 단테의《신곡》에서도 단테나 베르길리우스 혹은 다른 망령들이 분노를 드러내는 장면이 자주 나온다. 하지만 이들의 분노 반응은 자신을 괴롭히는 대상을 파괴하기 위한 것이 아니라 정의를 실현하기 위한 반응에 가깝다.

부당함이나 학대에 대한 분노는 인간에게 생물학적으로 내재되어 있다고도 볼 수 있다. 우리는 중요한 무언가가 그것이 필요한 사람에게 배제되어 있을 때, 견딜 수 없는 무언가를 강요받을 때 분노로 대응한다. 높은 에너지의 분노로 불공정한 상황을 바로잡는다. 마치 우리 몸에 해로운 바이러스가 침입하면 그 바이러스를 죽이기 위해 몸에서 열을 내는 것과 비슷하다. 분노가 없다면 학대 관계를 떠날 사람도, 특정 집단에 가해지는 억압과 압제에 의문을 제기할 이도, 공정성을 위해 노력할 사람도 없을 것이다.

역사상 가장 강한 비폭력주의자인 마하트마 간디의 손자 아룬

간디Arun Gandhi는 마하트마 간디가 "분노를 변화를 위한 연료처럼 긍정적으로 봤다."라고 했다. 하지만 폭력적으로 변해서 누군가를 상처 입힐 의도가 있다면 파괴의 힘에 동참하는 것이다. 분노가 무분별한 폭력이 되지 않고 긍정적 변화를 위한 도구로 활용되려면 지혜와 성숙함이 필요하다. 그러나 단기적으로 보면, 더욱 만족감을 느끼려면 맹목적 공격 태세로 전환하는 편이 훨씬 쉽다.

설령 살아 있는 것을 때리거나 해친 적이 한 번도 없는 사람이라고 해도 폭력적인 성향이 있다. 마음속에서 혼자 은밀히 했다고 해도 우리는 타인을 향해, 자기 자신을 향해, 절망스러운 상황을 향해 공격을 퍼붓는다. 차가 꽉 막힌 도로에서 다른 운전자에게 미친 듯이 분노가 치민 적이 있다면, 거울을 들여다보다가 거울 속 자신의 모습이 진심으로 싫어진 적이 있다면, 영화관에서 액션 영화를 보다 영웅이 악당을 죽일 때 팝콘을 쏟아가며 환호한 적이 있다면 폭력의 에너지에 동참한 것이다. 어쩌면 우리는 그런 에너지를 은근히 좋아하고 즐기는지도 모른다.

인간의 본능 한구석에는 자신에게 위협이 되는 존재를 파괴하는 행위를 즐기는 성향이 있기 때문이다. 그런 본능은 진화적으로도 유리하다. 위협을 가하는 존재와 싸울 의지가 없는 생명체는 이내 죽어서 사라진다. 하지만 동물과 달리 인간은 오직 현재 명확하게 드러나는 신체적 위협만을 공격하지는 않는다. 사실 인간은 자신이 지배하는 사람들에게 위협을 느끼기도 한다. 단지 더 나은 대접을 받고 싶기 때문이다. 독재자가 부하들에게 분노하고, 인종차별주의자가 더 공정한 대우를 요구하는 유색 인종들에게 분노하는 것도 그 때문이다.

인간은 또한 자신을 집어삼키려는 강력한 포식자뿐 아니라 잠재적으로 자신을 변화시킬 가능성이 있는 사람 혹은 대상에게도 공포와 두려움을 느낀다. 특히 우리는 문화적 전제나 선입견을 뒤흔들 가능성이 있는 사람이나 관념을 의혹의 눈초리로 바라본다. 그런 것들이 '도덕적'으로 위협이 된다고 느끼고는 거의 반사적으로 거부하고 반대한다. 바로 이런 마음가짐에서 거의 모든 폭력이 태동한다.

흔히들 '이상적'이라고 말하는 많은 것이 변화에 대한 두려움에서 비롯된 전투적 반응이다. 다시 말하지만 이런 반사적 반응은 부당함을 인지하고, 불평등이나 고통을 초래하는 원인을 정확히 파악해 변화를 추구하는 것과는 다르다(예를 들어 마틴 루터 킹은 평등을 토대로 시민의 권리를 촉구했지만 그를 죽인 제임스 얼 레이는 마틴 루터 킹으로부터 전혀 위협을 받지 않았다. 그의 행동은 오직 변화에 대한 두려움과 자기 독선에서 나온 반사적 반응이다).

뭔가를 옳다고 믿는 사람들은 대체로 자신의 도덕 기준이 논리적이고 합리적이며 보편적 진리라고 믿는다. 하지만 연구에 따르면 이런 판단은 사실 특정 문화에서 형성된 감정적 반응이다. 폭력성은 이성에 귀를 기울이지 못한다. 이런 신념은 사려 깊게 판단하는 능력 자체를 차단해버린다. 정치적 지도자를 감정적으로 추종하는 이들은 그 지도자가 사회의 가치관을 명백히 위반해도 개의

치 않는다. 자신의 정치적 신념이 정확하지 않은 정보를 토대로 하고 있음을 알게 되어도 마음을 바꾸지 않는다. 오히려 그 신념 체계를 더욱 단단히 다지고 또 다진다.

이런 모습이 매우 비합리적으로 보일 것이다. 당연하다. 실제로 비합리적이기 때문이다. 인간의 뇌에는 익숙한 것을 옳다고 느끼도록 하는 부위가 있다. 익숙한 대상이 무엇이든지 간에 뇌의 이런 판단은 이성적 사고보다 더 크고 강하며 오래되었다.

심리학자 조너선 하이트Jonathan Haidt는 인간의 합리적 뇌를 코끼리(직관과 감정)의 등에 올라탄 기수(논리적이고 의식적인 추론 능력)에 비유한다. 흔히 우리는 그 기수가 책임자이고 공정하며 올바른 판단을 내려 코끼리를 조종한다고 생각한다. 하지만 보통은 코끼리가 조종한다. 하이트의 말을 빌리자면 "기수는 코끼리의 대변인 역할을 한다. 그러나 이때 기수가 코끼리의 본심을 반드시 다 알지는 못한다."

우리의 머리에는 자동 반사 반응을 보이는 코끼리가 있어서 익숙하지 않은 것은 일단 틀렸다고 인식한다. '익숙한 것은 무조건 옳다, 옳다, 옳다!'고 인식한다. 미국의 감각적인 코미디언 스티븐 콜베어Stephen Colbert는 토크쇼에서 트루시니스Truthiness(사실 여부와 상관없이 자신이 믿고 싶은 바를 진실로 인식하려는 심리 상태. 우리 말로 옮기자면 '진실스러움'이라고 할 수 있다.─옮긴이)라는 말을 사용해 유명한 신조어로 만들었다. 이는 술이나 약에 취하는 것과 비슷하다. 단기적으로 보면 망상이지만 궁극적으로는 유독하다. 옳다고 믿는 마음은 순간적으로 진실을 압도하며 정의와 공정함에 대한 신념까지도 모두 압도한다.

옳다고 믿는 마음에 휘둘리면 온전함으로 가는 길을 잃고 기이한 자기 모순적 상태가 된다. 세계 평화를 옹호하면서도 자신의 의견에 맞서는 이들과의 전쟁을 옹호하는 이들처럼 말이다. 폭력성과 옳다고 믿는 마음은 매우 밀접하다. 어떻게 보면 이런 작용은 '자신이 옳다고 믿는 실수'라 할 수 있다. 익숙하지 않은 것에 대한 비이성적 거부 반응이 나타날 때 저지르는 심리적 실수 말이다.

옳다고 믿는 실수가 처음에는 달콤한 이유

인간은 가깝게 협력하며 살아가는 집단에 소속되어 생존한다. 그래서 인간에게는 생김새, 행동, 옷차림, 말하고 생각하는 방식이 자신과 비슷한지 확인하려는 생물학적 성향이 있다. 이런 성향의 단점은 집단 내 '우리'와 다르게 보이는 사람은 누구든 불신하려는 태도다. 남아프리카의 코이코이족Khoikhoi부터 시베리아의 유피잇족Yupiit에 이르기까지 수많은 부족이 '진정한 사람'을 의미하는 언어로 자기들을 부른다. 이 말은 부족 외 다른 집단 사람들은 진정한 사람이 아니라는 의미다.

이를 '타자화othering'라고 하며 모두가 타자화를 하며 산다. 우리는 아주 어릴 적부터 익숙하지 않은 대상을 낯설게 느끼고 불안해했다. 18세기 사회개혁가 로버트 오웬Robert Owen은 반어적 표현으로 이런 현상을 꼬집었다. "당신과 나를 제외하면 온 세상이 이상하다. 심지어 당신도 좀 이상하다."

일단 누군가를 타자화하고 나면 자신도 모르게 그 사람을 비인간적이고 열등한 존재, 심지어 혐오스러운 존재로 보게 된다. 왜 그럴까? 바로 그 변칙적인 존재가 우리의 존재 방식에 위협이 되기 때문이다. 그들을 향한 불만을 터뜨리기 위해 같은 집단 사람들과 결속할 때 '싸움' 호르몬이 치솟고 인위적인 목적의식과 소속감에 도취된다. 더 폭력적으로 말하고 행동할수록 자신이 더욱 옳다고 느낀다.

거듭 말하지만 이런 감정은 우리가 부당함이나 억압에 느끼는 분노와는 다르다. 건강한 분노에는 분별력이 있다. 구체적 사안에 집중하며 변화를 향해 나아간다. 상황이 변하면 그 분노는 사라진다. 반면 자신이 옳다고 믿는 실수를 저지를 때는 모호하고 불분명하며 모순되는 이유로 대상을 공격하며 상황이 변해도 그 분노가 수그러들지 않는다. 종종 뚜렷한 증거도 없이 판단한다. 반면 건강한 분노는 무엇이 공정하고 공정하지 않은지를 구분하기 위해 판단한다. 오른쪽 표는 이 두 가지를 구분하는 데 도움이 되는 표다.

정말 진지하게 온전함을 추구하고 싶다면 표에서 오른쪽 칸을 신중히 살펴봐야 한다. 오른쪽 칸에 해당하는 생각과 행동은 진실에 닿지 못하고 평화롭게 살고 싶다는 내면의 바람에서 분리된 것이다. 자신이 옳다는 믿음에서 출발해 점차 감정이 고조되면 진정

건강한 분노	자신이 옳다고 믿는 실수
판단을 내린다	판단을 건너뛴다
분노를 가라앉히는 행동을 하려고 한다	분노를 증폭시키는 행동을 하려고 한다
모든 사람을 관계 맺을 수 있는 존재로 본다	모든 사람을 '우리'와 '그들'로 구분한다
새로운 정보를 찾는다	새로운 정보를 피한다
다양한 주제를 공부한다	몇 가지 주제에만 집착한다
다른 사람의 관점을 헤아릴 수 있다	오직 자기 자신의 관점으로만 본다
중도의 입장으로 본다	모든 것을 흑백논리로 본다
자신이 틀렸을 수 있음을 인정한다	자신이 절대 틀릴 수 없다고 고집한다

한 가치를 외면하고, 누가 피해자이고 누가 가해자인지 사실을 보지 못하며, 온전함에서 나오는 명료한 목소리를 듣지 못한다. 의심하지 않으면 끊임없이 공격하는 정신 상태가 될 수도 있다. 그곳이 바로 지옥의 일곱 번째 고리다.

폭력의 악순환

。

단테가 묘사한 지옥의 일곱 번째 고리는 다시 세 고리로 나뉜다. 첫 번째 고리는 타인에게 폭력을 행사해 상처를 입힌 자들이 있는 곳이고, 두 번째 고리는 자살하거나 집이나 도시, 자기 자신에게 폭력적이었던 자들이 있는 곳이다. 세 번째 고리는 신과 자연의 뜻을 거스르며 순리에 폭력적이었던 자들이 있는 곳이다. 각각의 고리는 우리가 옳다고 믿는 과오를 범할 때 가장 매몰되기 쉬운 행위를 상징한다. 타인, 자신, 섭리를 공격함으로써 그 과오를 범하는 것이다.

나는 위에서 언급한 세 가지 유형의 심리적 공격성을 모두 접했다. 내 고객인 에드나는 무척 인자한 할머니처럼 보였지만 실은 끊임없이 폭발하는 폭력성을 갖고 있었다. 그녀는 부러운 삶을 사는 이웃들부터 환멸감을 주는 세계적 지도자들, 경멸스러운 문화, 인간 이하의 태도를 보이는 사람들에게 상처를 주고 싶었고 끊임없이 그들을 괴롭히는 방법을 찾았다. 에드나는 매일 몇 시간씩 블로그에 자신의 분노를 담은 글을 써서 세 명의 팔로워에게 보냈다. 허무하게도 그 세 팔로워는 모두 블로그에 자동으로 답을 해주는 인공지능 봇이었다.

또 다른 고객 브라이언은 폭력성이 자신을 향해 있었다. 평소에는 워낙 폐쇄적이어서 그런 성향을 잘 눈치채지 못하지만 일단 자신을 향한 공격성이 시작되면('난 아무짝에도 쓸모없는 놈이야. 이 멍청한 녀석!') 그 에너지가 어디를 향하는지 선명히 보였다.

아멜리아는 자신에게 일어난 모든 일을 '불운'으로 여기며 끊임없이 불평했다. 폭풍우, 펑크 난 타이어, 자신을 따르지 않는 고양이 등 그녀는 이 모든 일이 자신을 겨냥한 의도적 불운이라고 생각했다. 아멜리아는 정신적 에너지 대부분을 이런 불운을 반격하는 데 소모했다.

이 세 사람은 모두 지옥의 문을 피하려고 강박적 판단을 내렸다. 사실 대부분 사람이 그렇다. 우리의 자아가 다른 사람을 공격할 때 치솟는 쾌락은 감정에 엄청난 진통제 역할을 한다. 내가 에드나를 만났을 때 그녀는 남편을 잃었다. 그녀는 블로그에 분노를 쏟아내며 슬픔을 차단하고자 했다. 브라이언은 늘 고립감을 느꼈고 자기혐오를 통해 외로움을 죽일 수 있었다. 아멜리아는 어린 시절의 트라우마를 어떻게 감당하고 처리해야 하는지 몰랐다. 그래서 자신에게 일어나는 모든 일에 끊임없이 투덜거리는 데 온 관심을 집중했고 트라우마에 대처할 필요성 자체를 차단했다.

이들처럼 지옥의 일곱 번째 고리에서 집요하게 머물지는 않더라도 폭력의 영역에서 많은 시간을 보내는 이도 있을 것이다. 끊임없이 내면의 독백을 하면서 자신의 도덕적 위치를 선언하고 또 선언하고, 적을 향한 파괴적 분노의 폭발력을 상승시키는 이도 있을 것이다. 어쩌면 밤이 늦도록 트위터에 매달려 적들이 얼마나 악랄한지를 세상에 대고 퍼붓는 이도 있을 것이다. 더러는 마음이 맞는 사람들과 모여 증오의 목소리를 함께 내면서, 아무것도 달라지는 게 없음에도 분노의 에너지만 증폭시키곤 할 것이다.

옳다고 믿는 신념이 같은 사람들이 모여 투덜거리고 불평하다 급기야 거친 공격성을 쏟아내는 이들도 있을 것이다. 집단 간 치열한 싸움을 벌이는 침팬지 무리처럼, 우르르 몰려다니며 패싸움을 벌이는 중학생들처럼 말이다. 농담이 아니라 옳다고 믿는 신념을 함께 하는 집단에서 치솟은 분노는 폭도들의 광란, 증오 범죄, 대량 학살 등으로 이어진다.

이렇게 한쪽으로 완전히 기울어진 신념은 광기가 된다. 허먼 멜빌Herman Melville은 평범한 남자와 그의 다리를 물어뜯은 고래 이야기인《모비 딕》을 통해 이 광기를 뛰어나게 묘사했다. 평생을 거대한 흰고래를 잡는 데 보낸 에이해브 선장은 자신이 옳다고 믿는 신념을 외치며 죽는다. "나는 너를 향해 돌진하고 끝까지 너와 맞붙어 싸우리라. 지옥 한복판에서라도 너를 향해 작살을 던지고, 가눌 수 없는 증오를 담아, 내 마지막 숨을 너에게 뱉어주마."

스마트폰 소프트웨어를 자꾸 바꾸는 사람들을 향해 이런 마음이 든다면 자신이 옳음의 과오에 갇힐 수 있다는 걸 명심하라. 부당함에 맞서려는 의지는 건강하다. 하지만 자신이 옳다는 명분으로 끊임없이 공격하는 태도는 그렇지 못하다. 그런 태도는 온전함에서 이탈한 다른 행동들과 마찬가지로 어두운 과오의 숲 증후군을 유발한다. 어쩌면 에드나는 지속된 분노로 만성적 위궤양을 앓았는지도 모른다. 브라이언은 강박적 자기혐오로 아내를 힘들게 해서 20년을 버티고 버티다 결국 떠나게 했다. 아멜리아는 자신의 불운을 탓하다 부정적 생각에 매몰되어 나중에는 인간관계도, 직장 생활도 불가능해졌다.

자신이 옳다고 믿는 실수들끼리 충돌하면 상호 파괴적인 악순환으로 이어진다. 역사를 살펴봐도 '다른 사람들'이 자신을 공격한다고 생각했던 이들은 타인의 관점을 무시하고 오로지 자신을 정당화하기에 급급하며, 타인에게 해를 끼칠 명분을 만든다. 이는 상대의 마음에도 파괴적인 신념을 촉발한다. 상대 역시 자신이 옳다고 믿는 신념에 분노를 실어 누군가에게 되갚으며, 이 분노의 대상이 된 사람은 자신의 분노를 다른 사람에게 또다시 퍼부으며 악순환을 이어간다. 《신곡》에 나오는 피의 강이 소용돌이치며 빙글빙글 도는 것도 이런 이유다. 이 미친 분노의 광기는 끝이 없다.

이 광기는 온전함의 영역에서 분노의 목소리를 내는 사람들의 명료함과는 크게 다르다는 점에 주목하자. 예컨대 이브람 X. 켄디 Ibram X. Kendi 는 저서 《안티레이시즘》에서 억압적 인종차별을 향해 거침없는 분노를 드러낸다. 하지만 그는 모든 이에게 필요한 공정함과 지혜를 자기 자신에게도 체계적이고 논리적이며 일관되게 적용한다. 그는 옳다는 명분에 도취되어 "자기 성찰을 피하는" 태도를 조심해야 한다고 말한다. 또 부당함을 변화시키기 위해 노력하는 과정이라 할지라도 자신만 옳다고 믿는 과오를 피하려면 공명정대함이 필요하다고 주장한다.

반인종차별주의자들이 끊임없이 자기비판의 시간을 갖는다면 어떨까? 자신의 이데올로기와 방법을 비판하고, 자신의 생각과 수단이 제대로 효과를 발휘할 때까지 끊임없이 다듬고 고쳐나간다면 어떨까? 언제쯤이면 우리가 다른 결과를 기대하며 (차별주의자들과) 똑같이 광기 어린 생각과 행동을 반복적으로 행하는 것을 멈출 수 있을까? 변화하려면 자기비판이 필요하다.

이런 식의 자기 검토는 진실과 조화를 이루도록 도와준다. 즉 하나의 기준을 모든 경우에 적용해서 이중성을 온전함으로 바꾼다는 의미다. '자신만 옳다고 믿는 마음'에서 진정한 공정함으로 가려면 뇌의 사고방식 자체를 바꿔야 한다. 폭력 중독 상태에서 명료하고 차분한 마음가짐으로 가야 한다. 다음은 폭력성에 중독된 상태에서 벗어나는 데 도움이 되는 훈련법이다.

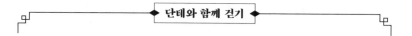

괴물과 싸우는 법

1단계: 화두를 고른다

일단 관심 있는 사회적 문제에 대해 곰곰이 생각하는 것부터 시작해보자. 총기 규제 문제나 이민자 문제, 사형제도, 동물의 권리 등 어떤 문제라도 좋다. 그 문제에 적극적인 입장이 있다면, 자신과 정반대의 의견을 적극적으로 펼치는 사람들이 있다면 아주 적합하다. 아래에 관심 있는 사회 문제를 적어보자.

_____

_____

2단계: '다른 사람들'을 특정한다

자신의 의견에 반대하는 사람들과 함께했던 순간에 집중해보자. 그들이 집단으로 거리에서 시위하고 트위터에 글을 올리며 당신이 옹호하는 어떤 문제를 비난한다고 상상해보자. 아마 당신은 그들을 '정보가 부족한 유권자들', '엇나간 신의 아이들', '야만인, 인간쓰레기, 무뇌충' 같은 말들로 표현할지도 모른다. 일단 여기서는 그들을 '괴물'이라고 지칭하겠다.

3단계: 분노가 끓어오르도록 내버려두기

그 괴물들이 행동하고 그들의 행동이 미치는 해악에 대해 생각해보자. 그런 생각을 할 때 끓어오르는 분노와 참을 수 없는 화를 그대로 느껴보자. 분노가 부글부글 끓어오르면 아래와 같이 그 익명의 괴물들에게 편지를 쓴다고 생각하고 글을 써보자. 아무도 보지 않고 오직 자기 자신만 보는 글이다. 지금 가장 올바르지 못한 상황에서 글을 쓴다고 생각하고 쓰자. 좋은 말이나 예의 바른 말을 쓰려고 애쓸 필요 없다. 칸이 모자라면 종이를 더 준비해 충분히 써보자.

괴물들에게

솔직하게 말하겠습니다. 저는 당신의 이런 점들이 마음에 들지 않습니다.

당신이 완전히 잘못된 점은 이런 것들입니다.

_____

_____

당신과 같은 부류가 세상을 지배한다면 세상은 이렇게 될 겁니다.

_____

_____

당신의 힘과 영향력을 이런 식으로 제한했으면 좋겠습니다.

_____

_____

진지하게 말하는데 당신이 반드시 이렇게 했으면 좋겠습니다.

_____

_____

진심을 담아, ○○○ 씀

4단계: 편지 보내기

이제 우편함에 가서 자기 앞으로 온 우편물을 확인한다고 상상해
보자. 편지 봉투를 열고 편지를 확인하는 장면을 그려보라. 이런
우연이 있나! 편지 안에는 방금 당신이 괴물에게 쓴 편지와 똑같
은 편지가 들어 있다.

이제 조금 전 자신이 괴물에게 쓴 편지를 전혀 모르는 사람이 썼다고 생각하고 읽어보자. 정말로 모르는 사람이 쓴 글인 것처럼 상상해보자.

편지를 읽으면서 당신의 마음과 몸과 생각이 어떤 반응을 일으키는지 살펴보라. 낯선 이에게 이런 말들을 듣는다면 내면에서 어떤 반응이 일어날 것 같은가?

- 그 사람에게 동의하거나 그 사람에게 협조하고 싶은가?
- 그 사람이 당신을 알고, 이해하고, 배려한다고 느끼는가?
- 그 사람에게 마음의 문을 열고 싶은가, 아니면 닫고 싶은가?

위 질문에 굳이 답을 적을 필요는 없다. 그저 충분히 느끼면 된다.

당신이 괴물에게 쓴 편지가 합리적이고 고무적이었다면, 축하한다. 당신은 정의롭게 행동하는 사람이며 자신만 옳다고 믿는 과오에 빠지지 않았다. 하지만 당신이 다른 대다수 사람과 비슷하다면 자신의 옳음을 누군가에게 전달할 때는 그 명분이 대단히 훌륭하게 느껴지지만, 반대로 다른 사람이 당신에게 자신의 옳음을 주장할 때는 역겹게 느껴진다는 사실을 깨달을 것이다.

사람은 공격을 받으면, 설령 자신이 타인에게 했던 언행과 똑같은 공격이라 해도 혼란스럽고 두렵고 판단력이 흐려지며, 화나고 강경해지고 똑같이 갚아주고 싶은 마음이 든다. 프리드리히 니체 Friedrich Nietzsche는 이렇게 말했다. "괴물과 싸울 때 내가 괴물이 되지 않도록 조심하라." 어떤 문제에 대해 전쟁이라 생각하고 그 전쟁에 임할 때 궁극적 승자는 어느 한쪽이 아니라 전쟁 그 자체다.

자신만 옳다고 믿는 과오에 빠지면 삶이 지치고 피폐해진다. 에드나가 수년 동안 끊임없는 분노를 느낀 후 얼마나 피폐해지고 아팠는지 보여주고 싶다. 브라이언의 집요한 자기 파괴는 헤어나오기 힘든 또 다른 무력감과 절망감의 구덩이를 만들었다. 아멜리아는 지독한 낙담에 빠졌고 친구를 잃었으며 외로웠다. 자신만 옳다고 믿는 과오의 구덩이에 빠지면 아주 오랜 시간 고통받는다.

이 모든 끔찍함에서 벗어나는 유일한 길은 온전함으로 가는 길이다. 지옥의 일곱 번째 고리에서 벗어나려면 전 장에서 배웠던 것과 똑같은 단계를 밟아야 한다. 첫째, 고통을 유발하는 생각을 곰곰이 들여다보고, 둘째, 그 생각에 의문을 품고, 셋째, 행동으로 옮겨야 한다. 자신만 옳다고 믿는 과오와 직면할 때 이 단계들이 어떤 방식으로 영향을 미치는지 살펴보자.

자신만 옳다는 믿음 속 거짓말

나는 단테가 폭력적인 사람들의 지옥을 무절제한 사람들처럼(실금의 죄) 여섯 단계로 나누지 않고 오직 한 단계로만 그린 데는 그럴 만한 이유가 있다고 생각한다. '모두가 나를 싫어한다', '힘들게 일해야 행복해진다', '찰스 맨슨Charles Manson(20세기 최악의 살인마로 추종자 수십 명과 함께 잔악한 살인을 저지른 살인자—옮긴이)이 모든 지혜의 근원이다!'처럼 무지의 실수로 인한 잘못된 신념은 수도 없이 많다. 하지만 우리를 폭력으로 향하게 하는 거대한 거짓말은 오직 한 가지다. 이는 자신이 옳다고 믿는 신념, 나아가 '적을 파괴함으로써 나를 화나게 하는 모든 것을 바로잡을 수 있다'는 생각이다.

거듭 말하지만 당신에게 상처 주려는 사람에게 어떤 반응도 해서는 안 된다는 말이 아니다. 으슥한 골목길에서 강도가 위협하면 모든 수단을 동원해서 방어해야 한다. 사회에서 부당한 행위를 목격하면 그 부당함을 소리 높여 알리고, 자신의 관점을 글로 써서 정의의 편에 서야 한다. 다만 이 과정에서 분별력 있는 마음가짐을 유지하고 새로운 정보와 새로운 생각들을 유연하게 받아들일 수 있어야 한다.

나는 무술을 배우면서 맹목적 공격이라고 하는 정신적 지배를 받지 않을 때 가장 효율적으로 싸울 수 있다는 사실을 몇 번이고 거듭해서 깨달았다. 싸움은 벌어지기 마련이지만 폭력 그 자체는 그 무엇도 고치지도 치유하지도 개선하지도 못한다. 폭력의 본질은 파괴이지 창조가 아니다.

앞서 괴물에게 쓴 편지를 생각해보자. 그 훈련에서 당신이 선택한 문제를 떠올려보라. 자신이 옳다고 믿는 마음을 상기하고 그 마음이 자신에게 어떤 영향을 미쳤는지 생각해보라. 온몸이 긴장하고 분노가 치솟으며 마치 종합격투기 링 위에 올라간 선수처럼 되는 상태를 생생하게 기억해보라. 치솟는 아드레날린에 취한 상태가 되어 불만과 분노에 빠르게 잠식된 몸과 마음을 관찰해보자. 과연 이 상태가 누군가에게 정의나 사랑 혹은 평화를 주장할 수 있는 상태일까?

이제 이렇게 생각해보자. '적들을 파괴함으로써 나를 분노하게 한 모든 것을 바로잡을 수 있다.' 이 말을 글로 적어도 좋다. 그리고 현미경으로 들여다보듯이 이 말을 깊고 예민하게 살펴보자. 그리고 이전 장에서 정신적 오류를 날카롭게 지적하는 질문을 적용해보자.

정말 확실한가? 적을 파괴하면 이 상황을 바로잡을 수 있는가? 적을 파괴함으로써 이 상황을 바로잡을 수 있다는 생각이 진리임을 확신하는가?

당신이 괴물에게 썼던 바로 그 편지의 수신인이 되었을 때 얼마나 방어적인 감정이 들었는지 기억한다면, 다른 의도가 전혀 없었다 하더라도 공격 그 자체만으로도 정신적 폭력성 어쩌면 신체적 폭력성까지도 증폭시킬 수 있음을 깨달을 것이다. 또한 당신이 공격할 수도 있기 때문에 사람들이 당신의 의견에 동의할 것이라는 희망이 얼마나 모순된 것인지, 공격성 자체가 얼마나 모순된 것인지 깨달을 것이다. 타인을 파괴하려는 열망은 근본적으로 거짓이다. 세상에 그 누구도, 공격하는 사람 자신도 파괴되고 싶어 하는 사람은 없기 때문이다. 폭력이 옳다고 느껴지는 마음은 내적으로 분열된 마음이며 온전함과 양립할 수 없다.

비폭력의 가치

○

내 고객 중에는 내면의 폭력성을 잃어버리면 세상의 부당함에 맞설 의욕까지 잃을까 봐 걱정하는 이들이 많다. 하지만 자신만 옳다는 신념으로 상대를 파괴하려는 마음가짐을 정화할 때 잘못된 행동에 대한 분별력이 명료해진다. 악을 판별할 수 있어야 그 악의 실체가 무엇인지 명확히 알게 되며 자신만 옳다는 믿음으로 과오를 저지르지 않게 된다. 그렇다면 어떻게 해야 할까? 다른 사람과 싸우고 남을 가르치려는 마음에서 벗어나 내면 가장 깊숙한 곳에 있는 진실, 즉 온전함에 집중해야 한다.

심리학자 스티븐 헤이즈Steven Hayes는 이를 '핵심 가치core value'와의 교감이라고 했다. 그는 우리가 핵심 가치에 집중하면 적을 공격함으로써 얻으리라고 여겼던 그 무엇을 성취하는 놀라운 능력을 얻는다고 말했다. 단순히 관심을 적을 공격하는 데서 자신의 핵심 가치로 옮기기만 해도 "생리적 스트레스 반응을 줄이고 타인에 대한 부정적 판단을 완화하며, 방어적 태도가 감소하고 받아들이기 어려운 정보를 더욱 적극적으로 수용할 수 있게 된다.”

다음은 헤이즈가 상담자들을 파괴적 분노에서 벗어나도록 돕기 위해 사용한 훈련법이다. 먼저 자신이 살고 싶은 삶을 표현하는 동사와 부사를 생각해보자. 가령 '열정적으로 가르치기', '용감하게 사랑하기', '마음을 다해 헌신하기' 같은 표현을 생각해보자. 몇 분 정도 시간을 들여 자신의 핵심 가치가 가장 잘 압축된 동사와 부사의 조합을 만들어보자. 이렇게만 살 수 있다면 내 삶이 진실하고 의미 있는 삶이었노라고 말할 수 있는 그런 말을 떠올려보자. 준비되었는가? 아래 빈칸에 생각한 표현을 적어보자.

나의 핵심 가치관을 가장 잘 표현하는 동사와 부사의 조합은

위에 적은 표현, 가령 '즐겁게 배우기', '따뜻하게 배려하기', '적극적으로 창조하기' 같은 말은 당신의 내적 상태를 변화시킬 것이다. 이런 말들을 떠올렸을 때 도덕적 분노를 느낄 때와 어떻게 다른지, 자신의 몸과 마음과 생각과 정신이 얼마나 편안하게 이완되는지 느껴보자.

자신의 핵심 가치에 집중했다면 이제 온전함으로 가는 다음 단계로 넘어갈 준비가 되었다. 다음 훈련을 해보자.

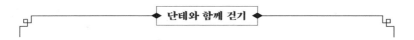

◆ 단테와 함께 걷기 ◆

분노에서 평화로 나아가는 법

1단계: 평화로운 자연 속에 있는 자신을 상상한다

바닷가나 숲, 드넓은 초원에 있는 자신을 상상해보자(나는 산에 오르는 상상을 자주 한다). 혼자지만 주변은 더없이 아름답고 고요하며 완벽하게 안전하다.

2단계: 내면의 스승과 만난다

제3곡에서 소개한 '내면의 스승 만나기' 훈련 방법을 사용하면 된다. 머릿속으로 '나는 평온하게 살아야 한다'라는 말을 반복하며 명상을 해도 좋고, 단순히 들숨과 날숨이 오가는 호흡에 집중하며 '평온함'이라는 단어를 떠올려도 좋다. 마음의 중심에서 고요함과 차분함이 느껴진다면 계속 집중하라.

3단계: 핵심 가치를 떠올린다

앞에서 동사와 부사를 조합해 만든 삶의 핵심 가치를 떠올려보자.

_____

_____

4단계: 분노를 유발하는 주제를 생각한다

앞서 생각했던 괴물을 떠올려도 좋고 다른 주제를 떠올려도 좋다.
아래에 주제를 적어보자.

_____

_____

5단계: 다음 질문에 답한다

4단계에서 적은 문제를 핵심 가치에 따라 대처한다면 어떤 긍정
적 결과를 만들어낼 수 있는가?

_____

_____

6단계: 위에 적은 내용이 무엇이든 간에 그 방식을 따른다

이 말이 불친절하게 들린다는 걸 잘 안다. 자신의 가치관을 따르며
더 나은 세상을 향해 나아가는 것이 평생 걸릴 수도 있다는 사실
도 잘 안다. 하지만 이 일은 그렇게 단순하다.

나는 이 훈련을 할 때마다 늘 대답이 달라지고 그에 따라 내가 생각하는 창의적 단계들도 달라진다. 어떤 경우에는 해결책이 나를 괴롭히는 문제 해결법과 연관되기도 하지만, 또 어떤 경우에는 전혀 상관없는 듯 보이기도 한다.

이 훈련을 하면서 스스로 놀라는 사람도 있을 것이다. 책을 더 읽어야겠다, 나무를 심어야겠다, 온라인에 과감하게 내 의견을 펼쳐야겠다, 논쟁에서 물러나야겠다 등 저마다 다양한 생각이 들 것이다. 행동 방침이 지나치게 소극적으로 보일 수도 있고 더러는 이상하게 느껴질 수도 있다. 어떤 행동 방침이 나오든 그 방침을 따라보라. '창의적 행동을 시작하는 순간, 오직 파괴밖에 모르던 폭력의 영역을 벗어나게 된다.'

자신만 옳다고 믿는 자기방어적 태도에서 창의적 태도로 바꾸면 이것이 촉매제가 되어 인생이 바뀌고 세상이 바뀐다. 세계적으로 도덕적 명성이 높은 지도자들이 크건 작건 모든 분야에서 창의적 존재가 된 이유도 이 때문이라고 생각한다.

간디는 시민 불복종 운동의 표상이었지만 물레를 돌려 자신이 입을 옷을 직접 만들어 입었다. 시민운동가 해리엇 터브먼Harriet Tubman은 노예 해방에 큰 공을 세웠지만 직접 식당을 차려 해방된 여성을 교육했고, 그 여성들이 연합군에 필요한 물자와 도움을 제공하는 직업을 갖도록 도왔다. 사회사업가 유니스 케네디 슈라이버Eunice Kennedy Shriver는 지적 장애가 있는 사람들이 제대로 된 기회조차 얻지 못하는 현실에 가슴 아파하며 고향에서 이들을 위한 작은 스포츠 캠프를 열었다. 훗날 이 캠프는 발달장애인을 위한 스페셜 올림픽Special Olympics으로 발전했다.

이들은 모두 비폭력적으로 불의에 맞섰고 아무리 사소한 일이라도 창의력을 발휘했다. 옷을 만들고, 맛있는 음식을 만들고, 달리기 경주를 개최했다.

폐쇄적인 마음은 오직 누군가를 해치는 것만이 유일한 기능인 무기와 같다. '나는 나를 위협하는 모든 것에 끊임없이 폭력적으로 반응하며 존재한다.' 하지만 핵심 가치와 창의력으로 문제에 접근하면 전혀 다른 삶의 방식을 선택할 수 있게 된다. '나는 모든 것에 끊임없이 창의적으로 반응하며 존재한다.' 그렇다. 파괴적 성향으로 회귀하려는 마음을 버리면 창조와 같이 훨씬 더 큰 힘을 얻게 된다.

한때 직업과 종교가 서로 정반대 방향으로 치달았을 때 나는 내가 옳다는 과오의 늪에 빠진 채 무수히 많은 밤을 보냈다. 온갖 논쟁으로 피가 끓어오르는 기분이었다. 나는 아들이 지적으로 살 수 없으므로 살 가치가 없다고 말하는 하버드의 이상이 싫었다. 하지만 잘못된 교리를 지적하는 동료들을 해고하고, 수치를 주고, 파문하고, 고립시키는 모르몬교 지도자들에게도 동의하지 않았다.

나를 만들어준 문화였기에 그 갈등은 괴롭고 곤혹스러웠다. 한편으로는 지식인들과 싸우고 있었고 다른 한편으로는 지식인을 '후대 진리의 적'으로 규정하는 종교와 싸우고 있었다. 나는 더러운 강물에 빠져 있던 나를 밖으로 끌어낼 단단한 그 무엇을 움켜잡

왔다. 생각건대 그건 진실이었다. 나는 진실을 알아야 했다. 그래서 첫 번째 '온전함의 정화 작업'을 시작했다.

　12월의 마지막 날, 나는 내년에는 어떤 종류의 거짓말이라도 일절 하지 않겠노라고 다짐했다. 이 결심은 나만 옳다고 믿던 독선에서 벗어나 더 깨끗한 마음으로 나아갈 수 있도록 도와주었다. 누구든 이 결심을 실천하려는 사람이 있다면 헤아릴 수 없이 많은 과오와 실수로부터 자신을 해방시킬 수 있다. 다만 이를 실천하려면 이것이 인생의 모든 요소가 송두리째 바뀐다는 것을 각오해야 한다.

자기 배신의 끝

단테와 베르길리우스는 폭력을 저지른 자들이 고통받는 무시무시한 지옥에서 벗어나 마침내 지옥의 가장 깊은 곳에 도착한다. 그곳에 갇힌 자들은 전쟁을 벌이거나 살인을 저지른 가장 악한 죄인보다 더 악한 자들이다. 지옥의 여덟 번째 고리와 아홉 번째 고리에 가까이 간 단테는 모든 죄인 중 최악의 죄인들을 만나게 된다. 바로 거짓말쟁이다.

뭐라고? 잠깐만, 거짓말쟁이라고? 거짓말쟁이는 상대적으로 지옥계의 화이트칼라 아닌가? 지옥의 맨 위층에 있어야 하는 아주 가벼운 죄질의 사람들이 아닌가? 세상 모두가 거짓말을 한다. 좋은 사람이 되려고 하는 선의의 거짓말도 있는데, 이건 말도 안 되는 상황 아닌가! 연구에 따르면 대다수가 10분 동안 지극히 평범한 대화를 하면서 "난 잘 지내고 있어, 고마워." 또는 "그렇지 않아도 지금 전화하려고 했어." 또는 "네 신발 정말 예쁘다." 같은 거짓말을 여러 번 한다. 이런 말이 테러 음모보다 더 나쁘단 말인가?

우선 인간을 가장 많이 죽이는 생명체가 모기라는 점만 기억하자. 거짓말은 세상 어디에나 있는, 피를 빨아먹는 모기와도 같다. 너무 작고 평범하고 잘 보이지 않기 때문에 서서히 퍼지기 쉽다. 거짓말은 모든 종류의 악을 가능하게 한다.

시인이자 소설가인 마야 안젤루Maya Angelou는 이렇게 말했다. "용기는 가장 중요한 덕이다. 용기가 없으면 그 어떤 덕도 꾸준히 실천할 수 없기 때문이다." 거짓말은 용기와 정반대인 어둠의 영역에 있다. 거짓말은 모든 악에서 가장 중요하다. 거짓말이 없으면 그 어떤 악도 꾸준히 행할 수 없기 때문이다. 절대 거짓말을 하지 않는다면 테러리스트의 음모도 계획대로 진행되지 않을 것이다. 반대로 거짓말을 멈출 수 없다면, 설령 자기 자신에게라도 거짓말을 한다면 지옥에서 벗어날 수 없다.

앞에서 우리는 무지의 과오와 자신만 옳다고 믿는 과오가 모두 거짓된 신념에서 나온다는 사실을 살펴봤다. 진심이라고 믿는 거짓말 혹은 거짓말이라는 사실조차 인식하지 못하는 흔한 가정과 전제들도 모두 거짓된 신념에서 나온다. 우리는 내면의 지옥을 통과하며 그런 과오와 거짓 전제들을 찾아내고 거기에 질문을 던졌다. 매 순간 진실을 말하다 보면 마치 고고학자처럼 자신의 영혼과 정신을 깊숙이 파헤치고 탐구하게 된다. 무지의 실수와 자신만 옳다고 믿는 실수로 무장한 거짓말의 덫에서 해방될 때 '근본적 거짓말'이 훤히 드러난다. 여기서 내가 말하는 근본적 거짓말이란 타인을 조종하고 추어올리는 모든 말을 의미한다.

살다 보면 비윤리적인 행동을 숨기려고 의도적으로 거짓말을 할 때도 있다. 단테는 그런 거짓말을 '사기'라고 규정했고 사기를 저지른 사람들이 지옥의 여덟 번째 고리에서 형벌 받는 모습을 묘사했다. 이 지옥에서 평생 헛소리를 일삼던 아첨꾼들은 배설물에 뒤덮이고, 부패한 정치인은 펄펄 끓는 끈적한 타르에 빠져 있고, 종교를 판 성직자들은 머리가 거꾸로 침례반에 파묻힌 채 발은 불에 타고 있다.

단테의 작품에는 지옥의 불이 많이 등장한다. 현대 사회에서 영어권 연사들은 지옥을 의미하는 '인페르노inferno'를 '불fire'과 동의어로 사용한다. 하지만 단테의 《신곡》에서 지옥의 가장 깊은 구덩이는 뜨겁지 않다. 오히려 참혹하리만치 춥다. 지옥의 바닥은 얼음 호수다. 그 호수에 얼어붙은 이들은 살면서 배신을 저지른 '배신자들'이다.

이 장은 우리가 살면서 어떻게 사기를 치고 배신을 저지르는가에 관한 내용을 다룬다. 다만 외적인 행동의 변화에 관한 이야기는 아니라는 점을 명심하길 바란다. 온전함으로 가는 여정에서 만나는 지옥은 우리의 내면에서 일어나는 일이다. 행동의 변화는 이후에 논의할 것이다. 이 장은 우리가 누군가를 속이고 배신하고 거짓말하는 상황을 제대로 파악하도록 해주기 위해 쓴 장이다. 자신이 다른 사람에게 이런 일을 하고 있다는 사실을 알아차리는 것도 중요하다. 하지만 정말 중요한 건 자기 자신에게 이런 일을 저지르고 있다는 사실을 깨닫는 것이다.

거짓말의 세 가지 유형

○

흔히 거짓말을 악의적(검은) 거짓말, 선의의(하얀) 거짓말, 중간(회색) 거짓말로 분류한다. 나는 이 세 가지 유형의 거짓말을 모두 목격했다. 다음은 이해를 돕기 위한 몇 가지 사례다.

악의적 거짓말: 고의로 계획한 속임수 —————————

어니스트는 내 세미나에 참석했던 사람으로, 점심시간에 내게 와서 말을 걸었다. 그는 마치 수다에 목마른 사람처럼 보였다. 변호사인 그는 살인자들도 변호해주었다고 했다. 세상 사람들은 그들이 유죄라고 말했고 어니스트는 수년 동안 살인자들에 대해 생각했다고 했다.

"살인자들이 일반 사람들과 무엇이 다른지 궁금해졌죠. 도대체 무엇이 그들을 살인자로 만드는가? 그러다 마침내 그 이유를 알게 되었습니다. 뭔지 아십니까?"

나는 모른다고 고개를 가로저었다. 그러자 어니스트가 말했다.

"거짓말입니다. 일단 사람이 거짓말을 하기로 하면 삶의 은신처가 생기는 겁니다. 말하자면 비밀의 방 같은 거죠. 그 방 안에는 무엇이든 넣을 수 있어요. 그리고 그 방에 있는 것들은 전혀 보이지 않죠. 모두 사라집니다."

어니스트가 내게 왜 그 이야기를 하는지는 몰랐지만 어쨌든 그에겐 무척 중요한 문제인 듯했다. 세미나가 끝난 후 나는 어니스트와의 대화를 잊고 지냈다. 그러다 몇 년 후 그가 내게 우울한 목소리로 전화를 걸어왔다.

"선생님도 뉴스에서 제 이름을 보셨겠지요."

난 보지 못했다. 사실 그가 누구인지도 가물가물했고 간신히 기억해냈기 때문이다. 하지만 그가 전화를 건 용건을 말하자 그와 나눴던 대화가 생생하게 떠올랐다. 어니스트는 살인죄로 유죄 판결을 받았고, 교도소에서 지내는 동안 자신의 상담자가 되어줄 사람을 찾고 있었다.

나는 아직도 궁금하다. 이전에 어니스트와 대화를 나누면서 내가 그의 의중을 제대로 파악하지 못한 건 아닌지, 그가 내게 도움의 손길을 요구했던 건 아닌지 말이다. 하지만 어니스트는 내게 그런 방식으로 접근하지 않았다. 그는 마치 어떤 불편한 감정도 없이 어떤 일이든 간단히 해낼 수 있다는 사실에 꽤 자부심을 느끼는 듯 보였다. 내가 상담했던 여러 수감자들과 달리 그는 내가 아무리 노력해도 절대 고칠 수 없는 진짜 소시오패스 같았다. 나는 그렇게 생각하며 나 자신을 위로했고 내 진심도 이런 내 생각에 동의했다.

어니스트는 자신의 성취에 자부심을 느꼈음에도 불구하고, 자기 자신과 평화롭게 잘 지내는 사람들과는 분위기가 완전히 달랐다. 당연한 것이었다. 진심을 다해 솔직해지는 사람은 온전한 행복을 느낀다. 그는 전혀 그런 사람이 아니었다. 오히려 진심을 다해 솔직해지지 않으려 하는 사람이었다. 그러니 분명 내면의 평화도, 온전한 행복도 느끼지 못할 터였다. 어니스트의 범죄는 유독 끔찍했지만, 나는 나 자신을 포함해 다른 많은 사람에게도 이와 비슷한 현상이 일어나는 것을 봤다. 우리는 거짓말이 옳다고 생각하지 않지만 어쨌든 거짓말을 한다. 그리고 자기 자신에게 변명한다. 연구에 따르면 대부분 사람이 스스로 솔직하다고 생각하며 여기저기서 거짓말하는 것을, 때론 모든 상황에서 거짓말하는 것을 개의치 않는다.

한번은 고객 버니스에게 어떻게 마약상에게서 몰수한 불법 약물을 몰래 팔면서 법률을 집행하는 일을 할 수 있느냐고 물었다. 그 모순 때문에 머리가 폭발할 것 같지 않냐는 내 질문에 그는 이렇게 대답했다.

"거짓말을 믿으면 만사가 쉬워져요."

이는 버니스의 외적 세계에서만 쉬운 일이다. 하지만 버니스의 내적 삶은 고립감과 편집증으로 피폐해진 지옥이었다. 이처럼 의도적으로 진실을 떠날 때 우리는 신뢰할 수 있는 것 혹은 의지할 수 있는 것이 아무것도 없는, 안개 자욱한 세계에 살게 된다. 자기 자신이 신뢰할 만하거나 의지할 만한 존재가 아니기 때문이다.

악의적 거짓말을 한 번도 해본 적 없는 사람도 있을 것이다. 그렇다면 이 문제에 동질감을 느끼기 위해 선의의 거짓말 쪽으로 이야기 주제를 옮겨볼까 한다. 제5곡에서 불편한 의자에 앉아 내게 편안하다고 거짓말을 했던 청중들의 이야기를 했다. 사람들은 대부분 무의식중에 그런 식의 자기기만을 하며 산다. 자기기만을 이용해 사소한 불편함에서 무척 괴로운 상황에 이르기까지 그 상황을 무시한다.

예를 들어 부모님이 술에 취해 가구를 때려 부수는 소리를 듣고 살았을 때, 성적 학대나 신체적 학대를 당하며 살았을 때, 산불이나 전쟁 같은 재앙을 겪었을 때 우리의 의식은 이 사건들이 흐릿하게 지워질 수 있거나 심지어 사라질 수도 있다고 인식한다. 트라우마를 일으킨 사건을 모르는 척 억누르거나 고통을 줄이려고 사건을 최소한으로 축소하기도 한다.

이런 반응은 자동으로 일어나며 대체로 비자발적이다. 하지만 이런 행위도 고의적인 속임수만큼이나 우리를 고통스럽게 할 수 있다. 자신의 아픔에 눈 감고 귀를 막는다는 말은 위험한 상황이나 사람들에게서 떠나야 한다는 사실을 깨닫지 못한다는 의미다. 이런 태도는 우리를 해로운 길로 곧장 밀어 넣는다. 결국 끔찍한 경험들을 견디고 또 견뎌야 한다. 과연 이것이 공정할까? 전혀 공정하지 않다. 무의식적인 거짓말이든, 의식적인 거짓말이든 모든 거짓말은 우리를 온전함에서 멀어지게 한다. 비행기가 추락하는 이유를 생각해보자. 비행기의 추락은 신의 형벌이 아니다. 그저 물리적 문제다.

그렇다면 전형적인 선의의 거짓말에 대해 좀 더 생각해보자. 사회적으로 안정된 상태에 머물기 위해 진실이 아닌 걸 알면서도 진실인 양 말하는 것들에 대해 생각해보자. 가령 친구가 우스꽝스러운 바지를 입고 와서 어떠냐고 물으면 당신뿐 아니라 주변의 많은 사람이 아마 이렇게 대답할 것이다. "오, 멋진데!" 일곱 살 난 아이가 도저히 먹기 힘든 맛없는 생일 케이크를 만들어주면 우리는 아주 맛있다고 대답한다.

수많은 사회적 상황들이 집단 차원에서 합의한 이런 거짓말 덕분에 좀 더 매끄럽게 돌아간다. 하지만 조심해야 한다. 선의의 거짓말은 회색 거짓말로 변질될 수도 있기 때문이다.

회색 거짓말: 꾸며낸 사실

"지난주에 에드랑 결혼 전문 상담사를 만났어요. 상담을 받으며 저는 정말 노골적이다 싶을 정도로 솔직했어요. 에드에게 정신적으로 얼마나 큰 거리감을 느끼는지, 우리가 공유하는 관심사가 얼마나 적은지, 제가 그에게 느끼는 매력이 얼마나 줄었는지 등 상담사에게 숨기지 않고 다 털어놓았어요."

신디가 나를 찾아와 말했다.

"정말 잘하셨어요! 그럼, 에드에게 당신이 바람을 피운다는 사실도 얘기했나요?"

그러자 신디는 화들짝 놀라며 대답했다.

"뭐라고요? 그건 에드랑 상관없는 일이죠! 혹시라도 에드가 알면 상처만 받을 거예요. 제가 완벽한 배우자는 아닐지 몰라도 도덕심은 있어요. 그런 상처를 줄 정도는 아니에요."

신디가 바람을 피운 건 처음이 아니었다. 무려 다섯 번째 바람을 피우는 불성실한 배우자가 내게 저런 말을 했다. 경제학자 댄 애리얼리Dan Ariely는 엄청난 범죄를 저지르고 그 사실을 모조리 거짓말로 꾸며내는 경우는 드물지만, 사소한 거짓말을 하고 자신을 개념 있는 시민으로 포장하기 위해 이야기를 꾸며내는 경우는 아주 흔하다고 말한다. 이것이 바로 회색 거짓말이다.

하얀 거짓말과 회색 거짓말을 구분하는 두 가지 질문이 있다. 첫째, 그 거짓말이 누군가로부터 당신이 숨기고 있는 진실을 폭로하겠다는 협박 편지를 받을 수 있는 내용인가? 그렇다면 그 거짓말은 백색 거짓말이 아니라 회색 거짓말이다. 둘째, 황금률의 법칙을 따르고 있는가? (네가 대접받고 싶은 대로 남을 대하라.)

신디는 남편 에드에게 거짓말하는 자신을 '도덕적'이라고 했다. 하지만 에드가 거짓말을 한다면 그 역시 도덕적이라고 생각하겠느냐는 내 질문에 그녀는 "절대 아니죠!"라고 대답했다. 한 입으로 두 말하는 셈이다. 신디는 자신은 도덕적이라고 하면서 남에게는 정반대의 잣대를 들이대고 있었다.

나를 찾아오는 많은 고객이 지나칠 정도로 황금률 법칙을 따르려고 노력한다. 자신에게 함부로 대하는 사람들을 끊임없이 받아주고 더러는 용서까지 해주려 노력한다. 그들은 그 이유를 이렇게 말한다.

"제가 대접받고 싶은 대로 다른 사람을 대하려고요."

종류는 다르지만 이들도 신디처럼 거짓말을 하고 있다. 그들은 황금률 법칙의 정반대 사실을 위반하고 있다. 황금률의 법칙을 뒤집어 말하면 '내가 다른 사람에게 절대 하지 않는 방식으로 다른 사람이 나를 대하게 두지 말라'다.

조시라는 고객은 전 남자 친구에게 납치당해 며칠 동안 버려진 집에 갇힌 적이 있었다. 그런데 그녀는 이렇게 말했다.

"남자 친구가 저를 정말로 해치려던 건 아니었어요."

조시는 스톡홀름 신드롬Stcokholm Syndrome(감금된 상황에서 자신을 가둔 사람에게 비자발적으로 형성되는 정서적 유대감)으로 알려진 하얀 거짓말에 취해 있었다. 내가 그렇다면 조시도 다른 사람을 납치해 가두겠느냐고 묻자 그제야 조시는 옛 남자 친구가 심각한 범죄를 저질렀다는 사실을 인지했다.

살면서 누군가 자신을 끊임없이 괴롭힌다면 자기 자신에게 물어보라. 지금 자신이 대접받은 대로 남을 대접할 수 있는가? 그 대답이 '아니요'라면 상황을 바꾸기 위해 방법을 고민해야 한다. 그래야 온전함 속에 머물 수 있다. 그 변화에는 용기와 창의성, 시민불복종, 시간 등이 필요할 수도 있다. 하지만 다른 사람에게 받는 나쁜 대접을 그냥 인정해버린다면 거짓말에 동참하는 셈이 된다.

물론 선의의 거짓말과 악의적 거짓말, 중간 거짓말의 도덕적 차이는 굉장히 크다. 악의적 거짓말은 악이다. 선의의 거짓말은 무의식이나 배려에서 나온 거짓말이다. 중간 거짓말은 삶의 흐름을 원만하게 하려고 사용하는 일종의 도구다. 각각의 거짓말이 출발선이 아예 다르니 우리 몸과 마음에 미치는 영향도 크게 다르리라 생각하는 사람도 있을 것이다. 하지만 거짓말은 경우가 다르다. 어디서 출발했든 거짓말은 모두 우리의 내면에 붕괴를 일으킨다.

거짓말의 혹독한 대가
○

흔히 속임수가 우리를 '거미줄처럼 얽힌' 덫에 가둔다는 표현을 쓰곤 하지만, 단테가 은유적으로 사용한 '얼음'이라는 표현이 더욱 적절하다는 생각이 든다. 거짓말은 급격히 증식하는 경향이 있기 때문이다.

한 가지 거짓말을 하면 그 거짓말을 들키지 않기 위해 자꾸 다른 거짓말들을 덧붙이게 된다. 더 많이 속일수록 꾸며낸 이야기를 뒷받침하기 위한 행동의 제약도 점점 강해진다. 자유롭게 이야기할 수도 없고, 거짓 서사를 무너트리는 행동도 할 수 없으며, 마음을 편히 가질 수도 없다. 자신의 거짓말을 들은 사람들과 정서적 유대감이 서서히 약해지기 시작한다. 서서히 삶이 춥고 쓸쓸하고 무감각해진다. 그러다 마침내 모든 것이 얼어붙고 볼 수는 있지만 만지거나 느낄 수는 없는 세상에 갇힌 기분이 든다.

삶과 사랑에서 유리된 단절감은 모든 것을 무의미하게 만든다. 사는 것이 너무 지친다. 범죄를 숨긴다거나, 분노를 숨긴 채 쾌활한 듯 군다거나, 누군가에게 잘 보이기 위해 계속 거짓말을 하려면 끊임없는 노력이 필요하다. 뇌에서 상당히 넓은 부위가 거짓말에 동원되다 보니 사고가 점점 흐릿해지고 느려진다. 거짓말은 대단히 어려운 기술이어서 동물들은 시도할 엄두조차 내지 못한다(지극히 드문 경우 서툴게나마 거짓말을 하는 동물도 있다. 유명한 고릴라인 코코는 수화로 인간과 의사소통을 한다. 한번은 코코가 기분이 안 좋은 상태에서 싱크대를 망가트렸다. 인간이 왜 싱크대가 망가졌냐고 묻자 코코는 새끼 고양이를 가리키며 "새끼 고양이가 망가트렸다."라고 거짓말을 했다. 시도는 좋았으나 코코의 거짓말은 실패로 끝났다).

거짓말을 할 때 복잡해지는 것은 뇌뿐만이 아니다. 신체적으로도 약해지고 허둥거리게 된다. 한 연구에 따르면 사람들은 자신을 이상적인 모습으로 꾸며서 말할 때 혈압이 상승하고 심박수가 증가했으며 스트레스를 유발하는 호르몬 반응이 커졌다. 코르티솔, 포도당, 콜레스테롤 수치가 증가하고 면역 체계도 기능이 저하되었다. 거짓말을 하고 계속 비밀을 유지하는 행위는 심장 질환, 특정 암, 우울증이나 불안, 빈번한 적대감 같은 감정적 반응을 유발하기도 한다.

거짓말을 하지 않기로 하는 순간 위 증상들은 즉각 해소된다. 한 연구에서 연구자들이 실험 대상자들에게 10주간 거짓말을 전혀 하지 않도록 하는 실험을 진행했다. 피실험자들이 실제로 거짓말을 하지 않았는지는 확인할 수 없었지만 거짓말을 하지 않으려는 시도만으로도 신체적, 정신적 건강이 크게 개선되었다. 일주일에 세 번 이하로 적게 거짓말을 한 사람들은 긴장감이나 우울감 같은 부정적 감정이 눈에 띌 정도로 줄었고 인후통이나 두통 같은 신체적 증상도 현저히 감소했다. 인간관계도 훨씬 좋아졌다. 참가자들은 거짓말을 줄이며 생활하는 기간에 삶이 더 유연해지고 행복해졌다고 말했다.

진실이 일으키는 평지풍파

○

거짓말이 그토록 스트레스를 유발하고 정신적, 신체적 건강을 악화시키는데도 왜 모두가 거짓말을 하는 걸까? 나는 그 해답을 '거짓말을 전혀 하지 않는 해'를 보내면서 깨달았다.

거짓말을 일절 하지 않기로 한 초반에는 모든 것이 아주 좋았다. 나는 이전에도 거짓말은 거의 하지 않는 편이었다. 어쩌다 하는 거짓말도 기껏해야 잘 지내지 않을 때 "난 잘 지내."라고 말한다든지, 괜찮지 않은 상황인데 "난 괜찮아."라고 말하는 정도였다. 그러다 이런 사소한 거짓말조차 모두 중단하자 몸의 만성적 통증과 자가면역성 증상들이 거의 즉각 개선되었다. 감기나 위장병이 생기는 횟수도 이전보다 줄었다. 기억력은 더 정확해졌다. 정말 놀라웠다!

하지만 모르몬교에 빠져 오랜 시간을 보내면서 옳다고 믿었던 나 자신의 마음이 보이기 시작했다. 알렉산드르 솔제니친Aleksandr Solzhenitsyn은 이런 말을 했다. "침묵이 거짓말이 될 때가 있다." 모르몬교 교회에서 너무 많이 안다는 이유로 학자들을 벌할 때 그 상황에 침묵하는 것은 온전함에 머무는 길이 아님을 깨달았다.

요즘 나는 특정 인물이나 상황에 분노가 치밀고 신물이 난다며 하소연하는 고객들에게 내가 했던 방법을 권하곤 한다. 짜증 나는 사람이나 상황에 대해 거짓말을 멈추고 진실을 말하는 것이다. 많은 경우 이런 방법을 생각하는 것만으로도 뜨거운 분노가 서늘한 공포로 바뀐다. 대다수가 말을 멈추고 마치 욕실에서 커다란 코브라를 마주한 것처럼 분노를 유발했던 대상에게서 등을 돌린다.

등을 돌린다고 해서 겁쟁이가 아니다. 거짓말을 멈췄을 때 직면할 실질적인 결과를 직면한 것이다. 내가 모르몬교에 관한 내 생각을 공개적으로 말하면 웃음거리가 될 수도 있다는 사실을 나는 잘 알고 있었다. 내 아버지는 어쩌다 보니 그 종교의 유명한 옹호론자가 되었다. 어쩌면 모르몬 교회 역사상 가장 유명한 사람일 수도 있다. 그런데 그의 딸이 자신의 신념을 공개적으로 밝힌다면 아마 많은 관심을 끌 것이다.

하지만 나는 '거짓말을 하지 않는 해'를 만들어 지키기로 했다. 그래서 나는 집에서만 고민하던 이 문제를 직장에서 말하기 시작했다. 신문사와 방송사에서 연락이 오기 시작했다. 내 이름이 신문에 실렸다. 친구와 동료들은 내 공개적 발언을 강력히 지지하기도 했고 머지않아 닥칠 결과를 걱정해주기도 했다.

그 후 내 삶에서 일어난 일은 지금 내가 당신에게 인생에서 거짓말을 없앨 때 조심하라고 말하는 이유가 되었다. 자신의 생각을 즉시 공개적으로 밝히지 마라. 일단 자신이 어디서, 왜, 누구에게 거짓말을 하는지 살펴보라. 만약 자신을 억압하는 사람들로 구성된 사회에 속해 있다거나 사이코패스에게 위협을 당할 수 있다면 적어도 당분간은 그 위험한 사람들에게 계속 거짓말하라. 다만 자기 자신에게 하는 거짓말은 멈춰라.

거짓말의 끝에서 발견한 내 안의 진실

거짓말 멈추기는 내면의 가장 중심에 있는 진심과 충만한 온전함을 향해 고고학자처럼 계속 흙을 파고 또 파내는 과정과 비슷하다. 마음을 계속 파 내려갈수록 겉치레에 불과했던 행복의 허상과 자신을 함부로 대하는 사람들에게 했던 거짓 변명들이 보인다. 많은 사람이 "내가 인종차별주의 체제에 가담하고 있다는 사실을 깨달았다." 같은 흔한 진실을 발견하기도 하고, 드물게 "내 삼촌들이 전부 마피아 같다." 같은 사실을 발견하기도 한다.

한번은 내 세미나에 참석한 고객이 우연히 딸의 생물책을 본 이야기를 해주었다. 생물책에는 부모가 양쪽이 푸른 눈이면 갈색 눈의 자녀가 나올 수 없다고 되어 있었다(이는 100퍼센트 진실이 아니다. 드물게 푸른 눈의 부모에게서 갈색 눈의 자녀가 나오는 경우가 있다).

그 여성은 이렇게 말했다.

"저는 갈색 눈입니다. 그리고 제 부모님은 두 분 다 파란 눈이죠. 아버지가 진짜 생부가 아닐 수도 있다는 생각이 들었고 그 생각은 저 자신에게조차 드러낼 수 없는 은밀한 비밀이라고 생각했어요. 생물책을 본 후 어머니에게 말했죠. 아니나 다를까, 어머니가 바람을 피웠더군요."

그러자 세미나실에 있던 한 여성이 이렇게 말했다.

"잠시만요, 한 번 더 말해주시겠어요?"

질문을 한 여성의 눈은 갈색이었고 그녀의 부모님 눈은 모두 푸른색이었다. 그녀의 눈은 아버지의 가장 절친한 친구의 눈과 같은 색이었다.

앞으로 우리가 마주할 어떤 진실은 진실의 종을 '뎅' 하고 울리며 내면의 스승도 고개를 끄덕일 것이다. 또 어떤 진실은 큰 징을 울리듯 온 마음에 널리 퍼질 것이다. 정말 깊숙한 곳에 있는 진실을 들여다보다가 어느 정도는 의식적으로 혹은 무의식적으로 굳게 잠긴 그 무엇을 보게 될 수도 있다. 그리고 그것이 수백만 개의 괴로운 그림자를, 다른 사람들의 행동을, 자기 자신의 감정을 갑작스레 깨닫게 할 수도 있다. 이 진실이 온몸과 마음으로, 머리와 정신으로 이해될 것이다. 드넓은 해방감을 느낄 것이다. 어쩌면 두려움을 느낄 수도 있다.

이 시점에서 앞에서 언급한 주의 사항을 다시 한번 언급해야겠다. '견딜 수 없는 진실 혹은 트라우마에 접근한다고 생각되면 전문가의 도움 없이 절대 혼자 하지 마라.' 전문 상담사를 찾아가든, 상담 콜센터에 전화를 하든, 함께 진실을 파헤치는 사람들 무리에 함께하든 누군가의 도움을 받아야 한다. 가장 견디기 힘든 거짓말을 꽁꽁 얼리고 묻는 이유는 말 그대로 견디기 힘들기 때문이다. 혼자서는 감당할 수 없다. 도움을 요청하라.

깊은 트라우마를 경험하지 않았다면 가장 깊은 곳에 있는 거짓말이라 해도 전문가의 도움까지는 필요하지 않을 수 있다. 그 정도로 파괴적이지는 않다는 의미다. 단지 노안이 오고 있다는 사실을, 편애하는 자식이 있다는 사실을, 우정이 망가지고 있다는 사실을 마주하기 불편한 것일 수도 있다. 하지만 어떤 거짓말이든 파헤치다 보면 결국 자기 마음에 있는 지옥의 중심에 도달하게 된다. 그곳에서 정신의 세 가지 중요한 면을 보게 될 것이다. 괴물, 배신자, 배신당한 자.

자기 비난의 지옥
○

《신곡》에서 모든 것이 얼어붙은 호수에 있는 망령들은 허리까지 언 강에 잠겨 얼어붙은 채 거대한 괴물 루시퍼를 바라보고 있었다. 루시퍼에게는 세 개의 무시무시한 얼굴이 있는데, 그중 두 개의 얼굴은 율리우스 카이사르Julius Caesar를 배신한 로마의 두 지도자(브루투스와 카시우스—옮긴이)를 입에 물고 씹어 먹고 있었고, 세

얼굴 중 가장 험악한 가운데 얼굴은 예수를 배신한 유다 이스카리옷Judas Iscariot(가룟 유다)을 어적어적 씹어 먹고 있었다. 단테의 눈에는 유다가 인류 역사상 최악의 배신자로 보였다고 할 수 있다.

나는 단테의 《신곡》을 문자 그대로 읽지 않는다. 나는 《신곡》의 문장들을 우리 삶을 풍자하는 내용으로 해석한다. 그렇게 분석한다면 지옥의 중심은 무엇을 상징하는 것일까? 율리우스 카이사르는 우리 안에 있는 정의와 공정함일 수 있다(단테는 그렇게 봤다). 예수는 우리 안에 있는 무조건적 사랑을 상징한다. 온전함에서 멀어지면 우리는 우리 안에 있는 정의와 사랑을 배신하게 된다. 그래서 형언할 수 없이 고통스럽고 깊은, 분노로 얼어붙어 유구히 형벌을 받는 얼음 지옥에 이른다.

대체로 인간의 가장 깊은 자기 배신은 어린 시절에 뿌리를 두고 있다. 예수도, 성경도 어린아이에게 상처 주는 이들을 혐오했다. 대부분 여기에 동의한다. 하지만 우리는 모두 최소한 한 명의 어린아이를 배신하고 그 아이에게 상처를 주었다. 바로 어린 날의 자신이다. 무서운 고모(이모)에게 고분고분하게 키스할 때마다, 열 살 난 또래 꼬마 아이들이 괴롭히는 내내 억지로 웃을 때마다, 부모님이 싸워도 괜찮은 척할 때마다 우리는 자기 자신을 버리고 배신했다. 다른 선택은 없었으니까.

이런 일이 생겼을 때 어쩌면 자기 안에서 괴물 같은 그 무엇이 꿈틀대는 것을 느낀 사람도 있을 것이다. 정말 그렇다. 어린아이가 상처받고 무시당할 때, 누군가(혹은 자기 자신이) 역겨운 상황에서 괜찮은 척할 때 가슴속에서 무언가 치미는 것을 느꼈을 것이다. 사실 우리는 무의식중에 그 어린아이(자기 자신)를 버리고 비난했다. 심리학자들은 이를 '공정한 세상 가설just-world hypothesis'(미국 심리학자 멜빈 러너Melvin Lerner가 말한 개념으로 사람들이 세상을 공정한 곳이라고 믿는 경향이 있으며, 이 믿음이 강할수록 불행에 처한 사람을 볼 때 마음에 불편함이 생긴다. 그래서 나쁜 일을 당한 사람은 그럴 만한 행동을 했기 때문이라고 생각한다. 자업자득, 권선징악, 인과응보 등과 비슷한 개념이다.—옮긴이)이라고 부른다.

어린아이들은 반드시 세상이 공정하다고 믿어야 한다. 좋은 사람에겐 좋은 일이 생기고 나쁜 사람에겐 나쁜 일이 생긴다고 믿어야 한다. 그래서 어린 시절 나쁜 일이 생기면 우리는 자신이 뭔가 나쁜 행동을 했기 때문에 그런 일을 당했다고 결론지어 버린다. 사실 대부분 사람이 이런 식의 자기 비난을 마음 깊은 곳에 묻어두고 산다. '내가 그렇게 멍청하지 않았다면…', '내가 엄마 말을 더 잘 들었더라면…', '내가 더 열심히 공부했다면…' 같은 전제를 입 밖에 내지 않은 채 묻어둔다.

책임을 진다는 것은 정직한 행위지만 아무 잘못도 하지 않았는데 자신을 비난하는 것은 잔인하고 기만적이며 파괴적인 행위다. 심지어 어린아이였을 때도 우리는 뭔가 이상하다는 사실을, 뭔가 끔찍한 일이라는 사실을 감지한다. 마음 깊숙한 곳에서 우리가 우리 자신을 배신했음을 알게 되며(바로 이 지점에서 거짓말이 정말 거미줄처럼 얽히고설킨다) 자기를 배신한 자신을 혐오한다. 단테의 지옥에 있는 얼음 지옥에 갇혀 순수하고 고결한 자신을 버리고 배신한 자신을 악마처럼 공격한다. 더 큰 고통에 직면할수록 더 악랄하게 혐오하고 지독하게 벌준다. 자기 안의 가장 싫은 모습을 가장 집요하고 고통스럽게 상처 준다.

거짓말을 멈추면 깊고, 혼란스럽고, 고통스러운 거짓의 실체가 마침내 드러난다. 두려워하지 말고 도움을 청하라. 자기 안의 진실을 향해 가는 길에 상담사, 코치, 동료들이 도와줄 수 있다. 다음 훈련은 마음속 깊숙한 곳에 차가운 분노로 얼어붙은 지옥을 발견하는 데 도움을 줄 것이다. 솔직해져라. 도움을 청하라. 모든 두려움을 버려라. 계속 나아가라.

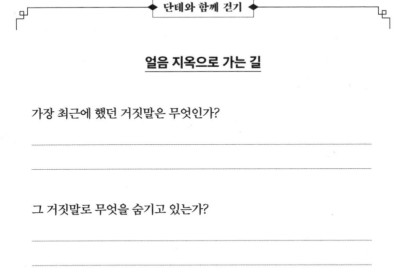

◆ 단테와 함께 걷기 ◆

얼음 지옥으로 가는 길

가장 최근에 했던 거짓말은 무엇인가?

_____

_____

그 거짓말로 무엇을 숨기고 있는가?

_____

_____

누구에게 숨기고 있는가?

당신이 숨기고 있는 진실을 그 사람(그들)이 알게 된다면 그 사람이 당신에게 '무엇'을 할까 봐 가장 두려운가?

당신이 숨기고 있는 진실을 그 사람(그들)이 알게 된다면 그 사람이 당신을 '어떻게 생각할까 봐' 가장 두려운가?

당신이 숨기고 있는 진실을 그 사람(그들)이 알게 된다면 그 사람이 '어떤 감정일까 봐' 가장 두려운가?

당신이 거짓말을 한 그 사람(그들)에게서 무엇을 원하는가?

거짓말이 탄로 난다면 누구의 존경, 사랑, 소속감, 신뢰를 잃는가?

거짓말했던 순간을 떠올려보라. 거짓말을 할 때 어떤 감정인가? 진실을 말하지 않기로 한 그 부분에 초점을 맞춰보자. 진실을 말하지 않았던 그때 당신, 당신의 일부는 몇 살인가?

거짓말을 했던 자신의 모습이 되어보자. 지금의 당신보다 나이가 적을 수도 있고 심지어 아주 어린 아이일 수도 있다. 그때 당신을 가장 화나게 했던 것 혹은 두렵게 했던 것은 무엇인가?

위 대답에서 당신이 사랑받고 인정받을 수 있는 능력은 무엇이었다고 생각하는가?

거짓말을 했던 자신의 어떤 시절을 확인했을 때 그 시절의 당신에게 유대감을 느끼는가, 아니면 혼자라고 느끼는가?

거짓말을 했던 시절의 당신(어린아이처럼 느껴지기도 하는)을 확인했을 때 만약 진실이 만천하에 드러난다면 생길 수 있는 가장 나쁜 일은 무엇이라고 생각하는가?

_____

_____

나는 수많은 이들과 이 훈련을 진행했다. 표면에 드러난 사소한 거짓말을 파고들어 더 깊은 진실까지 들어갔다. 그런데 매번 이 훈련을 할 때마다 같은 경험을 한다. 그들의 모든 부정행위, 속임수, 사기, 배신은 모두 똑같은 단 하나의 거짓말에서 시작된다.

'나는 사랑받지 않는다.'

이 문장을 약간 다르게 표현해도 된다. 어쩌면 당신에게 가장 깊은 거짓말은 '나는 결함이 있다', '아무도 나를 원하지 않는다', '나는 소속된 공동체가 없다', '나는 어디에도 어울리지 않는다' 등 자신에게 맞는 수천 가지의 말들이 있을 것이다. 하지만 중요한 점은 인간은 소속감 없이는 살 수 없다는 사실이다. 우리가 생각할 수 있는 가장 끔찍한 일은 홀로 갇힐 것이라는 상상이다. 이 최악의 공포가 자신에게 어떻게 느껴지는지 다음 빈칸에 적어보자.

때로 진실은 폭풍우를 몰고 온다

○

'거짓말하지 않는 한 해'를 보내면서 나는 점점 더 큰 자유를 느꼈고, 더 큰 자유를 느낄수록 점점 더 두려웠다. 악몽을 꾸기 시작하면서부터는 잠들기가 두려웠다. 그래서 쉬지 않고 책을 읽고 일기를 쓰면서 내 마음의 숲길로 통하는 문을 걸어 잠갔다. 그래야 그곳을 헤매지 않을 테니까. 만약 그 숲에 발을 들여놓는다면 내 안의 진짜 괴물 같은 무언가를 찾을 것만 같았다. 차갑게 얼어붙은, 무감각하게 갇힌 그 무언가를.

하루는 심리학 수업을 진행하는데 몇몇 여학생들이 성폭행을 당했던 경험을 이야기하기 시작했다. 갑자기 불개미가 내 몸에 촘촘히 달라붙어 살갗을 물어뜯는 기분이 들었다. 나는 학생들에게 양해도 구하지 않고 교실 밖으로 뛰쳐나와 그대로 복도에 쓰러졌다. 숨을 쉴 수가 없었다. 생각도, 말도 똑바로 할 수 없었고 두 다리 사이로 극렬한 아픔이 느껴졌다. 남편이 나를 데리고 병원에 갔다. 의사는 이런저런 진찰을 하더니 내 골반 부위에 종양이 자라고 있는 것 같다고 했다. 의사는 나를 더 큰 병원으로 보냈고 나는 급히 수술에 들어갔다.

알고 보니 골반에 종양은 없었고 피가 많이 고여 있었다. 제대로 아물지 않은 어떤 흉터 조직 때문에 내부에 출혈이 생긴 것이다. 이 조직이 알 수 없는 이유로 파열되었다.

나는 흉터가 있다는 사실은 알고 있었다. 예전에 산부인과 의사가 출산 과정에서 조직이 찢어지면서 생긴 흉터 같다고 말해준 적이 있었기 때문이다. 그 산부인과 의사는 흉터 조직이 울퉁불퉁하게 아물었다면서 원한다면 깨끗하게 제거해줄 수 있다고 했다. 나는 거절했다. 그 흉터가 어떻게 생겼는지 궁금하지도 않았다. 다시 생각해보고 말 것도 할 것 없이 나는 거절했다. 의사는 왜 흉터 제거를 하지 않느냐고 물었다. 나는 정말로 편안하기 때문이라고 대답했다.

응급으로 내부 출혈 수술을 받은 후 나는 격렬하게 어떤 장면이 반복해서 떠올랐다. 다섯 살 때 아버지가 나를 성적으로 학대했던 장면이 강렬하게 반복적으로 재생되었다. 그 장면이 떠오를 때마다 내 몸과 마음에 핵폭발이 일어나는 것 같았다. 끔찍하기는 했지만 그 기억은 내가 기억할 수 있는 모든 고통스러웠던 일을 낱낱이 보여주었다. 어린 시절 내 뇌가 만들어낸 거짓말, '그런 일은 절대 없었어!'라는 거짓말은 수년 동안 나를 우울과 불안, 과잉 성취, 불면, 강박적 행동, 자살 충동, 컴컴한 과오의 숲에서의 비참한 방황으로 이끌었다.

내가 그 성적 학대를 떠올렸을 때 가장 먼저 든 생각은 '아무도 날 믿지 않을 거야'였다. 하지만 그렇지 않았다. 남편은 나를 믿어 주었다. 언젠가 고등학교 친구가 우리 집에 온 적이 있는데 그 친구도 내게 그때 그 일에 대해 물었다. 그 친구에게 내가 당한 성적 학대 이야기를 모두 말했다고 하면서. 그런데 소름 돋게도 나는 그 대화가 전혀 기억나지 않았다. 그냥 흐릿한 기억이 아니라 아예 통째로 그 대화의 기억이 없었다.

억누르고 있던 다섯 살 때 일을 다시 기억한다는 것이 몹시도 이상했다. 내 안의 어떤 부분이 어떤 진실을 내내 또렷하게 알고 있다는 사실은 더더욱 기괴하게 느껴졌다. 하지만 고등학교 친구는 내가 했던 이야기를 아주 구체적인 부분까지 세세하게 반복해서 내게 들려주었다. 남편과 친구는 그때 그 일이 실제 있었던 일이라고 설득했고 내게 느닷없이 침범한 그 기억이 사실이라고 잔인하게 확인시켜 주었다.

며칠 동안 나는 직장 외에는 아무 곳에도 가지 않았다. 나는 예기치 않은, 끔찍하고 침략적인 장면들에 좀 더 잘 대처할 수 있는 집 안에 나 자신을 가뒀다. 그렇게 일주일 정도 지나자 어머니가 왜 연락이 뜸하냐며 전화를 걸어왔다. 나는 우물쭈물하며 나쁜 감정을 얼버무렸다. 그러자 어머니가 차분한 목소리로 내게 물었다.

혹시 아버지가 나를 성추행했었냐고. 내가 그렇다고 대답하자 어머니 별로 놀라지 않는 기색이었다.

"엄마, 정말 저를 믿으세요?"

오히려 너무 놀라 숨이 막힌 것은 나였다.

"물론이지. 당연히 내 딸을 믿지. 그 사람은 너보다 내가 더 잘 알아."

그렇다. 나를 믿는 사람들이 있었다. 하지만 그 사실을 기꺼이 받아들이는 이는 지극히 드물었다. 어머니는 내가 상담을 받아야 할 것 같다고 말하자 즉각 태도를 바꿨다. 어머니는 그 사실을 비밀로 하자고 했다. 아이러니하게도 내가 상담사를 알아보겠다고 말하자 어머니는 주변 사람들에게 전화를 걸어 내가 하는 말은 아무것도 믿지 말라고 말했고, 결과적으로 많은 사람이 이 내막을 알게 되었다.

하지만 무력한 사람에게 생기는 나쁜 일은 모든 사람을 불편하게 만든다. 피해자 홀로 맞서는 것보다 백인 특권층, 가정 폭력, 동물 학대, 아동 학대 등 그 문제를 다루는 단체와 함께하는 편이 훨씬 수월하다.

이 모든 일이 '거짓말하지 않는 한 해'에 벌어졌고 침묵도 거짓말이 될 수 있는 시점이었기에 나는 계속 진실을 말했다. 몇 달 만에 가까웠던 인간관계가 모두 끊어졌다. 나를 상담해줄 상담사를 찾아 개인적으로 상담을 했지만 그 상담사는 그룹 모임 자리에서는 내 상황을 말하지 말아달라고 부탁했다. 그 이유는 굳이 밝힐 필요도 없었다. 모임에 참석한 사람 중 누구 하나라도 내 상황을 발설해 모르몬교 교회에 들어가는 날에는 그 상담사 역시 지금껏 쌓아온 경력을 잃을 수 있었기 때문이다.

내가 이 책에 이 이야기를 하는 것은 솔직함이 인간관계를 끝낼 수도 있다는 점을 분명히 해두고 싶어서다. 그런 일이 벌어지면 홀로 된다는 두려움이 지독스러운 현실이 된다. 견딜 수 없는 현실이 된다. 하지만 그럼에도 불구하고 진실은 말할 가치가 있다. 그 점은 내가 장담한다. 계속 읽어주길 바란다.

지옥의 한복판에서 빛을 만나다

○

단테는 루시퍼를 보고 정신을 잃을 것 같은 두려움에 휩싸였지만 베르길리우스는 묵묵히 자신이 하던 일을 계속했다. 그는 단테에게 계속 내려가라고 말했다. 하지만 어떻게 내려간단 말인가? 지옥의 맨 밑바닥에서 더 이상 내려갈 곳은 없었다. 그러자 베르길리우스는 단테를 루시퍼의 거대한 몸통으로 데려가더니 그의 몸에 난 억센 털을 움켜쥐라고 했다. 단테는 그 털을 타고 얼음 호수 수면 아래로 내려왔다.

루시퍼의 엉덩이 부근에 내려오자 베르길리우스는 몸을 거꾸로 돌려서 루시퍼의 발을 향해 내려가라고 했다. 몸을 거꾸로 돌리고 내려가자 갑자기 내려가는 게 아니라 올라가는 자세가 되었다. 그렇게 지구의 중심을 통과하자 루시퍼의 허리께에 있던 자장이 중력을 역전시켜 모든 것이 뒤집혔다. 단테는 이제 모든 것이 소멸할 것이라고 생각했다. 하지만 루시퍼의 다리를 타고 비탈을 계속 올라가자 마르고 깨끗한 오솔길이 나왔다. 마침내 지옥에서 벗어난 것이다.

고통스러운 진실을 깊숙이 파고들면 방향은 그대로인데 하강이 멈추고 상승이 시작되는 지점에 도달한다. 때론 그 과정이 서서히 일어나기도 한다. 예를 들어 사랑하는 사람을 잃고 슬퍼하다가 모든 슬픔이 사라지고 어느 날 괜찮은 기분으로 일어나게 될 때가 있다(상쾌하고 좋은 기분이 아니라 그냥 괜찮은 기분 말이다). 이런 일은 주로 고통을 견디기 힘들어 상담이나 코칭을 받는 이들이 어느 순간 안정감과 든든함을 느껴 마주하기 두려웠던 진실을 받아들일 때 자주 일어난다. 나 역시 지극히 사소한 불편함에서부터 상상조차 하기 힘든 고통스러운 괴로움에 이르기까지 그 어떤 일이든 마주하고 받아들일 때 이런 경험을 한다.

단테가 통과했던 지구의 중심을 통과한다는 말은 그곳을 통과하는 사람 누구나 그 중심에 있는 거짓말에 닿아야 한다는 것을 의미한다. 나는 혼자라는 거짓말. 이 거짓말은 가장 깊은 고통에 우리를 사슬로 묶는다. 다행스럽게도 우리는 지옥을 통과하면서 그런 사슬을 끊는 법을 배웠다. 이 훈련은 피상적인 거짓말뿐 아니라 내면의 중심에 있는 거짓말에도 효과적이다. 다음은 얼음 호수에 대한 두려움에 이 훈련을 활용하는 법이다.

첫째, 자신의 가장 고통스러운 생각을 조용히, 똑바로 응시하라. 자기 자신에게 물어보라. '이 생각이 진실이라고 확신하는가?', '그것이 진실이라는 사실을 확실히 알 수 있는가?' 그리고 내면의 스승이 보내는 반응을 살펴라.

가장 아픈 생각이 당신의 몸과 마음과 가슴과 영혼을 통과해 달콤하고 낭랑하게 울리는가? 마치 해방된 듯한 감정이 느껴지는가? 아니면 자신을 내면의 지옥에 사슬로 묶어두고 납덩이로 누르는 듯한 느낌이 드는가? 그 생각을 믿을 때 자신이 어떤 사람이 되는지, 믿지 않을 때는 어떤 사람이 되는지 살펴보라.

나는 가장 깊은 곳 중심에 있는 거짓말 '나는 사랑받지 않는다'에 도달했을 때 그 바닥이 극적으로 뒤집혀 다시 올라가게 되었다. 전혀 예기치 못했던 일이었다. 내가 선택할 수 있는 것이 없다고, 모든 것이 완전히 얼어붙었다고 느꼈을 때 일어난 마법 같은 일이었다.

이 일은 내가 학교 복도에서 나와 병원에서 응급 수술을 받는 동안 일어났다. 의사는 내 어릴 적 상처를 열었고, 나는 의식적으로 그 상처를 온전히 인식했다. 마취가 아직 깨지 않은 상태였고 어떤 아픔도 느껴지지 않았다. 눈을 감았는데도 방 안이 보였다. 내 몸은 아직 침대에 누워 있는데 나는 '일어나 앉은 상태로' 내 몸을 수술하는 광경을 지켜봤다. 당황한 나는 다시 누웠다.

그 순간 외과 수술용 조명들 사이로 유난히 눈부시게 밝은 빛이 내 머리 위에서 빛나고 있었다. 처음엔 골프공 크기 정도로 작은 빛이었는데 눈이 부시게 밝은 빛이어서 상대적으로 거대한 수술용 조명들이 약하게 보였다.

그 빛을 어떻게 표현할 수 있을까? 이 말이 평범하게 들리기도 한다. 마치 석양이나 크리스마스 조명을 설명하는 말처럼 들릴지도 모른다. 하지만 이 빛은 그런 빛과는 달랐다. 지금까지 내가 본 모든 빛 중에 단연코 가장 아름다운 빛이었다. 섬세하면서도 심오한 우주 같았으며 내가 알지 못하는 색으로 가득했다.

그 빛을 응시하자 골프공 크기였던 빛이 점점 커지더니 빛이 닿는 모든 물체에서 반사되며 방 안 가득 퍼졌다. 그러다 그 빛이 내게 닿았다. 빛이 닿는 느낌은 눈으로 보는 것보다 훨씬 아름다웠다. 그 빛은 형언할 수 없이 아늑한 온기로 나를 감쌌다. 그 온기는 한 번도 경험하지 못한, 상상조차 해보지 못한 사랑이었다. 주체할 수 없이 눈물이 흘렀다. 수술 침대 위에 누운 내 얼굴을 타고 눈물이 흘러내렸다.

그 빛이 나와 하나로 합쳐지는가 싶더니 내 모든 불안과 슬픔이 스르륵 사라졌다. 이제 그 빛과 나는 하나였다. 형언할 수 없는 기쁨이자 순수 그 자체였다. 문득 그 빛과 소통할 수 있다는 생각이 들었다. 말은 필요하지 않았다. 그 빛은 내게 직접 말을 건넸다. '너는 이제 막 힘겨운 시간을 통과하려는구나. 하지만 내가 항상 너와 함께 있단다. 나는 늘 네 곁에 있어.' 그러고는 이렇게 덧붙였다. '이 기분을 느끼기 위해 죽을 필요는 없단다. 인간으로 존재하면서 중요한 건 살아 있는 동안 이런 감정을 느끼는 법을 배우는 거야.'

수술에서 깬 나는 행복에 겨워 펑펑 울었다. 그리고 마취과 선생님을 만나고 싶다고 했다. 나는 혹시 내가 마취약에 취해 환각 상태였는지 알고 싶었다(만약 그렇다면 수술을 더 해달라고 부탁할 참이었다). 부탁을 듣고 찾아온 마취과 의사에게 나는 질문을 퍼부었다. 내게 환각제를 투여했는가? 이 마취제를 맞은 다른 사람들의 반응은 대체로 어땠는가? 그러자 그는 마취제에는 환각을 일으키는 성분이 전혀 없으며 대부분 환자는 완전히 마취되었다가 깨어나서는 아무것도 기억하지 못한다고 했다. 그리고 이렇게 말했다.

"마취되었을 때 당신에게 어떤 일이 일어났었는지 다시 말해주시겠어요?"

그리고 마취 의사는 또 다른 이야기를 들려주었다. 외과 수술 의사들 말에 따르면 수술이 진행되는 동안 내가 울었다고 했다. 수술실에 있는 사람들 모두 내가 고통스러워한다고 생각해 크게 걱정했다. 그래서 마취 의사가 마취제를 더 투여하려고 하는데 이런 목소리가 들렸다고 했다. "하지 마. 저 여자는 괜찮아. 지금 저 여자는 행복해서 우는 거야." 의사는 그 목소리가 지시하는 대로 따르고는 그냥 수술실을 나왔다. 나중에 생각하니 미친 짓이었다는 생각이 들었고, 그래서 자신이 잘못된 결정을 내린 게 아닌지 잔뜩 걱정하고 있었다고 했다.

나는 이 멋진 의사에게 내가 겪었던 일을 짧게 설명해주었다. 아늑하고 따스한 빛이 수술 내내 나를 감싸고 있었다고 말이다. 그러자 마취과 의사가 말했다.

"30년 넘게 수술을 해왔습니다. 이런 일이 몇 번이나 있었을 것 같으세요? 한 번도 없었어요. 지금이 처음이에요."

그는 내 이마에 키스해주고는 복도를 유유히 걸어갔다. 이 경험은 내게 형언할 수 없이 큰 기쁨을 주었고 다시는 나쁜 감정이 나를 휘두르지 못하리라는 생각이 들었다. 음, 그런데 내가 틀렸다. 온전함을 위한 정화 작업은 여전히 무수히 남아 있었다.

이후 몇 년 동안 나는 크고 작은 수천 가지 거짓말들과 맞닥뜨리며 나의 길을 만들어갔다. 그 거짓말들은 내 안의 지옥 여러 부분에 연결되어 있었다. 그 빛은 내가 지구에 체류하는 동안 저지른 무수한 실수와 과오에서 벗어났을 때 비로소 느낄 수 있는, 축복의 예고편 같은 것이었다.

짧은 순간이었지만 빛과의 소통은 분수령이 되었다. 빛은 내게 단 하나의 단순한 진실을, 내가 반드시 알아야만 하는 진실을 보여주었다. 당신도 그 진실을 알아야 한다. 우리 모두 알아야 한다. 그 진실은 이것이다. '당신은 무한히 가치 있다. 당신은 무한히 고귀하다. 당신은 늘 잘해왔다. 앞으로도 잘할 것이다. 당신이 속하지 못할 곳은 없다. 당신은 사랑스럽다. 당신은 사랑받는다. 당신은 사랑이다.'

내가 이 진실을 확인해줄 수는 없지만 당신 스스로 깨달을 것이다. 이 진실이 당신의 얼어붙은 영혼 한복판 너머에서 당신을 기다리고 있다.

지옥을 벗어나다

단테가 지옥을 헤집고 나아간 과정에 비하면《신곡》지옥편의 마지막 몇 줄은 놀라울 정도로 짧고 간결하다. 베르길리우스는 단테에게 지구 표면으로 곧장 올라가는 길을 알려준다. 쉬기 위해 멈출 필요도 없이 그저 원형 구멍을 올라가는데, 탁 트인 그 구멍으로 "하늘에 있는 아름다운 것들"이 보인다.

그동안 해왔던 모든 거짓말을 인정할 때 우리의 마음에서도 이와 비슷한 일이 벌어진다. 자신에게 완전히 솔직해질 때 찾아오는 안도감은 절대 타협할 수 없을 성싶었던 고통에서 벗어나 고요하고 평온한 상태로 우리를 인도한다. 심지어 현실 세계에서 외적인 변화가 나타나기도 전에 말이다. 여기서부터는 모든 것이 더 좋아진다. 단테의 말처럼 "앞으로 나왔더니 다시 별들이 보였다."

제3막

연옥편

The Way of Integrity

정화의 시작

단테와 베르길리우스가 지옥에서 벗어나 도착한 곳은 부드럽고 따스한 새벽의 첫 햇살이 번지고 있었다. 그들은 거대한 산 아래에 있었다. 그 산은 아이스크림콘을 거꾸로 뒤집은 모양으로, 여러 단으로 되어 있었다. 지옥과 정반대의 모양이다. 이는 우연이 아니다. 루시퍼가 하늘에서 땅으로 떨어질 때 어마어마한 충격이 가해지면서 땅이 분화구처럼 폭발해 원뿔을 뒤집은 듯한 모양의 지옥이 되었고 이때 공룡들도 죽었다. 그렇다. 솔직히 말하면 공룡 이야기는 내가 지어냈다. 하지만 이 산이 '연옥'이라는 설정을 포함해 다른 부분은 모두 《신곡》에 나오는 내용이다. 연옥은 회개한 영혼들이 과오를 정화하고 궁극적으로 완벽해지는 곳이다.

연옥에도 지옥과 마찬가지로 죽은 자들이 많다. 하지만 이곳에서는 그 누구도 절규하지 않는다. 지옥과 정반대다. 단테는 산을 오르면서 영혼들이 기쁨에 차 부르는 노랫소리를 듣는다. 이곳에 있는 망자들은 모두 행복하다. 자신이 낙원에 이르리라는 사실을 알기 때문이다. 연옥에 있는 자들은 산을 오르며 다양한 일들을 수행함으로써 자신의 죄를 정화해야 한다. 말하자면 낙원행 훈련 캠프인 셈이다. 산을 오르는 과정이 고되지만 단테는 시에나의 성녀 카타리나Saint Catherine of Siena의 말대로 천국으로 가는 모든 길은 천국이라고 생각한다.

일단 온전함으로 가는 여정에서 지옥을 무사히 통과한 사람이라면 기뻐하고 만족해도 좋다. 지금까지 이 책에서 배운 기술들은 사회와 문화 속에서 당신이 진정한 본성을 버려야 했던 지점들을 낱낱이 보여주었다. 우리는 사회화 또는 트라우마가 빚어낸 잘못된 생각들을 해소했다. 이제는 이 새로운 방식을 읽고 생각하는 것만으로도 행복으로 향하는 길을 걸어갈 수 있다. 정말 잘해냈다! 온전함에 관해 이야기할 수 있게 된 것을 축하한다!

이제 한 걸음씩 실전으로 가보자.

모든 산 오르기

여러 단이 있는 연옥의 산 초입에서 단테는 그 산을 오르는 것이 불가능하다고 생각했다. 높고 가파르고 바위투성이인 데다가 길이 없었기 때문이다. 단테는 베르길리우스와 함께 걸으며 망자들에게 길을 물었지만 어떤 망자도 그들을 돕지 못했다. 베르길리우스는 이 산이 처음에는 오르기 가장 어렵지만 오를수록 쉬워진다며 단테를 위로했다.

《신곡》의 비유는 매우 정확하다. 우리의 연옥은 이중성을 버리고 외적인 행동을 내면의 새로운 진실과 조화시켜야 오를 수 있다. 여기서 가장 힘든 부분은 맨 처음이다. 지옥은 첫 영역이 비교적 덜 고통스럽고 죄인들 역시 슬픔에 잠겨 있긴 하지만 가혹한 형벌을 받진 않았다. 하지만 지옥 깊숙이 들어갈수록 점점 더 험악하고 무서워졌다. 연옥을 오르는 길은 이와 정반대다. 온전함으로 가는 법을 실천할수록 처음에는 고되지만 뒤로 갈수록 힘이 덜 든다.

지옥의 끝에는 자신과 타인을 배신한 자들과 사기꾼들이 있었다. 그래서 지옥과 거울처럼 마주한 연옥도 처음에는 같은 과오를 저지른 자들이 있다. 다음 단계를 위한 지침은 궁극적인 자기계발 전략이자 모든 고통을 끝내고 행복으로 가는 길에 들어서는 단 하나의 방법을 실천하는 것이다. 그 방법은 이것이다.

'거짓말을 멈춰라.'

꽤 단순한 방법 아닌가? 논리적 관점에서 보면 그렇다. 이미 우리는 거짓말은 해롭고 유독하지만 진실은 편안하고 건강하다는 사실을 배웠다. 하지만 거짓말을 중단하면 필연적으로 당신에게 중요하고 의미 있는 문화 규범들을 위반하게 된다.

여기서 말하는 '문화'는 내부자와 외부자를 구분하기 위해 행동

지침을 규정한 사회적 규범임을 명심하자. 두 사람만 모여도 자기들만의 작은 문화를 만든다. 가족도, 친구도 마찬가지다. 그리고 이보다 큰 종교 단체, 인종, 국가 같은 문화 집단이 있다. 이런 사회적 집단 중 적어도 한 곳 이상은 당신에게 진실에 반하는 행동을 하도록 설득할 것이다.

문화가 살아남으려면 구성원의 협력이 필요하다. 그래서 애초에 문화는 구성원의 행동을 통제하도록 만들어졌다. 모든 문화가 이런 통제를 한다. 정신과 의사 마리오 마르티네즈Mario Martinez는 이를 문화가 주는 세 가지 상처로 구분한다. 바로 버림, 배신, 수치심이다. 지옥의 중심에서 이를 느낀 사람도 있을 것이다. 버려지고, 배신당하고, 수치스러운 일을 겪은 우리는 《신곡》에서의 지옥 한복판에 있는 것처럼 무력해지고 얼어붙는다. 그래서 이런 방식의 위협이 효과적인 사회적 통제 장치가 될 수 있다. 완전히 자유로워지려면 그래도 앞으로 나아가야 한다. 하지만 사회문화적 압박에 맞닥뜨리면 온전함을 추구하는 것이 거의 불가능하게 느껴진다.

시작이 가장 가파르다

○

지나에게는 큰 근심거리가 있었다. 40세 아들 코디가 마약 중독 자인 데다가 10대 이후로 집 밖을 한 번도 나가지 않은 것이다(지나의 남편도 몇 년 전 지긋지긋하게 집에만 있었다). 지나는 아들 때문에 감정적, 육체적으로 너무도 지쳤다. 돈을 들여 코디를 재활 시설에 세 차례나 보냈지만 별 효과가 없었다. 수심 가득한 얼굴로 나를 찾아온 지나는 이렇게 말했다.

"아들을 집에서 내보내야 해요. 그런데 정말 그렇게 하면 코디는 다시는 저와 말도 하지 않을 거예요. 약을 더 할지도 모르고요. 어쩌면 약물 과용으로 죽을지도 몰라요."

지나는 잠시 말을 멈추고 뭔가 생각하더니 이렇게 덧붙였다.

"다른 한편으로 생각하면, 아들이 계속 집에 있으면 어쩌면 제가 죽을지도 몰라요."

제니스는 유명한 로펌의 변호사인데 그곳에서 유일한 흑인 파트너였다. 그녀는 타고난 영리함과 성실함으로 대학 시절 전 과목 A 학점을 받았고 법률 자료 검토 활동을 했으며, 현재 다니는 로펌에서 그 누구보다도 빠르게 파트너십 자격을 얻었다. 하지만 내가 제니스를 처음 봤을 때 그녀는 몹시 지쳐 있었다.

"백인 파트너들이 받는 평가의 절반이라도 받으려면 무슨 일이든 완벽하게 해내야 해요. 백인 변호사들은 제 인종이 '이점'이라고 말하곤 하죠. 저는 회사에 있는 다른 사람들보다 더 친절하고, 더 재미있고, 더 침착해야 해요. 회사 전체가 전형적인 옛날 분위기거든요. 조금 피곤해하거나 말실수를 해서 어쩌다 한번 삐끗하는 날이면 저는 천하의 게으른 사람, 나쁜 년, 백인의 일자리를 빼앗은 흑인 여자가 돼버려요. 하지만 모든 일을 완벽하게 해내려고 애쓰는 데 지쳤어요. 괜찮은 척하는 데도 지쳤고요."

지나나 제니스 같은 고객들을 많이 봤다. 온전함에 일치하는 방식으로 말하고 행동하면 어떤 일이 닥칠지 몰라 두려워하는 사람들 말이다. 그런 말과 행동은 늘 두렵다. 이전 장에서 우리는 거짓말을 했거나 진정성 없는 행동을 했던 때, 장소, 인간관계에 대해 생각해봤다. 만약 자신의 생각을 있는 그대로 솔직히 말한다면, 하고 싶은 대로 행동한다면 어떤 일이 벌어질까? 한번 생각해보자. 일이 아예 잘못된다면 내가 틀렸을 수도 있다. 한편으로 다시 보면 내가 옳을 수도 있다.

어쩌면 당신은 우울한 인간관계나 끔찍하게 싫은 직장에 갇혀 있음에도, 당신의 행동이 평지풍파를 일으키고 그로써 작은 안전장치마저 잃어버릴까 봐 두려운 것일 수도 있다. 어쩌면 당신이 팔려고 하는 물건이 형편없다는 사실을 공개하면 회사가 망할 수도 있다는 사실을 알기에 두려운 것인지도 모른다. 혹은 종교계에서 존경받는 권위자인 아버지에게 성적 학대를 당한 기억이 불쑥 침범하는 게 두려운 것인지도 모른다.

산을 오르기 시작하면서

○

인생의 여정에서 연옥의 밑바닥에 이른 다른 사람들과 마찬가지로, 거짓말을 하지 않기로 한 나의 맹세도 나를 곧장 그 밑바닥으로 끌고 내려갔다. 어디로 어떻게 가야 할지 가늠되지 않는 그곳으로. 나는 에베레스트산 맨 아래에서 거대하고 가파른 절벽을 마주한 기분이었다. 그 산을 향해 한 발짝도 나아갈 수 없을 것 같았다.

내가 할 수 있는 한 가지, 궁극적으로 나를 도울 수 있는 유일한 그 일은 '거짓말하지 않기'였다. 물론 나의 불편한 진실을 사람들에게 공개적으로 마구 내뱉은 것은 아니다. 하지만 "요즘 어떻게 지내세요?"라는 질문을 받으면 대화 주제를 바꾸거나 "아주 엉망진창이에요. 어떻게 지내세요?"라고 대답했다.

내가 주어진 상황에 대처했던 이야기는 아주 길다. 그 이야기는 다른 책《성도를 떠나며 Leaving the Saints》에서 이미 언급했다. 여기서 말하고 싶은 건 당신의 진실을 알고 싶어 하지 않는 문화에서 외상 후 스트레스 증후군을 해결하려고 고군분투하는 과정은 전혀 즐겁지 않다는 사실이다.

아이들을 키우고, 학생들을 가르치고, 박사 논문을 쓰는 내내 그 기억들이 집요하게 내 머릿속을 침투했다. 그 사실을 폭로한 후 어머니와 형제자매들은 내 기억이 잘못되었거나 내가 거짓말을 하는 것이라며 등을 돌렸다. 모르몬교 교인인 친구 두 명에게도 이 이야기를 털어놓았다. 그들은 내게 깊은 연민을 표했지만 교회를 지키려면 그 이야기를 철저히 비밀에 부쳐야 한다고 했다. 얼마 지나지 않아 그 친구 중 한 명이 자살했다.

나는 아이들을 뒷좌석에 태우고 숲길을 운전하면서 음악을 틀어놓고 울었다. 그러면서도 아이들이 자동차 운전석에 앉은 어머니가 무너지는 모습을 보며 겁먹을까 봐 두려웠다(천만다행으로 아이들은 1990년대 슬픈 발라드 노래를 훤히 잘 아는 훌륭한 어른으로 자라주었다).

그사이 브리검영대학교에서는 이른바 '이단' 학자들에 대한 논쟁이 끊이지 않았다. 기자들은 내게 집요하게 전화했다. 당시 나는 여성인력센터Women's Resource Center에서도 일하고 있었다. 여학생들의 기말 과제나 룸메이트 분쟁 같은 일들을 상담하고 도와주는 곳이었는데, 매일 젊은 여성들이 찾아와 눈물을 흘리며 자신도 어린 시절 성적 학대를 당했다고 말했다. 어떻게 보면 요즘의 #미투 운동과 비슷하지만 미투처럼 다양한 방식은 아니었다.

그제야 이 오래된 종교가 해악한 무리의 소굴로 보이기 시작했다. 그전에 나는 낯선 이들이 내게 와서 이렇게 말하는 걸 들으며 살아왔다. "당신 아버지 덕분에 지금 제가 모르몬교로 살고 있습니다." 폭로 이후에도 내게 이런 인사를 하는 사람들이 있었지만 이젠 아버지를 향한 칭찬에 우아하게 응답하는 것이 부패한 행위처럼 느껴졌다.

대학교로 계속 출근하자니 점점 더 거짓말을 하는 것 같았다. 그렇다고 진실을 말하자니 사회적, 경제적으로 자살하는 기분이었다. 존과 나는 브리검영대학교에 경제적 생활을 의존하고 있었다. 거대한 대가족인 우리 가족은 모두 신실한 후기성도교회의 신도였다. 교회에 반대한다는 건, 교회를 떠나야 하는 것은 물론 모든 게 산산이 부서진다는 의미였다.

그래서 지금 연옥의 밑바닥에 힘겹게 서 있는 당신이 정말 진실하게 살고 싶지만 앞으로 일어날 일이 너무도 두렵다 해도 진심으로, 정말 진심으로 이해한다. 거듭 말하지만 그런 순간에 처한다 해도 온전함은 행복으로 가는 길이다.

욕망의 날개
○

단테는 연옥의 첫 단을 오르기 시작한다. 때론 헐떡거리고 때론 기진맥진하면서, 때론 손과 무릎을 바닥에 대고 기어가면서 조금씩 오른다. 그렇게 오르고 올라도 아직 올라야 할 길이 너무도 가파르게 보여서 단테는 이렇게 말한다. "날아야 한다. 빠른 날개로, 거대한 욕망의 날개짓으로."

단테가 연옥의 가장 낮은 곳에서 오르는 이유는 오직 '지독히도 오르고 싶기 때문'이다. 이 강렬한 욕망이 단테에게 오를 수 없다고 믿었던 곳에서 계속 나아갈 수 있는 추진력을 주었다.

당신도 자신만의 연옥이 너무 힘겹다면 '거대한 욕망의 날개짓'이 필요할 것이다. 나는 지나나 제니스 같은 이들이 온전함 속에서 말하고 행동할 용기를 낼 수 있을지 의심스러웠다. 하지만 생각보다 날개를 키우는 이들이 아주 많았다. 온전해지고 싶다는 갈망이 내면의 모든 장애물과 두려움을 압도하도록 거대하고 강렬한 날개를 키우는 이들이 생각보다 많았다.

온전한 삶을 향해 곧바로 나아가기

제2곡에서 자신도 모르게 세뇌되어 원하게 된 무언가가 있는지 곰곰이 생각해보라고 했던 것을 기억하는가? 그러고 나서 우리는 진정으로 간절히 원하는 것을 적어봤다. 이 훈련을 한 사람들 거의 모두가 비슷한 것을 원했다. 자유, 기쁨, 평화와 같이 대체로 단순하고 순수한 갈망이었다.

온전함으로 가는 길을 걸으며 나는 당신이 부나 권력처럼 사회가 규정한 성공의 함정이 충만한 보상을 주지 않는다는 사실을 알기를 바랐다. 당신이 바라는 것을 얻을 방법은 논의조차 하지 않았다. 하지만 이제 당신은 여기까지 왔고, 당신의 마음과 영혼이 가장 귀하게 여기는 것과의 거리도 얼마 남지 않았다. 이제는 그 간절한 바람을 향해 앞으로 나아가야 할 때다. 다음은 더 성장할 수 있도록 그리고 '거대한 욕망의 날개짓'을 튼튼히 할 수 있도록 돕는 훈련이다.

1단계

살면서 마음 푹 놓고 진정한 자신의 모습으로 있을 수 없다고 느끼는 상황을 생각해보자. 그런 상황을 설명하는 단어들을 몇 개 적어보자. 가령 '직장 생활'이나 '가족과의 저녁 식사', '백인들과 있을 때'처럼 적을 수 있다. 어떤 상황이든 상관없으나 지금 당장 떠오르는 가장 불편한 상황을 하나만 골라 적어보자.

진정한 내 모습으로 온전히 있지 못한다고 느끼는 상황

지금 자신이 위에 적은 상황에 놓여 있다고 생생하게 상상해보자. 신체적 변화와 감정적 변화에 예민하게 주의를 기울이며 자신의 몸에서 일어나는 모든 변화를 세심하게 느껴보자. 그리고 아래에 그 변화의 내용을 적어보자.

신체적 변화

감정적 변화

2단계

여전히 같은 상황인데 다음 몇 가지 극적인 변화가 일어났다고 생각해보자.

1. 마법의 물약을 마셨더니 갑자기 다른 사람의 말이나 행동에 전혀 신경이 쓰이지 않는다. 누군가 마구 화를 내도 지나가는 길고양이 만큼도 신경 쓰이지 않는다.

2. 모든 사람이 당신이 하는 행동이나 말을 마음 깊은 곳에서 우러나온 것으로 받아들이고 온전히 이해하는 마법의 물약을 마셨다고 생각해보자. 그 사람들은 이제 당신이 느끼는 대로 느끼고, 당신이 아는 것을 알며, 무슨 말이든 그 의도를 정확히 파악하고, 당신이 원하는 것이 무엇인지도 완벽하게 알았다.

모두가 당신의 말을 진심으로 공감하며 듣는 상황에서 진실을 말한다고 상상해보고 그때 감정을 깊이 느껴보자. 모두가 당신의 말이 진실임을 인정하고 지지한다고 상상해보라. 진짜 자신의 모습을 방어하거나 숨길 필요 없는, 온전하게 이해받는 분위기에서 숨을 들이마셔 보자. 다시 한번 신체적 변화와 감정적 변화를 세심하게 느껴보고 아래에 그 내용을 적어보자.

신체적 변화

감정적 변화

3단계

이 훈련에서 가장 중요한 것은 진실한 자신의 모습이 불편했던 상황과 완전히 자유롭고 편했던 상황 사이를 수차례 왔다 갔다 하는 것이다.

이 두 상황을 상상했을 때 생기는 에너지의 변화를 감지해보자. 1단계에서 느낀 에너지는 특정 문화에서 느끼는 것이다. 그 에너지는 자신을 고갈시킨다. 2단계에서 느낀 에너지는 자연스러운 진실의 에너지다. 이 에너지는 양분이 된다. 이 두 에너지가 어떻게 다른지 느껴보길 바란다.

4단계

두 상황을 상상 속에서 왔다 갔다 하면서 불편한 사회문화적 상황을 벗어나 진실로 향할 때 감정이 어떻게 달라지는지 살펴보자. 사회에 순응하기 위해 진실을 숨기거나 타협할 때 감정이 얼마나 나빠지는지도 살펴보자. **이 감정들 사이를 오락가락할 때마다 각각의 감정이 얼마나 강해지는지도 느껴보자.**

이 훈련은 후진하지 못하도록 도로 위에 설치한 장치와 약간 비슷하다(운전 연습을 할 때 후진하지 못하도록 차 뒤편에 타이어가 찢어지는 장치를 해두는 경우도 있다.—옮긴이). 우리는 진실을 향한 갈망으로 전진할 때 추진력을 느낀다. 자유롭지 않은 상황으로 후진하려 할 때는 모든 것에 저항을 느낀다.

또 다른 비유를 들어보자. 온전함으로 나아가는 것은 고양이를 머리에서 꼬리 방향으로 털의 결대로 쓰다듬는 것과 비슷하다. 사회의 기준을 충족하기 위해 진실에서 멀어지는 것은 반대 결로 쓰다듬는 것과 비슷하다. 자유를 상상할수록, 그러면서 느껴지는 감정을 마음껏 느낄수록 진실 안에 머무르려는 욕망도 더욱 강렬해진다.

그 갈망이 너무도 강해져서 고통스러울 때도 있지만 내면의 스승은 그 고통조차 유익하다고 말해줄 것이다. 아무리 힘든 상황이어도 진실을 말할 때 생기는 두려움을 극복하게 도와주는 것이 바로 그 갈망이다. '진정한 삶을 향해 나아가겠다는 진정한 욕망을 느끼지 않는다면' 그 어떤 행동 변화도 시도해서는 안 된다.

오로지 매순간마다 진실하고 싶다는 갈망, 완벽하게 안전함을 느끼고 싶다는 갈망, 무의식적으로 수용한 것이 무엇인지 알고 싶다는 갈망에만 철저히 집중해야 한다. 이렇게 온전한 진실을 갈망하는 것이 당신의 진정한 자아다. 그 열망에 집중할수록 당신의 날개는 더욱 강해진다.

내 경우 앞으로 나아갈 힘을 얻기까지 수개월이 걸렸다. 나는 강박적으로 옳은 것과 살면서 추구해야 할 진리에 대해 생각했지만 내가 속한 문화에서는 모든 개념이 흐릿하고 모호했다. 아버지는 모르몬교가 '단 하나의 진실한 교회'임을 증명하기 위해 그 종교에서 주장하는 이른바 '신을 위한 거짓말'을 사람들에게 설파하고 실천하며 세월을 보냈다. 그야말로 이중적인 모습이었다. 그 종교에서 말하는 진실이 무엇이든 간에 나는 그 안에서 온전히 진실한 나로 존재하는 것이 불가능하다고 느낄 때가 많았다.

내게 의심할 나위 없이 확고한 진실은 그날 수술방에서 봤던 그 빛뿐이었다. 내 몸과 마음과 가슴과 영혼이 지금까지 겪었던 모든 일 중에 가장 현실적인 경험을 했다. 그 빛을 생각할 때마다 비밀을 은폐하는 삶을 그만두고 그저 단순히 진실함을 추구하며 살고 싶다는 열망이 강해졌다. 세상에 중요한 것은 오직 그뿐이었다. 여전히 두려웠지만 나는 진실함을 향해 나아가기로 마음먹었다. 그 길에서 만나는 지뢰들은 엿이나 먹으라고 하지, 뭐.

진실이 어떻게 우리를 구원하는가

○

진실함과 사랑에 빠진 사람들은 대체로 비슷한 경험을 많이 한다. 거짓말을 멈춘 이들은 종종 혼란스러운 삶의 변화를 경험한다. 하지만 이들은 진실을 소리 내어 말해서 생기는 이점도 느낀다. 신체적, 정신적으로 더 강해지고 건강해지며 평화로워진다. 주변 사람들이 헛소리를 지껄여대도 그들은 자신이 생각보다 더 수월하게 대처하고 있다고 느낀다. 아니, 수월하게 대처하는 것 이상으로 더 잘살고 있다고 느낀다.

지나의 사례를 다시 살펴보자. 지나는 마침내 아들 코디에게 계속 마약을 할 거면 집에서 나가라고 선언했다. 한동안은 상황이 좋지 않게 돌아가는 듯 보였다. 아들이 거리에서 생활한다는 소식이며 약에 잔뜩 취해 산다는 소리, 사람들에게 어머니가 자신을 내쫓았다고 말하고 다닌다는 소리가 들려왔다. 지나는 내게 이렇게 말했다.

"정말 끔찍했어요. 하지만 여전히 저는 이전의 삶으로 돌아가는 것만큼 최악의 상황은 없다고 생각했어요."

결국 코디는 감옥에 갔다. 그곳에서 코디는 12단계 프로그램(마약이나 알코올 중독자들을 위한 재활 프로그램—옮긴이)과 강아지를 시각장애인 안내견으로 키우는 프로그램에 참여했다. 이 두 프로그램은 코디에게 놀라운 영향을 미쳤다. 하루는 지나가 아들이 감옥에서 보낸 편지를 들고 와서 펑펑 울며 말했다.

"아들이, 제가 항상 도와주려고 했던 거 알고 있다고 썼어요. 그동안 자신을 돌봐줘서 고맙다고, 내쫓아줘서 진심으로 고맙다고 썼어요."

이후 지나의 삶은 더없이 좋아졌다. 그녀는 20년은 더 젊어진 기분이라고 했다. 실제로도 그녀는 그렇게 보였다.

한편 제니스는 직장에서 인종차별을 당하는 것이 직장을 잃는 것보다 더 나쁜 상황이라고 판단했다. 그래서 다른 변호사들이 가벼운 농담조로라도 인종차별적 전제를 하거나 발언을 할 때마다 적극적으로 대응하기 시작했다. 대부분 변호사는 그런 제니스의 반응에 냉담했다. 한동안 그녀는 직장을 그만두어야 모든 상황이 평화로워질 것이라고 생각하기도 했다.

하지만 소수의 백인 동료들은 제니스의 말에 귀를 기울이고 있었다. 그들은 제니스가 기업 내 인종차별적 언행을 지적할 때마다 진지하게 받아들였다. 작고 더딘 변화였지만 서서히 변화가 나타났다. 그리고 'BlackLivesMatter'(흑인의 생명도 소중하다) 운동이 일어나 사회적으로 확산되기 시작하자 회사도 더 나은 방향으로 변화하기 시작했다.

그러나 여전히 갈 길은 멀었다. 제니스의 업무가 백인들에게 인간에 대한 존중심을 가르치는 것은 아니었다. 그녀가 정직하게 인종차별에 맞설 때마다 여전히 수많은 차별을 경험해야 했다. 그럼에도 불구하고 그녀의 용기와 힘, 끈기는 주류 사회가 정의를 향해 나아가도록 이끌었다.

내 고객들 대다수가 이렇게 크나큰 괴로움에 직면한 것은 아니다. 앨리스터는 돈을 빌리고는 절대 갚지 않는 여동생에게 돈을 빌려주지 않기로 했다. 레아는 여자가 요리하고 청소하는 것이 당연하다고 여기는 남자 친구와 헤어졌다. 라스는 부모님의 강요로 들어가서 끔찍이도 싫어했던 치과대학을 중퇴하고 좋아하는 영화 제작 공부를 시작했다.

나의 경우와 마찬가지로 이 모든 사례는 거짓말을 중단함으로써 삶이 올바른 방향으로 변하게 되었다는 공통점이 있다. 옛말이 틀리지 않았다. "진리가 너희를 자유케 하리라." 지금 우리 모두에게도 해당되는 말이다. 당신도 직접 시험해보라. 다음은 '거짓말하지 않기'를 실천하는 훈련이다.

'거짓말하지 않기' 챌린지

1단계

거짓말하지 않기 챌린지 기간을 정해보자. 최소한 일주일 이상 할 것을 권한다. 제한은 없다.

나는 아래 적은 기간에는 거짓말을 하지 않기로 약속한다.

2단계

위에 적은 기간에는 거짓말을 하지 않는다.

3단계

거짓말을 하지 않을 때 무슨 일이 일어나는지 꾸준히 기록해보자. 건강이 좋아질 수도 있고, 인간관계가 개선될 수도 있다. 대부분 사람이 이런 경험을 한다. 반면 상황이 안 좋아질 경우 공책에라도 계속 진실을 쓰는 것이 안전한 방법일 수도 있다.

4단계

혹시 거짓말을 했다면 도전을 멈춰야 한다고 생각할지 모른다. 하

지만 계속해서 도전을 이어가라. 자신을 용서하라. 약속한 기간이
끝날 때까지 또다시 거짓말을 하지 않도록 하자.

진실을 따르라, 후회 없이

○

거짓말하지 않기를 실천하다 보면 자신도 모르게 여기저기 전
화를 걸어 자신이 거짓말을 하는지 안 하는지 확인할 때가 많다.
침묵하거나 해야 할 말을 하지 않는 것이 옳지 않다고 느낄 때도
있다. 완전히 솔직해지기 위해 반드시 말해야 하는 진실은 무엇이
며 언제 그 말을 해야 하는지 잘 모를 수도 있다.

여기에 답할 수 있는 사람은 아무도 없다. 오직 자기 자신과 내
면의 스승만이 그 답을 알고 있다. 몸과 마음과 가슴과 영혼과 조
화를 이루는 말과 행동을 하자. 그 단단한 일체감이 주는 진실을
깨달을 것이다.

나는 거짓말을 안 하는 한 해를 보내면서 모든 상황이 점점 더
이상하고 무섭게 변해갔다. 어떻게 하면 내 삶을, 사랑하는 이들
의 삶을 파괴하지 않고 솔직해질 수 있을까 궁금했다. 나는 이단으
로 단죄된 학자들을 지지하는 발언을 계속했고 성 학대에서 생존
한 이들을 위한 단체에 가입해 활동하기 시작했다(하지만 꽤 긴 시

간 나는 내 이야기를 감췄다). 한 친구와 힘을 합쳐 학생들에게 들은 모르몬교 교회의 빈번한 아동 성 학대 사례를 발표했다. 또 다른 친구와는 '성역 트라우마'에 관한 논문을 쓰기도 했다. 모르몬교 여학생들과 여성들이 교회 권위자들에게 당한 성적 학대를 신고했을 때 이중으로 겪은 고초에 관한 내용이었다. 이들이 교회 당국에 성적 학대를 신고하면 교회는 이들을 제적하고 오히려 가해자들을 보호했다.

예상대로 모르몬교 당국은 이런 행동을 두 팔 벌려 환영하지 않았다. 나는 그들이 눈에 쌍심지를 켜고 적극적으로 대응하지 않는 것만으로도 기뻤다. 동료들과 나는 온갖 부서의 책임자들에게 호출당했다. 그들은 우리가 모르몬교 사회에서 성 학대가 빈번하게 일어난다고 주장해서 종교 사회와 교리에 논란을 일으킨다며 경고했다. 그때부터 이런저런 협박과 경고를 받기 시작했다. 내 사무실 문에 '반反 기독교인'이라는 쪽지가 붙어 있는가 하면, 익명의 전화가 걸려와 받아보면 "신이 반드시 너를 벌할 것이다!"라고 말하는 이들도 있었다.

나는 이 사회에 계속 남아 있는 것이 거짓처럼 느껴졌다. 마침내 모르몬교에서 탈퇴하기 위해 교회 당국에 전화를 걸어 교인 목록에서 내 이름을 삭제해달라고 요청했다. 모르몬교에서 보면 교인이 저지를 수 있는 가장 나쁜 죄를 저지른 셈이다. 그들에게 용서받을 수 없는 최악의 죄는 그 종교를 떠나는 것이다. 교리에 따르면 모르몬교를 떠나는 것은 살인보다도 더 나쁜 죄였다. 피도 눈물도 없는 연쇄살인마가 회개하면 천국에 갈 수 있지만 배교자는 천국 바깥의 컴컴한 우주를 떠돌며 영원히 홀로 저주받는다.

이 믿음이 이제 겨우 말을 뗀 아이들에게 주입된다. 프로보 시에 있는 몇몇 친구들에게 내가 교회를 떠나겠다고 말하자 그들은 내가 불치병에라도 걸린 듯 눈물을 흘리며 제발 그러지 말라고 했다. 한 친구는 울며 애원했다.

"차라리 교회에서 널 추방하게 해. 그러면 네 잘못이 아닌 게 되니까."

나는 친구를 꼭 안아주며 말했다. 그건 명백하게 내 잘못이고 선택이지만 나는 내 행동의 결과에 아무 후회가 없다고.

내가 속했던 문화에서는 내가 바깥의 어둠을 향해 가고 있다고 했지만 내 안에서는 정반대의 현상이 벌어지고 있었다. 나는 내면의 빛을 향해 나아가고 있었다. 내 안에서 한 땀 한 땀 상처가 꿰매지는 걸 느낄 수 있었다. 생애 가장 기이하고도 가장 아름다운 감각을, 하늘로 들려 올라가는 듯한 감각을 느낄 수 있었다.

당연히 내 앞에 놓인 길은 아무리 봐도 오를 수 없을 정도로 가팔라 보였다. 도저히 오를 수 없을 것만 같았다. 하지만 그건 중요하지 않았다. 난생처음 내 안의 모든 것이 진정으로 조화를 이루며 연결되는 느낌이었다. 내 앞에 놓인 길이 아무리 험해도, 두 발로는 도저히 오를 수 없을 것 같아도, 아니 두 손과 양 무릎으로 기어가도 안 될 것 같은 길이었지만 나는 내 날개를 사용해야 했다.

후퇴는 없다

아무리 진심을 표현해도 이를 지지하지 않는 사람들 속에서 생의 대부분을 살았다면 거짓말 안 하기 도전 과제를 통해 한 번도 느껴보지 못한 평화와 위안을 느낄 수 있다.

하지만 겁에 질릴 수도 있다. 아마 무척 겁날 것이다.

갑자기 꺼낸 진실이 평지풍파를 일으키고, 사람들은 당신의 거짓말 안 하기 도전에 거세게 반발할 수도 있다. 유쾌한 일은 아니지만 사실 이는 무척 좋은 징조다. 거짓의 말과 행동을 모두 멈췄을 때 생기는 타인의 반발은 지금 당신이 제대로 잘하고 있다는 증거다.

주변 사람들이 당신의 새로운 행동에 불안해할 수도 있다. 그들은 모두 거짓이 속한 문화에 순종하기 위해 예의 바르게 혹은 의무적으로 거짓말을 하고 있다. 그래서 누군가 온전함을 추구하는 행동과 말을 할 때 자신을 억누르고 있는 바로 그것을 건드린다고 생각한다. 문화는 합의에 의존한다. 모두가 동의한다면 그 문화는 어떤 위협이나 압박도 받지 않는다. 하지만 임금님이 벌거벗었다고 소리치는 아이처럼 문화적 합의에 동의하지 않으면 사회적 질서가 통째로 흔들릴 수도 있다. 사회와 문화가 그대로 유지되길 바라는 사람들은 정직한 사람을 배신자, 낙오자라며 지옥으로 밀어 넣으려 할 것이다.

거짓말 안 하기 도전을 마치면 선택을 내려야 한다. 원래 살던 방식대로 살 것인지, 아니면 사람들이 인정하지 않아도 자신만의 진실한 삶을 살 것인지 결정해야 한다. 온전함을 추구하며 살기로 했다면 거짓말 안 하기 도전은 이후에도 이어질 것이다. 관광객처럼 온전함을 기웃거리며 구경만 하는 것이 아니라 그 길을 평생의 길로 만드는 것이다. 본성을 거스르는 신념을 와해시키고 가장 깊은 곳에서 우러나온 진실을 따라 행동하려면 먼저 독불장군이 되는 기술을 배워야 한다.

병든 사랑을 버려라

◦

지옥의 첫 여섯 고리에서 왜 자기들이 지옥에 있는지 이해하지 못했던 망자들을 기억하는가? 《신곡》에서 연옥의 산 아래쪽에 있는 망자들은 과오 바로잡기 수행을 한다. 망자들은 자신이 이해할 수도, 통제할 수도 없던 어떤 억압 때문에 저지른 잘못을 바로잡아 나간다. 단테는 이런 억압을 '나쁜' 혹은 '병든' 사랑이라고 표현한다. 선의였지만 뭔가 실수를 저질렀을 때, 가령 내면의 진실과 맞지 않는 사람이나 관념을 추종하고 따를 때 병든 사랑이 싹튼다.

병든 사랑을 모두 버리고 오직 온전함을 추구하면 삶이 순식간에 극적으로 바뀌기도 한다. 내면에서 벅차도록 좋은 감정이 생겨난다. 하지만 외부에서 거센 압력이 들어올 수도 있다. 자신이 속한 문화를 성가시게 하는 발언을 하는 것만으로도 이 온전함을 추구하는 행위가 어떤 여파를 미칠지 상상할 수 있다. 가령 동료의 무례한 농담에 웃어주지 않을 수도 있다. 자신의 성 정체성을 고백할 수도 있다. 소셜 미디어에 사랑하는 이들이 충격받을 만한 이야기를 올릴 수도 있다. 버스에서 백인 좌석에 앉지 못하는 규칙에 반발했던 로자 파크스Rosa Parks와 비슷한 행동을 할 수도 있다.

어떤 이들은 당신의 행동에 박수를 보낼 것이다. 또 어떤 이들, 주로 가장 가까웠던 이들은 그렇지 않을 것이다. 정치적 압박이나 과격한 단체의 압박을 받고 있다면 이보다 훨씬 격렬한 저항에 부딪힐 수도 있다. 이 장은 당신이 온전함으로 나아가는 길에서 마주칠 반발에 대처하는 방법을 알려줄 것이다. 반발에 맞서 계속 나아가려면 마치 무술가처럼 반대편에서 밀려오는 에너지를 자신의 것으로 만들어야 한다. 수많은 영웅담이 그렇듯, 이 길 역시 반대파의 반발에서 시작한다.

알고 있는 불행에 대한 향수

○

단테는 연옥의 가파른 산비탈을 힘겹게 오르며 사색에 잠겼다. 그는 고향을 그리워하는 여행자를 생각했다. 계속 앞으로 나아가면서, 이 초현실적인 여정을 시작하기 전 자신의 삶을 끌어당겼던 중력을 느꼈다. 그는 자신의 정체성에 일어날 근본적 변화에 점점 가까워졌고 변화가 임박했음을 감지하자 지금까지 알고 있던 삶에 강렬한 향수를 느꼈다.

온전함을 삶의 방식으로 계획한다는 것은 고향을 떠나 새로운 나라의 시민이 되기로 하는 것과 비슷하다. 가장 중요한 정체성에 변화가 생기는 것이다. 이 변화가 자신에게 행복, 건강, 목적의식을 가져다준다는 사실을 깊이 인지하고 있어도 막상 이를 계획하기란 벅찬 일이다.

심리신경면역학 연구에 따르면 아무리 좋은 변화라 해도 큰 변화를 지나치게 짧은 시간에 겪으면 몸과 마음에 충격이 올 수 있다. 이런 변화를 감내하려면 심리적, 신체적으로 적응할 시간을 주어야 한다. 신경과학자이자 문화인류학자인 마리오 마르티네즈가 말한 '알고 있는 불행에 대한 애도'로 이를 수행할 수 있다.

내 고객들 가운데 조금씩이라도 온전함을 향해 나아가는 이들 역시 자신이 잘 아는 불행을 애도하는 경우가 많았다. 매트는 아내가 임신하자 마침내 담배를 끊었다. 그는 자기 자신을 위해서는 한 번도 성공하지 못했던 금연을 어린 딸을 위해 해냈다는 사실에 뿌듯함을 느꼈다. 하지만 뿌듯함과 동시에 낯선 슬픔이 느껴졌다. 매트의 직장 동료들은 대부분 흡연자였다. 그들은 추운 겨울날 함께 담배를 피우며 유대감을 형성하고 있었다. 매트는 아쉬움 가득한 말투로 내게 말했다.

"담배는 항상 저를 위해 그 자리에 있는 친구처럼 느껴졌거든요."

조이와 그녀의 가장 친한 친구 로라는 같은 회사에 다녔는데 둘 다 스트레스가 매우 많았다. 두 사람은 거의 매일 커피숍에 가서 하루빨리 직장을 그만두고 원하는 삶을 살고 싶다는 이야기를 나누곤 했다. 그리고 마침내 조이는 직장을 그만두고 프리랜서 웹 디자이너로 성공했다. 조이는 내게 이렇게 말했다.

"모든 면에서 예전보다 훨씬 좋아졌어요. 하지만 종종 슬픔이 밀려와요. 로라와 커피를 마시며 수다 떨던 때가 그리워요. 직장 생활에 대해 불평도 하고 농담도 나누던 그 시간도 그립고, 그 시절 모든 것이 그립네요."

나 역시 모르몬교를 떠난 후 몇 달 동안 내가 알던 불행을 애도했다. 정신적으로는 치유되고 있었지만 유타주에서 모르몬교 배교자로 산다는 것은 마치 대역죄를 저지른 괴물이 된 듯한 기분이었다. 교회에서 떠나게 되어 감사하고 안심이 되었지만 아이러니하게도 오래전 익숙했던 생활 방식을 떠올리노라면 강렬한 슬픔이 밀려왔다.

당신도 자신의 진정한 본성을 존중하지만 오래전 문화가 몹시 그리워질 수 있다. 하지만 그렇다고 당황할 것 없다. 자신을 따뜻하게 대해주어라. 떠나보낸 것을 슬퍼할 시간과 공간을 충분히 주어라. 사랑하는 이들에게 털어놓아라. 그들이 이해해주지 못하면 전문 상담가를 찾아라.

하지만 오래전 삶이 그립다고 해서 그 삶으로 되돌아가야 한다는 의미는 아니다. 온전한 삶을 살기로 한 이들이라면 반드시 이 오래된 불행을 그리워하고 애도하는 시간을 거칠 수밖에 없다. 자신이 떠나온 익숙한 삶의 방식과 건강하지 못했던 인간관계가 그리워지는 순간이 찾아온다. 하지만 장담컨대 충분히 그리워하고 난 후에는 한 번도 상상하지 못했던, 전혀 다른 차원의 기쁨이 찾아온다. 그렇게 되면 또 다른 문 앞에 도달할 것이다.

진실한 삶으로

○

단테와 베르길리우스는 거대한 산에서 힘겹게 가파른 산비탈을 올랐지만 아직 연옥에 도달하지 못했다는 것을 깨닫는다. 사실 그곳은 진짜 연옥에 들어갈 자격을 최종적으로 입증해야 하는, 이른바 '연옥의 앞ante purgatory'이었다. 이 산비탈을 오르는 것은 일단 시작하는 데만도 엄청나게 오랜 시간이 걸린다는 점에서 미국 차량 관리국DMV과도 비슷하다.

기나긴 비탈을 올라 연옥의 앞을 모두 통과한 단테와 베르길리우스는 마침내 문 앞에 도착한다. 이 문 앞에는 어두운 과오의 숲

문과 달리 문지기 천사가 있다. 천사는 단테에게 무슨 일이 있어도 뒤돌아보지 않겠다고 약속해야만 그 문을 통과할 수 있다고 말한다. 지옥의 문 앞에는 '모든 희망을 버려라'라는 문구가 쓰여 있었는데 연옥의 문은 '뒤돌아보고 싶은 모든 욕구를 버려라'라고 주문하는 것이다. 이때 우리는 온전함과 모든 것을 일치시키기 위해 생각뿐 아니라 모든 말과 행동까지도 바꾸기 시작해야 한다.

앞서도 말했지만 거짓말하지 않기 도전을 하다 보면 선택을 내려야 할 시점이 온다. 일정 기간 진실하게 말하고 행동하다 보면 셋 중 하나를 선택해야 할 수도 있다. 계속 온전함을 추구하는 길을 갈 것인가, 자신이 도달한 일정 수준의 자기 공개 범위를 유지하면서 계속 연옥을 배회할 것인가, 버리기로 했던 비밀, 거짓말, 습관이 있는 예전 삶으로 돌아갈 것인가.

첫 번째 선택은 급진적으로 보이기도 한다. 실제로 그렇다. 하지만 어느 정도 수준에 도달한 채 연옥을 무한히 배회하다 보면 무감각해지고 슬금슬금 거짓말하는 습관으로 되돌아가게 된다. 마치 부식되는 부품으로 비행기를 수리하는 것과 같다. 그러니 이 시점에서 자기 자신에게 과연 지금이 자신이 원하는 속도로 온전함을 추구할 때인지 물어보자. 원하는 만큼 충분히 생각하라. 다만 지금은 선택을 내려야 할 시점임을 명심하자.

고객들 중에 이 문을 통과하지 못한 이들을 많이 봤다. 그들은 상담을 받으면서 진실한 생각과 감정을 느꼈으며 온전함이 약속했던 모든 보상을 받았다. 진실함은 기쁨과 위안과 치유를 가져다준다. 하지만 상담자와 내담자 관계에서 벗어나 다시 자신의 삶으로 돌아간 그들은 솔직하게 말하지도, 행동을 바꾸지도 못했다.

상담 시간에는 비밀이 엄격하게 보장되므로 고객들은 자신의 '진짜 삶'을 굳이 다른 이들에게 알리지 않고도 진실을 말할 수 있었다. 그들은 문화적 압박에 부딪히지 않는 상태에서 감정이 조금 더 좋아졌고 그것만으로도 충분히 고양되었다. 몇몇 사람들은 상담이나 세미나에 중독되어 일상을 뒤집지 않고도 자신의 이야기를 할 수 있는 환경을 끊임없이 찾아다녔다. 그들은 지옥은 벗어났지만 천국에는 이르지 못한 채 어쩌면 지금까지도 연옥의 앞을 서성이고 있을지 모른다.

그들을 비판하는 것이 아니다! 나도 '거짓말하지 않는 해'를 실천하는 동안 외부의 상담사나 비밀이 유지되는 일부 관계에서조차 그 사실을 발설하기가 몹시 꺼려졌다. 미국의 억압적 체제 속에서 사는 사람, 즉 게이나 트렌스젠더, 백인이 아닌 사람은 특정 권력을 모욕했다는 이유로 신체적 상해를 입거나 목숨을 잃기도 한다. 충분히 시간을 갖고 주어진 상황에서 진실을 얼마만큼 이야기할 것인지에 관해 내면의 스승에게 물어보고 그 답에 귀를 기울여야 한다.

완전히 솔직해지기 두려운 시점에 도달했지만 알고 있는 불행으로 돌아갈지 말지 아직 정하지 못했다면 신중해야 한다. 솔직해진 후 어떻게 해야 할지 믿고 논의할 수 있는 사람들을 찾아보라. 자신을 보호해줄 거짓말과 진실한 삶을 살았을 때 얻을 새로운 감정 사이를 계속 왔다 갔다 해보자. 차츰 완전한 삶에 대한 갈망이 더욱 강해질 것이다. 어느 시점이 되면 겁이 나긴 해도 다시는 돌아가고 싶지 않다고 판단될 때가 올 것이다. 앞으로 더 나아가고 싶다는 생각이 들 것이다. 같은 사람이 다른 일을 하는 것이 아니라, 다른 사람이 되어 다른 일을 한다는 느낌이 들 것이다.

우리를 되돌리려는 공격들

o

온전함을 추구하다 보면 진실의 울림이 느껴지고 내면의 스승이 비로소 '옳다'고 말하는 소리를 듣게 된다. 하지만 그 결정은 우리의 사회화에 큰 역할을 한 사람들에게 일종의 충격파를 보내기도 한다. 작가이자 창의적인 지도자이며 '변화의 여왕'으로 불리는 줄리아 캐머런Julia Cameron은 이렇게 말한다. "당신이 떠나려 하는 순간 그들이 알아챈다."

집단의 규범을 버리는 사람이 갑작스레 내놓는 위협적 발언은 강력한 사회적 저항감을 조장한다. 내 고객들이 직장을 그만두거나 인간관계를 끊을 때 주변 사람들이 감언이설로 유혹하고 온갖 타협안을 내놓으며 그들을 붙잡아두려는 사례를 정말 많이 봤다. 많은 고객이 내게 이렇게 말했다. "평소에 제게 잘해줬다면 이렇게 떠날 필요도 없었겠죠."

당근을 이용한 회유책이 잘 먹히지 않으면 그 사회권 내에 있는 사람들을 지키기 위해 아주 길고 뾰족한 채찍을 든다. 매트가 담배를 끊자 이런 일이 벌어졌다. 함께 담배를 피우던 동료들이 단체 채팅방에서 매트를 내보냈고 이메일을 주고받을 때도 업무와 관련된 내용만 언급했다.

조이는 첫 고객이 생기자 로라에게 연락해 점심을 함께 먹고 기쁜 마음으로 로라의 식사비까지 함께 계산했다. "제가 직접 번 돈으로 처음 로라에게 밥을 사는 거였어요!" 그런데 로라가 잠시 침묵하더니 딱딱한 말투로 이렇게 말했다. "조심해. 네가 원하는 걸 다 할 수는 없어. 심각한 결과가 생길 수도 있고." 조이는 뺨을 한 대 맞은 기분이었다. "로라는 굉장히 화가 난 것 같았어요. 도대체 제가 뭘 잘못했는지 모르겠어요."

문화 규범과 그 속의 관계 규칙에 복종하지 않을 때 우리가 가장 사랑하는 이들이 우리를 수치스러워하거나 우리에게 비난의 화살을 돌리는 경우가 있다. 때로 그들은 궁핍함, 분노, 노골적인 공격성을 드러내며 우리를 조종하려고 한다. 누군가 온전함을 추구하기로 하고 이전의 문화로 돌아가기를 거부하면 그 문화는 모든 통제 전략을 총동원해서 어리석게 온전함에 순종하지 말고 원래대로 돌아가 '정상적으로' 행동하라고 강요한다.

유타주에 있던 내 상담사도 내게 전화를 걸어 이런 식의 '되돌리기 위한 공격'을 했다. 모르몬교를 떠난 후 나는 모든 종류의 공격을 받았다. 몇몇 사람들은 내게 잘못을 뉘우치고 다시 집단으로 돌아오라고 애걸했다. 어떤 이웃은 나와 마주칠 때마다 말 그대로 등을 돌렸다. 늦은 밤 팩스로 이런 메시지를 보내는 사람도 있었다. '네 아버지를 비난하는 발언을 했다고 들었다. 내게 그 경위를 설명하라.' 기괴하게도 그 팩스에는 발신자 이름은 없었고 수신 번호만 있었다. 그 기간에 나는 공처럼 몸을 둥글게 웅크린 채 수많은 사람이 내가 끔찍하고 정말 악랄한 짓을 저질렀다고 고함치는 소리를 들으며 보냈다.

뒤돌아보지 않고 연옥의 문을 통과하고 싶지만 부모님이 꾸짖을까 봐, 동료들이 등 뒤에서 험담할까 봐, 배우자가 냉담하게 침묵으로 일관할까 봐 두려운 마음이 드는 사람도 있을 것이다. 그럴 수도 있다. 모든 잘못된 습관을 바로잡고 진실함을 따르기로 마음먹는 순간, 사방에서 그 마음을 되돌리려는 공격이 들어올 것이다. 하지만 좌절할 것 없다. 생각보다는 훨씬 견딜 만하다.

교만과 질투와 분노
○

《신곡》에서 지옥의 죄인들이 어떻게 구분되어 있었는지 기억하는가? 첫 번째 지옥에는 무지의 과오를 저지른 죄인들이, 두 번째는 폭력을 저지른 죄인들이, 그다음에는 거짓말을 한 죄인들이 있었다. 연옥은 지옥을 거울처럼 뒤집은 모양이라 이 순서도 반대로 되어 있다. 연옥의 맨 처음에 있는 가장 오르기 힘든 가파른 비탈에는 자기 자신에게 거짓말하는 습관을 버리려는 자들이 있다. 우리도 이 책의 이전 장에서 이미 이 과정을 시작했다. 이제 우리는 자신만 옳다고 믿는 사람들, 생각과 행동이 폭력적인 사람들을 마주해야 한다.

가톨릭 종교인이라면 7대 죄악(칠죄종)이라는 개념을 들어본 적이 있을 것이다. 가톨릭에서 말하는 7대 죄악은 나태, 탐욕, 인색, 음욕, 교만, 질투, 분노다. 단테의 종교관으로 보면 앞에서 네 개까지는 죄인이지만 다른 사람을 해치지 않는 죄이고, 나머지 세 개는 타인에게 폭력적인 죄다.

교만과 질투와 분노는 사람들끼리 서로 상처 주고 공격하게 만든다. 교만은 단순히 '나는 훌륭한 사람이야'라고 생각하는 것이 아니라 '내가 다른 사람보다 훌륭해'라고 생각하는 것이다. 질투는 단순히 어떤 물건을 가지고 싶다는 바람을 품는 게 아니고 다른 사람이 가진 것만큼 혹은 그보다 많이 갖고 싶어 하는 마음이다. 분노는 무작위로 생기지 않는다. 늘 다른 사람을 타깃으로 삼는다. 자신만 옳다고 믿는 과오에 매몰되면 늘 다른 누군가를 지목해 비난한다. 갈등 연구 전문가 빌 에디Bill Eddy는 이를 '비난의 타깃'이라 불렀다.

그 예가 궁금하다면 TV를 켜고 뉴스 방송을 보거나 인터넷에 접속해서 정치 커뮤니티에 로그인해보라. 특정 대상을 비난의 타깃 삼아 공격하는 정치 담론을 어렵지 않게 볼 수 있다. 이들은 일단 편을 정하면 진실 찾기를 멈추고(그나마 시작이라도 했다면 말이다) 자기 편의 강경한 옹호자가 되어 점점 더 높은 수위의 감정 폭력과 언어 폭력을 휘두른다. 이들은 비난의 대상이 오히려 자기네 삶을 공격하고 있다고 주장한다.

아이를 낳지 않기로 한 여성, 교실에 크리스마스트리뿐 아니라 유대교 전통 장식인 촛대 장식도 한 유치원 교사, 생김이 남자 같은 일곱 살 난 여자아이 모두가 전혀 모르는 타인으로부터 '우리 삶을 망치고 있다'라는 비난을 받는다. 공격적인 생각이 눈곱만큼도 없는 이들이 사회와 문화 전체에 매우 위험한 존재로 여겨지는 것이다. 그냥 그들이 그런 성향을 갖고 있어서, 그렇게 생겨서라는 이유가 전부다.

사회 규범에서 동떨어져 자신의 진실한 본성을 따르다 보면 사회적 합의라는 것이 얼마나 자의적이고 허술한지 확인할 수 있다. 자신이 속한 사회와 문화를 추종하는 사람들에게 감춰진 두려움은 아이 없는 여성이, 다른 종교를 존중하는 유치원 교사가, 남자아이처럼 생긴 일곱 살 난 여자아이가 사회 규범을 버릴 수 있다면 누구든 그 규범을 버릴 수 있다는 것이다.

당신은 이 책을 읽고 있다는 사실만으로도 정치적 갑론을박을 벌이는 사람들보다 타인을 덜 비방하고 더 이해할 수 있다. 하지만 여전히 마음 깊은 곳에는 교만과 질투와 분노의 흔적이 남아 있을 것이다. 누구나 그렇다. 문제는 자신만 옳다고 생각하는 과오가 우리를 사각지대에 머물게 한다는 점이다(우리를 어두운 과오의 숲에 가두고 오도 가도 못하게 했던, 보이지 않는 실수들을 기억하는가?).

잘못된 신념을 깨끗이 정화하려면 그 신념을 가까이 들여다보고 그 신념에 질문을 던질 마음의 공간으로 들어가야 한다. 그렇다면 어떻게 해야 보이지 않는 것을 선명히 볼 수 있을까? 답을 말해주자면, 볼 수 없다. 하지만 그렇게 해줄 사람들은 있다.

우리를 되돌리려는 공격을 원동력 삼아 산 오르기

○

역설적으로, 상황을 되돌리기 위해 당신을 공격했던 이들, 특히 가장 큰 상처를 주었던 이들이 온전함으로 가는 길에서 가장 막강한 조력자가 될 때가 있다.

어떤 일을 잘하려고 애쓰는데 누군가 공격을 해오면 우리는 상처받는다. 보통 화가 나고 때론 분노가 치민다. 제7곡에서 훈련한 것처럼 분노하지 말고 자신의 가치를 정하고, 공격자들에게 창의적으로 대응한다면 아무 문제 없다. 예를 들어 간디나 시민들에게 끔찍하고 무분별한 폭력을 행사했던 권력에 맞서 시민 평등권을 위해 주도적으로 노력했던 이들을 생각해보자.

불의와 혐오에 정의와 공감으로 대응하기란 매우 힘들다. 반발심에 '자신만 옳다는 믿음'이 생기면서 공격한 이들에게 복수하고 싶은 마음이 든다. 하지만 다음과 같이 하면 정의와 공감으로 대응할 수 있으며 심지어 상처받고 화가 날 때도 온전함의 기본 원칙들을 따를 수 있다.

첫째, 마음속에서 어떤 변화가 일어나는지 관찰한다.

둘째, 떠오르는 생각에 질문한다. 이 방식을 잘 따르면 자신이 자신을 공격한 이들과 똑같이 폭력적인 마음, 자신만 옳다고 생각하는 믿음에 맹목적으로 빠져 있지 않은지 정확히 판단할 수 있다.

셋째, 그런 다음에는 폭력적 방식을 고수할 것인지, 아니면 자신만 옳다고 생각하는 믿음에서 벗어나 온전함을 추구하는 길로 갈 것인지 선택하면 된다.

예를 들어 어느 날 당신이 기분 전환 삼아 머리를 파란색으로 염색했다고 해보자. 그런데 할머니나 전혀 모르는 타인이 당신을 되돌리기 위한 공격을 한다고 생각해보자("네 머리 색이 우리 삶의 방식을 위협하고 있어!"). 이런 공격을 받으면 반사적으로 투쟁하거나 도망가거나 경직되는 반응이 생긴다. 즉 공격한 사람과 싸우거나, 달아나거나, 멍해져서 입을 다물게 된다.

공격을 받으면 뇌의 특정 부위가 활성화되어 공격자를 거대하고 강력한 존재로, 자기 자신을 공격에 취약한 존재로 인식하게 된다. 이런 반응은 특이한 패션을 선호하는 사람뿐 아니라 대통령이나 독재자에게도 똑같이 일어난다("언론이 나를 공격하고 있어!"). 이는 지극히 자연스럽고 반사적인 반응이다. 하지만 자연스러운 반응이라고 해서 당신이 가장 깊숙한 곳에서 인식하는 진실과 같다는 의미는 아니다. 자신이 피해자라고 생각되면 혹시 자신만 옳다고 생각하는 믿음에 사로잡혀 있는 건 아닌지 의심해야 한다.

매트가 담배를 끊었을 때, 조이가 사업가가 되었을 때, 내가 종교를 떠났을 때 주변 사람들은 자신들의 선택이 평가받는다고 느끼기 쉽다. 자기들이 사는 방식이 비난받고 있다고 느끼기에 이에 맞서 공격해야 한다고 생각한다. 우리를 되돌리려는 공격은 이런 식으로 시작된다. 즉 스스로 강하다고 생각하는 사람들이 아니라 자신이 판단의 희생자라고 여기는 사람들이 공격해온다. 온전함을 추구하고 폭력의 악순환에 빠지지 않으려면 자신이 피해자라는 생각에 빠져 상황을 되돌리기 위해 공격하는 것을 단호히 거부해야 한다.

드라마 삼각형 깨기

○

기존의 문화적 습관을 버리고 행동을 바꾸면 심리학자 스티븐 카프만Stephen Karpman이 말한 '드라마 삼각형Drama Triangle'(드라마나 심리 게임에서 항상 가해자, 피해자, 구원자의 역할이 생긴다는 이론—옮긴이)의 심리적 역학 구조에 빠지게 된다. 자신만 옳다고 믿는 실수를 저지를 때마다 여지없이 이 드라마 삼각형이 나타난다.

온전함을 추구하는 시점에서 해야 하는 일은 카프만의 드라마 삼각형을 인지하고, 자신이 그 삼각형 구조에 매몰되어 있는 지점을 모두 확인하고 떠나는 것이다(단테는 이를 '습관 버리기dishabituating'라고 부른다). 산을 오르는 과정에서 쉬운 구간은 아니지만 그 위에서 보는 전망은 정말 환상적이다.

드라마 삼각형의 역학 구조는 사람들이 자신을 보잘것없고 약한 존재라고 느낄 때 생긴다. 다들 어린 시절에 이런 경험이 있을 것이다. 자기보다 크고 위협적으로 보이는 사람들이 있는가 하면, 보호자처럼 보이는 이들도 있다. 하지만 성인이 되어서도 모든 상황과 사람을 이 삼각형 구도로 보는 사람이 많은데 그렇게 살다 보면 삶에 오직 세 가지 역할, 즉 피해자, 가해자, 구원자의 구도만이 존재하게 된다.

　　어릴 때는 모든 것이 혼란스럽고 무섭다. 그리고 성인이 되어서 아무리 덩치가 커져도 그런 감정은 계속 남아 있다. 권투 선수 마이크 타이슨이 시합 도중 상대 선수인 에반더 홀리필드의 귀를 물어뜯은 적이 있었는데, 그때 타이슨은 이렇게 항변했다. "나더러 뭘 어쩌라고! 애들도 키워야 하는데. 홀리필드가 계속 헤드버팅(이마로 들이받기)을 하잖아!" 이를 다른 말로 하면 "이 상황에서 피해자는 나라고! 다 저 사람 때문이라고!"

　　피해자 역할에 매몰된 사람들에게는 늘 비난의 대상이 있으며 그 대상이 곧 '가해자'다. 자신이 피해자라고 생각하는 이들은 종종 도움과 지원을 받기 위해 다른 사람을 의지한다. 이때 이들이 의지하는 사람이 그들의 '구원자'가 된다. 드라마 삼각형에 등장하는 최종 유형이다.

　　평생 한 가지 역할에만 매몰되어 사는 사람도 있다. 피해자들은 가해자들이 저지른 끔찍한 일을 끊임없이 불평한다. 하지만 상황을 개선하기 위한 어떤 행동도 하지 않는다. 그들은 구원자 역할을 하는 다른 사람에게 의존한다. 친절하고 공감 능력이 풍부한 이들이 평생 피해자 역할을 하는 이들을 도우면서 구원자 역할을 하고 산다.

놀랍게도 자신을 가해자로 자처하는 사람은 없다. 폭력적이고 난폭한 사람들, 심지어 히틀러나 스탈린조차도 늘 자신을 위협받는 피해자로 여겼다. 하지만 그들을 제외한 모든 사람은 그들이 철저하게 가해자 역할을 하고 있다고 생각한다.

드라마 삼각형은 다이아몬드처럼 영원하다. 이 패턴이 수십 년 심지어 수 세기 동안 유지되기도 한다. 역할은 바뀔지언정 패턴은 유지된다. 이 패턴을 생생하게 확인하고 싶다면 오랫동안 지속된 역사적 갈등에 관한 책을 읽어보라. 각각 자신이 피해자이고 상대가 가해자라고 주장하며 구원자에게 호소하는 사례를 얼마든지 찾을 수 있다. 이 패턴은 큰 전쟁을 일으키기도 하고 소소한 다툼을 일으키기도 한다. 매주 배우자와 벌이는 말다툼도 이와 비슷한 유형일 것이다.

그렇다고 해서 정말 구조가 필요한 피해자가 없다는 말이 아니다. 건강 문제, 인종, 성별, 경제 상황 등의 이유로 끔찍한 인간관계나 직장을 떠나지 못하는 고객들을 많이 봤다. 유럽의 유대인들은 나치에 저항하기 위해 도움이 필요했다. 미국의 유색인종은 패턴화된 억압을 깨기 위해 백인들의 지지가 필요했다. 하지만 그렇게 가혹한 상황에 놓인 사람들조차 끝도 없고 결실도 없는 카프만의 갈등 구조를 피할 수 있다.

코치로 일하면서 나는 수없이 다양한 상황에서 카프만의 삼각형 구도를 봤다. 특히 이 구도는 가정 폭력 사례에서 두드러졌다. 한 예로 베르나는 겉으로 보기엔 완벽한 삶을 누리고 있었지만 사실은 남편 톰에게 맞고 살고 있었다. 두 사람은 매번 똑같은 삼각형 구도에 지긋지긋할 정도로 '장단'을 맞추며 살았다.

우선 두 사람이 싸우기 시작한다. 톰이 화가 나면 베르나는 겁을 먹고 집을 나가려고 한다. 그러면 톰이 피해자 모드로 돌입한다. 엄청난 불안에 휩싸인 아이를 버리고 집을 나가려는 베르나에게 톰은 물리적 공격을 가한다. 이 순간에도 톰은 자신이 피해자라고 생각한다. 신체 폭력을 당한 베르나가 너무 무섭고 아파서 집을 나가지 못하게 되면 톰이 눈물을 흘리며 사과하기 시작한다. 아내를 때린 자신이 얼마나 혐오스러운지 모르겠다며 용서해달라고 애걸한다. 그렇게 그는 베르나의 '구원자'가 된다. 그녀가 방금 사랑하는 남자에게 맞아 가장 구원자가 필요한 시점에 말이다. 그러면 베르나는 톰의 감정적 슬픔을 달래기 위해 구원자로 역할을 바꿔 톰을 달래기 시작한다. 이 구원자 역할은 두 사람 모두 차분해지고 서로에게 유대감을 느낄 때까지 지속된다.

베르나는 톰을 떠나야 한다는 사실을 알면서도 번번이 그에게 되돌아가는 자신의 행동에 지독한 수치심을 느꼈다. 하지만 이 패턴은 지극히 전형적이다. 드라마 삼각형의 기이한 논리에 따르면 가장 큰 피해자 역할을 한 사람이 '구원자'가 된다. 심지어 사랑하는 사람을 때린 사람에게도, 방금 자신을 공격한 전혀 모르는 낯선 이에게도 구원자가 되어준다. 가정 폭력 전문가들은 가정 폭력이 일어난 직후 유대감이 형성되는 기간을 '허니문 단계'라고 부른다. 이 강렬하고도 기형적인 유대감은 외부에서 보기엔 말도 안 되지만 카프만의 삼각형에서는 대단히 막강하다. 너무도 강력해서 학대를 받으면서도 수년간 이 잔인한 패턴에 머문다.

만약 당신이 난폭한 마조히즘 기질이 있고 자신만의 드라마 삼각형 구도를 만들고 싶다면 아주 쉽게 할 수 있다. 먼저 비난할 대상을 고르고 자신에게 피해자 역할을 주어라. 여기서 다른 행동을 선택하지 않는 한 분노, 다툼, 위축감, 위협이 영원히 지속될 것이라는 확신을 품고 느긋하게 앉아 있기만 하면 된다. 도대체 이게 뭐란 말인가?

드라마 삼각형에서 벗어나는 방법은 쉽지는 않지만 아주 간단하다. 단 한 가지 온전한 방식만 지키면 된다. 대상이 누구든, 어떤 상황이든 사람과 상황에 대한 반응을 자신이 선택할 수 있다는 사실을 인정하기만 하면 된다. 마음속 깊은 곳, 실존적 차원에서 우리가 자유롭다는 사실을 인정할 때 비로소 인간 갈등의 시시한 드라마를 끝낼 수 있다.

자신이 자유로운 배우라고 생각하고 드라마 삼각형을 재해석하기로 하면 악순환을 반대로 역행하게 만들 수 있다. 단테는 연옥에서 한 망자에게 자유의지에 대해 배우면서 이 사실을 깨닫는다. 위대한 역사적 지도자들과 마찬가지로 그 망자는 인간의 궁극적 자유는 세상을 새로운 방식으로 해석하는 능력에 있다고 말한다.

작가 데이비드 에머럴드David Emerald는 카프만의 연구를 깊이 공부한 뒤 카프만의 삼각형에 반대하는 삼각형인 '역량 강화 역학empowerment dynamic'을 만들었다. 이 패턴에 따르면 기존의 드라마 삼각형에서 가해자였던 이들은 '도전자'가 된다. 도전자들은 다른 이들이 새로운 수준의 역량과 능력으로 발전하도록 강요한다. 그리고 드라마 삼각형의 구원자는 '코치'가 된다. 피해자를 달래고 문제를 고치는 역할("저런, 가엾어라! 내가 처리해줄게!")이 아니라 "저런, 정말 심각한 상황이네. 그래서 어떻게 이 상황을 해결할 건데?"라고 묻는다.

가장 강력하게 변하는 존재는 피해자다. 이 패턴에서 피해자는 '창조자'가 된다. 카프만의 삼각형에서 피해자가 '정말 견딜 수 없는 상황이지만 내가 어찌할 도리가 없어. 난 무력해'라고 말한다면 데이비드의 역량 강화 삼각형에서 창조자는 스스로 이렇게 묻는다. '상황이 정말 엉망진창이야. 그렇다면 이 상황에서 내가 무엇을 할 수 있지?'

폭력이 완전한 파괴를 의미한다는 점에서 창의력은 폭력과 정반대다. 자신을 창조자로 보는 방법을 찾는다면 어떤 상황이든 드라마 삼각형을 역량 강화 역학으로 반전시킬 수 있다. 폭력과 증오의 진창에 갇히지 않고 점점 더 높은 수준의 온전함에 이를 수 있다.

빅터 프랭클Victor Frankl은 아우슈비츠 수용소에 갇혔을 때 인간이 어떻게 의미 있는 존재가 되는지를 깨달았다. 파키스탄의 말랄라 유사프자이Malala Yousafzai는 탈레반이 온갖 수단을 동원해 자신을 억압하고 심지어 머리에 총까지 쐈지만 굴하지 않고 그들의 탄압에 저항했다. 마틴 루터 킹 주니어와 그의 추종자들은 부당하게 체포된 미국 흑인들을 위해 자신도 체포되었고 이를 명예의 상징으로 재구성했다. 하버드대학교의 헨리 루이스 게이츠 주니어Henry Louis Gates Jr. 교수는 이를 두고 이렇게 말했다. "그들은 싸울 수 없는 그 무엇을 가지고 있었고, 그것을 진실을 전달하는 수단으로 활용했다."

이들은 누가 봐도 자신을 희생자로 여길 수밖에 없는 상황에 있었다. 하지만 생존하는 법을 찾았을 뿐 아니라 인류에게 형언할 수 없이 귀한 공헌을 했다. 이들을 희생자로 만들려는 무자비한 시도들이 있었지만 놀랍게도 이들은 거의 초인적 수준의 자비로운 창의력을 발휘했다.

우리가 피해자가 되는 상황을 맞닥뜨릴 수도 있지만 그렇다고 해서 자신의 정체성을 '피해자'라고 규정할 필요는 없다. 어떤 상황에서도 창의적 생각과 행동으로 대응할 자유는 우리 자신에게 있다. 때론 생각을 명료하게 해야 할 때도 있다. 때론 소신 있게 발언해야 할 때도 있다. 때론 행동으로 보여줘야 할 때도 있다. 그 시작은 항상 내면에서 울리는 생각에 귀 기울이고 자신에게 물어보는 것이다. '내가 피해자인 게 정말 확실한가? 창의적 선택을 할 여지는 전혀 없는가?'

모르몬교를 떠난 지 얼마 되지 않아 내게도 작은 변화를 시도할 기회가 생겼다. 어느 날 밤, 덕을 쌓기 위해서가 아니라 순전히 정신을 붙잡기 위해 나는 드라마 삼각형 구도를 역량 강화 역학으로 바꾸었다. 그러자 나의 내면세계가 통째로 바뀌었다.

사무실로 왔던 이상한 팩스 기억하는가? 야심한 밤에 나에 관한 소문이 나돌고 있다며 해명하라는 쪽지를 익명의 누군가에게 받는다는 건 기분 나쁜 일이다. 처음 그 팩스를 읽었을 때는 마치 뱀들이 우글거리는 컴컴한 방에 갇힌 생쥐가 된 기분이었다. 나를 저격하는 사람이 누구인지, 의도가 무엇인지는 몰랐지만 분명한 건 바깥에 그들이 존재한다는 사실이었다.

공포가 어느 정도 가라앉자 분노가 치밀었다. 내가 어린 시절 끔찍한 일을 당했다는 이유만으로 늦은 시각 우리 집에 불쑥 팩스를 보내 내게 해명하라고 요구한다고? 상처와 두려움과 분노가 느껴졌다. 이 감정은 피해자가 되었을 때, 남의 평가를 받을 때 생기는 에너지다.

다행히도 당시 나는 '거짓말하지 않는 해'를 보내고 있었다. 나는 내 모든 생각을 낱낱이 성찰했다. 기괴하고 위협적인 팩스 앞에 앉아서 나 자신에게 묻기 시작했다. '뱀들이 우글거리는 방에 갇힌 생쥐가 된 기분이야.' 정말 확실해? '이 팩스는 정당한 이유 없이 내 사생활을 침범했어.' 정말 확실해? '난 안전하지 않아.' 정말 확실해?

모든 생각에 질문을 던질 때마다 '나는 피해자야!'라는 생각이 점점 나를 옥죄어왔다. 그러다 무슨 이유에서인지 풋볼 선수가 떠올랐다. 자신을 넘어뜨리려고 육중한 몸집의 상대편 선수들이 달려올 때 그는 무슨 기분일까? 풋볼 선수는 자신을 겁에 질린 먹잇감이라고 생각하지 않는다. 그는 이 모든 것이 경기 일부이며 다른 선수들이 자신에게 돌진하리라는 사실을 알고 있다. 그는 상대와 부딪히지 않으려고 최선을 다하겠지만, 설령 몸싸움이 생긴다 해도 다시 일어나 목표 지점을 향해 달려갈 것이다. 이것이 그가 지닌 힘의 에너지다. 불사조 같은 능력이 아닌 힘. 그 힘이 폐에 숨을 불어 넣고 뼈대를 단단히 해줄 것이다.

밤이 깊어질수록 내 감정은 생쥐에서 풋볼 선수로 변했다. 이유는 단순하다. 그렇게 생각하는 것이 훨씬 기분 좋기 때문이다. 더 진실하기 때문이다.

내 내면의 스승은 어린 시절 내가 피해자였다는 생각에 완전히 공감했다. 의심의 여지가 없다. 하지만 성인이 된 나는 내가 살던 문화권 밖으로 나가기로 선택했으며 이는 순전히 나의 의지였다. 사람들이 내가 공격하리라는 사실을 잘 알고 있었다. 내게 팩스를 보낸 그 사람도 어쩌면 내가 '자신의 삶을 공격한다'고 생각했을지 모른다는 생각이 들었다.

마침내 나는 신문 기자들에게 내가 목도한 모르몬교의 부당한 문화를 모두 말했다. 그리고 모르몬교 교회의 권력 구조를 고발하는 논문을 공동 집필했다. 물론 상대편 선수들이 내게 태클을 걸어왔다. 하지만 나는 내 상황을 내가 스스로 만들기 위해 노력했다. 문제는 '이제부터 내가 무엇을 만들 수 있을까'였다.

그 후부터 나는 나를 회유하고 되돌리려는 모든 공격을 창의력과 평화를 찾는 도전 과제로 보기 시작했다. 끔찍하던 상황은 견딜 만한 상황으로 바뀌었고 심지어 흥미진진한 상황이 되기도 했다. 온전함을 버리지 않고 사회적 압박에 대응하는 법을 찾기 위해 노력할수록 새로운 아이디어들이 샘솟았다.

내게 가장 큰 도움을 주었던 것은 다음 훈련이다. 내가 피해자라는 생각이 들 때마다, 자신만 옳다고 주장하는 이들이 나를 판단한다고 느낄 때마다 나도 모르게 반사적으로 튀어나오던 반응에서 벗어나 이 훈련을 활용한다. 다음 훈련을 살펴보자.

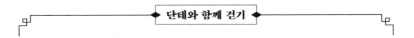

나를 박해하는 이들을 위한 지침서

1단계

말과 행동으로 당신의 온전함을 공격하는 사람을 떠올려보자. 그 사람이 지금 당신을 겁주거나 수치스럽게 하려고 혹은 당신에게 전혀 이롭지 않았던 이전의 문화로 다시 돌아가도록 회유하려고 하고 있다. 그 사람은 누구인가?

_____

2단계

이제 그 사람에게 편지를 쓸 것이다. 그 사람에게 당신의 진실을 낱낱이 알리는 편지를 써보자.

친애하는 ○○○에게

저는 온전하게 제 삶을 살기로 했습니다. 하지만 당신이 저를 막는군요. 당신은 이런 말로 제가 가는 길을 막고 있습니다.

_____

_____

당신이 이런 말 대신 이런 말을 했으면 합니다(자신을 가장 지지해주고 응원해주는 말을 해달라고 해보자).

_____

_____

또한 당신은 이런 행동으로 제가 온전함을 추구하는 과정을 과소평가하고 있습니다(그 사람이 당신의 진실을 훼손한 사례를 모두 적어보자).

_____

_____

그런 행동을 멈춰주십시오. 당신이 이렇게 해주었으면 합니다(망설이지 말고 부탁하라! 달이라도 따달라고 하라!).

_____

_____

○○○ 드림

이제 이 편지의 수신인 이름을 지우고 그 자리에 자신의 이름을 써보라. 그리고 그 편지를 가장 솔직한 자신이 기존 관습에 젖어 잔뜩 겁에 질린 자신에게 보냈다고 생각하고 다시 읽어보자. 가해자가 했던 말과 행동을 자신에게 똑같이 했던 부분은 없는지 살펴보자. 가해자의 언행에 수치심을 느꼈다면 자신을 수치스러워했던 마음이 모두 사라질 때까지, 자신의 진정한 본성이 결함이 있다고 믿었던 마음이 한 점도 남아 있지 않을 때까지 자기 자신에게 묻고 또 물어보자. 사람들이 나를 겁줘서 종속자의 위치를 받아들이라고 강요하는가? '잘못된 행동'의 결과를 들먹이며 내가 내게 겁주지는 않았는지, 그 지점은 어디인지 찾아보라. 자신을 두렵게 만드는 믿음들을 검토하고 또 검토해보라. 그다음엔 그 믿음에 대해 관찰과 질문 기술을 적용해 살피고 물어보라. 그 믿음이 사라질 때까지.

4단계

내적 경험을 바꿨다면 이제 외적 행동도 바꿔야 한다. 진정한 본성이 들려주는 조언에 귀를 기울이자. 가해자가 당신에게 했던 말과 행동을 스스로에게 하고 있다면 그 언행을 모두 멈춰라. 그리고 구원자가 해줬으면 하는 말과 행동을 자신에게 해주자. 다른 누군가가 나타나 내게 무언가를 해주길 기다리지 말고 자신에게 진실할 수 있는 창의적 방법을 찾아보자.

이 훈련은 피해자의 관점에서 역량을 강화하는 관점으로 옮겨가게 해줄 뿐 아니라 연옥의 산을 잘 오를 수 있도록 명료한 지침을 내려준다. 공격당한다고 느낄 때마다 이 훈련을 반복하라. 하다 보면 '자신을 가장 화나게 했던 공격자가 온전함으로 가는 다음 단계를 명확히 보여주는 사람'임을 깨달을 것이다.

알다시피 공격이 감정적 고통을 유발하는 순간은 그 고통을 믿을 때다. 도전자가 정말 우리를 괴롭히는 이유는 우리의 어떤 부분이 진실이 아니라고 믿기 때문이다. 그런데 우리 안에도 공격자의 믿음이 존재한다. 그 믿음들은 평소 눈에 띄지 않게 마음의 사각지대에 잠복해 있다.

공격자의 거짓말(예를 들면 '나는 나쁜 사람이다' 혹은 '나는 열등하다' 같은 생각들)에 담긴 믿음을 버려야 그 믿음 아래 있는 진실에 다가갈 수 있다. 다른 누군가에게 듣고 싶은 지지와 응원의 말들을 자신에게 반복해서 들려주는 법을 익히면 내면의 스승과 진심이 모두 조화롭게 일치한다. 이 훈련은 분열된 세계관을 통합시키고 온전함의 근본적인 부분을 회복하도록 돕는다. 고맙다. 도전자들이여.

자신만 옳다고 믿는 과오 정화하기

o

아프리카계 미국인 페미니스트인 오드리 로드Audre Lorde는 이런 글을 쓴 적이 있다. "내가 담대히 힘을 내려 할 때, 그 힘을 나의 비전에 활용하려 할 때 내가 두려운지 아닌지는 점점 덜 중요해진다." 우리가 비난과 방어보다 창의적인 대응에 집중할 때 두려움은 점차 작아진다. 두려움은 교만, 질투, 분노의 이면으로 점차 밀려나고 그 자리엔 건강한 자존감, 충만함, 긍정적인 변화 의지가 자리 잡는다.

뒤돌아봐서는 안 되는 문을 통과할 때, 그 문으로 들어간다는 이유로 사람들이 공격할 때 온전함을 잃지 않는다면 모든 갈등은 창의력을 싹틔우는 새로운 기회가 된다. 어쩌면 앞으로 나아가야 할 길에 완벽한 지침이 되어준 모든 공격에 감사하게 될지도 모른다. '잘 아는 불행'을 고수하도록 가르친 기존의 교육 패턴에서 벗어나면 산을 더 빠르고 수월하게 오를 수 있다. 그리고 높이 오를수록 아름다운 경관이 더 선명히 눈에 들어올 것이다.

당신의 시간을 오롯이
당신의 삶으로 채우라

한 심리학자는 온전함으로 가는 길을 다음과 같이 간결하게 표현했다. "진정으로 아는 것을 알고, 진정으로 느끼는 것을 느끼고, 진정으로 의도한 것을 말하고, 진정으로 원하는 것을 하라."

내가 이 말을 하면 많은 사람이 놀라고 혼란스러워한다. 내 말의 의도를 정확히 파악하지는 못해도 뭔가 위험한 발언처럼 들리기 때문이다. 특히 '진정으로 원하는 것을 하라' 부분에서 사람들은 더욱 혼란스러워한다. 만약 우리가 기존의 문화적 규범에 복종하는 삶을 버리고 진정으로 원하는 것을 한다면 모두가 남의 지갑을 훔치고, 이웃을 때리고, 입에 담배 20개비를 한꺼번에 물고 술에 취한 채 운전하지 않을까?

지금까지 이 책에서 설명한 훈련을 잘 활용하고 있다면 절대로 그럴 일은 없다. 다시 복습해보자. 온전함을 추구할 때 가장 먼저 해야 할 일은 흐리고 모호한 문화를 꿰뚫고 그 너머에 가려진 진정한 본성을 발견하는 것이다(고객들과 상담을 하다 보면 대다수가 이 단계를 밟기 전에는 자신이 무엇을 진정으로 아는지, 무엇을 진정으로 느끼는지 모르는 경우가 많다. 그래서 "이 불편한 자세가 정말 편해요!"라고 쉽게 대답한다).

그다음 단계인 지옥에서 우리는 문화적 맹점들을 제거하기 시작했다. 진실이 아닌데 맹목적으로 믿었던, 마음속 깊은 곳에 있는 신념들을 부쉈다. 그렇게 해서 내면의 진실과 만났고 그 단계에서 거짓말을 중단했다. 진정으로 의도한 것만 말하기 시작했다. 이 대목에서 우리는 그동안 속해 있던 문화권에서 퍼붓는 공격에 대처하는 법을 살펴봤다.

이 과정을 잘 따라왔다면 이제 다음 단계는 자신의 시간을 진정으로 원하는 일을 하며 채우는 것이다. 궁극적으로는 내 삶에 주어진 모든 시간을 그렇게 채워나가야 한다.

이 책의 훈련 과정을 차곡차곡 따르고 내면화하지 않았다면 진정으로 원하는 것을 하라는 충고에 화들짝 놀랄 수도 있다. 진정한 본성에서 분리되면 아무리 진심으로 온전함을 원한다 해도 그 온전한 삶이 어떤 모습인지 가늠조차 하지 못한다. 흔히 사람들은 그 온전함이 어두운 과오의 숲이 주는 보상이라고 생각한다. 부와 권력을 얻기 위해 기쁨의 산을 오르듯 말이다. 혹은 섹스, 마약, 로큰롤 등을 무한정 누리며 사는 것으로 생각하기도 한다. 이런 것들은 결국 지독한 고통으로 치닫기 마련이다. 그리고 시도하는 것 자체만으로도 중독성이 강해서 이기적이거나 탐욕적이거나 잔인해지기 쉽다. 진정한 위안을 얻으려면 자신의 참된 본성을 포용할 때만 가능하다.

모든 말과 행동에 진심을 실으면 인간의 가장 본질적 요소인 사랑이 번져 나온다. 분열된 상태에서는 분노가 치솟지만 완전하게 진실과 일치된 상태에서는 행복한 위안이 샘솟는다. 그러면 마음 깊은 곳에서 그 위안을 다른 이에게도 나눠 주고 싶다는 바람이 생긴다.

당신이 가는 온전함의 길은 어린아이를 키우는 일일 수도 있고, 쾌활한 새끼고양이를 키우는 일일 수도 있다. 아니면 사회 활동가가 되거나 사람의 몸, 심장, 사회 시스템, 나아가 지구의 치유자가 되는 것일 수도 있다. 당신은 더 따뜻하고 건강하며 공정한 세상을 만들고 싶을 것이다. 사는 내내 그 일을 하고 싶을 것이다. 한번 해 보라. 그러면 알 것이다.

산을 오르기 위해 남은 몇 가지 단계들

○

이 장을 다 읽은 후에도, 심지어 거짓말을 중단하거나 자신만 옳다고 믿는 신념을 버린 후에도 우리는 계속 무지의 오류를 정화하는 작업을 해나가야 한다. 평화와 사랑을 위한 힘에 필요한 기술을 끊임없이 연마해야 한다. 꾸준히 하다 보면 마침내 노력과 편안함이라는 이상한 조합을 누릴 수 있다. 매 순간 온전함을 찾고 추구하는 것이다.

이는 일이 아니다. 놀이다. 악기를 연주하듯, 익숙한 운동을 하듯 즐기게 된다. 시시한 여가 활동과도 다르다. 이 길을 걸으면서 의미 있는 도전에 점점 매혹될 것이다. 행복을 연구하는 심리학자들은 이런 노력을 하다 보면 몰입flow 상태에 이른다고 말한다. 몰입 상태가 되면 뇌에서 도파민이나 세로토닌 같은 비밀 호르몬이 분비되어 더없는 행복감을 느끼게 된다. 몰입 상태는 인간의 삶에서 가장 달콤한 순간이다.

단테는 연옥의 산으로 올라가면서 점점 몰입했다. 산 아래에서 자신만 옳다고 믿는 과오와 거짓을 정화하는 과정은 고되었지만 몸과 마음은 점점 가볍고 강해졌다. 단테는 무수한 고통에서 해방되었고, 여전히 진정한 본성과 분리된 자신의 모습도 모두 떨쳐내기를 갈망했다. 그런 그의 주위에는 행복한 영혼들이 있었다. 온전함을 추구하다가 이 지점에 오면 당신 역시 단테가 느꼈던 기분을 느낄 것이다. 사실 지금 당장 느낄 준비가 된 사람도 있을지 모른다.

내 고객 중에는 이렇게 말하는 이들이 무척 많았다.

"솔직하게 살고 싶어요. 하지만 금붕어 키우는 데 손이 많이 가요(하지만 친구들이 이해하지 못할 거예요/하지만 사는 게 너무 바빠요)."

마크는 평생을 군인으로 살았지만 군 생활이 단 한 순간도 즐겁지 않았다. 군대에서는 늘 괴롭고 화가 났다. 그러다 퇴근해 집에

오면 아내와 개에게 쉬지 않고 잔소리를 해댔다. 마크는 내게 이렇게 말했다. "군 생활을 더 이상 못 견디겠어요. 3년만 참으면 연금을 받을 수 있으니 지금 그만둘 수도 없고요."

캐럴은 예술대학을 다녔다. 하지만 예술가가 되고 싶다는 꿈을 펼치기도 전에 결혼해서 두 아들을 낳았다. 그렇게 살다가 47세가 되자 자녀들이 독립해 집을 나갔다. 시간이 생기자 이런저런 아이디어들이 샘솟았다. "하지만 시작할 엄두가 나지 않아요. 걸리는 게 너무 많아요. 친구, 남편, 하다못해 고장 난 가전제품까지 신경쓸 일이 너무 많아요. 만일 제게 자유가 생기면 근사한 작품을 만들 수 있다는 걸 알고 있어요. 하지만 다들 저를 자유롭게 두지 않을 거예요."

이들과 내 친구 레야의 사례를 비교해보자. 레야는 56세에 말기암 진단을 받았다. 레야는 뉴욕의 거리를 전전하며 마약에 중독되어 20년을 보냈다. 그러다 중독에서 벗어나 맑은 정신으로 20년을 살았다. 이 모든 삶이 레야를 정직하고 무던하고 모든 상황에서 놀라울 정도로 감사할 부분을 찾는 성격으로 만들었다. 레야는 말기암 진단을 받자마자 그 상황을 마지막으로 삶을 기릴 장엄한 축하의 기회로 받아들였다.

"일단 내 버킷리스트에 있는 일들을 다 해야겠어. 맛있는 음식들을 다 먹어볼 거야. 근사한 음악도 만들어보고 좋아했던 장소들도 다 가볼 거야. 나를 행복하게 해줬던 모든 사람과 어울릴 거야. 그러고 나서 견딜 수 없이 아프면 찐하게 약이나 하려고. 헤로인하고 코카인을 섞은 약을 하면 기분이 가라앉을 일이 없을 테니까. 굉장할 것 같지 않니? 내 삶도 장대한 소설 같았으니, 죽음도 장대한 소설로 만들 거야."

그런데 며칠 후 병원에서 검사를 받은 레야는 딜레마에 빠졌다. 레야의 암이 생각보다 공격적이지 않다는 소식을 들은 것이다.

"아직 살아야 할 날이 3년에서 5년 정도 남았대. 어떻게 하지? 정말 아파질 때까지 다시 일할까?"

레야가 물었다. 내가 말했다.

"글쎄, 버킷리스트에 있는 모든 걸 다 해보기로 하지 않았어?"

"그랬지."

"그럼 그냥 계획대로 해버려."

레야는 그렇게 했다. 그녀는 남은 날 동안 엄청난 물리적 아픔과 정신적 아픔을 견뎌냈다. 하지만 그 시간을 아파만 하면서 보내지 않았다. 더 없이 열정적이고, 기운차고, 요란스럽고, 달콤하고, 유쾌한 모험의 서사를 써 내려갔다.

레야는 훌륭하게 온전함을 추구했다. 그녀는 성인이 된 후 어두운 과오의 숲에서 살기 시작했고 약물로 고통을 무감각하게 만들었다. 약물 중독을 극복한 후에는 수많은 거짓 믿음에서 해방되었다. 그리고 엄중한 진실에 전념하고 자신을 희생자로 보기를 거부함으로써 연옥의 두 번째 단계에 올랐다.

하지만 생의 모든 시간을 진심으로 원하는 것만 하며 살겠다는 결심은 하지 못했다. 레야가 살던 문화에서는 정말 몸져눕기 전까지는 계속 일을 해야 했기 때문이다. 그렇지 않으면 게으른 사람으로 여겼다. 하지만 레야의 본성에 게으름은 없었다. 그녀의 본성에는 음악과 요리와 웃음과 사랑이 가득했다. 즐거움이 가시질 않았다.

이제, 당신이 두려워할 말을 하려 한다. 당신에게도 시간이 얼마 없다. 5년이 남았을지, 55년이 남았을지 모르지만 절대 긴 시간이 아니다. 고통스러워하느라 낭비할 시간이 없다. 문화 관습을 착실히 따르느라 진심을 고문할 시간이 없다. 이제는 오직 온전함만 추구하며 살아야 할 때다.

1도 전환의 힘

○

레야는 암 진단을 받았음에도 열정을 잃지 않고 극적이고도 거대한 변화를 일으켰으며 순전히 온전함만 추구하는 삶을 살았다. 하지만 대다수에게는 이 방법이 최상의 전략이 아니다. 완벽한 삶으로 즉각 방향을 바꿔 그 삶을 시작할 수 있는 길이 있으며 그 길은 그리 어렵지도 않다. 사실 그렇게 살아야 한다. 변화를 연구하는 심리학자들은 엄청난 도약을 할 때보다 아주 작은 단계를 밟아나갈 때 긍정적 변화가 더 빨리 찾아온다고 말한다.

매일 우리는 주어진 시간에 무엇을 할지 수천 번도 넘게 결정한다. 그리고 그 모든 선택이 진정한 삶으로 선회하게 해주는 기회가 된다. 좋아하지 않는 일은 조금 덜 하고, 좋아하는 일을 조금 더 하는 것이 온전함으로 가는 다음 단계다.

수천 킬로미터 떨어진 곳에 가기 위해 비행기에 탔다고 상상해보자. 비행기가 30분에 한 번씩 우측으로 1도씩만 방향을 튼다면 아무도 그 변화를 감지하지 못하지만 결국 비행기는 예정된 경로에서 완전히 벗어난 곳에 도착한다. 나는 사람들에게 '1도씩만 방향을 바꾸는 과정'을 반복하라고 조언한다.

먼저 특정 사람이나 특정 활동에 할애하는 시간이 얼마나 되는지 확인해보고 정말 그 시간 동안 그 사람이나 활동에 시간을 쓰고 싶은지 생각해보라. 매일 1분씩 좋아하지 않는 일에 할당된 시간을 줄이고 그 시간을 좋아하는 일에 할당하자.

마크와 상담을 시작했을 때 그는 즉시 군인이라는 직업을 버리지 않았다. 하지만 자신을 조금 더 자세히 관찰하기 시작했다. 그리고 자신이 TV를 보고, 화를 삭이고, 아내에게 잔소리하는 데 지나치게 많은 시간을 할애한다는 사실을 깨달았다. 그가 가장 먼저 1도 선회한 부분은 좋아하지 않는 TV 프로그램을 10분 덜 보고 그 시간을 밖에서 개와 놀아주는 데 쓴 것이다.

예술가 되고 싶지만 온갖 책임감에 어깨가 무거웠던 캐럴은 사실 '예술가가 되기엔 너무 늦었다'라는 숨은 생각이 디자이너가 되려는 꿈을 막고 있다는 사실을 깨달았다. 그 믿음을 의심하고 잘못되었음을 확인한 캐럴은 매일 15분씩 창작 활동에 투자했다. 한 달 만에 그녀는 멋진 그림을 몇 점 그렸고 새로운 성취감을 느꼈다.

그녀는 더 자유롭고 젊어진 기분이라며 이전보다 훨씬 활기찬 삶을 살게 되었다고 했다.

다음 훈련은 한 번에 1도씩만 방향을 돌려 정말 원하는 일에 더 많은 시간을 쓰도록 해주는 훈련이다.

◆ 단테와 함께 걷기 ◆

1도씩 방향을 바꾸기

1. 오늘 해야 할 일 다섯 가지를 적어보자.

_____

_____

_____

_____

_____

2. 다음 주에 해야 할 일 다섯 가지를 적어보자.

_____

_____

_____

_____

_____

3. 올해 시간을 내서 해야 할 일 다섯 가지를 적어보자.

_____

_____

_____

_____

_____

4. 해야 할 일들을 살펴보면서 이 질문에 대답해보자. 완벽하게 이상
   적인 세상에 살고 있다면 위에 적은 일 중 내가 진심으로 오늘(내
   일/이번 주/올해) 할애하고 싶은 시간은 얼마인가? 'O'시간이라고
   적어도 좋다.

_____

5. 항목별로 투자해야 할 시간과 투자하고 싶은 시간이 얼마나 차이
   가 나는지 확인해보자.

_____

6. 계획한 시간과 원하는 시간이 다르다면 일정을 1도씩 조정해보자.
   원하지 않는 일은 매일 10분씩 줄이고 원하는 일에 매일 10분씩 더
   투자하자.

이 훈련을 할 수 있다면 큰 변화는 아니지만 작은 변화들을 만들어낼 수 있다. 그리고 그 작은 변화가 삶 전체를 바꿔놓을 것이다. 세상의 모든 자원 중에 가장 제한된 자원인 당신의 시간이 행복과 목적의식으로 가득 채워질 것이다.

연습은 영원하다

1도씩 방향을 바꾸다 보면 큰 선택을 내려야 할 때가 온다. 마크는 소소한 변화를 통해 점점 행복해졌다. 그리고 얼마 안 되어 연금 수령 때문에 억지로 다니기로 했던 3년의 시간조차 더는 허비할 수 없다고 판단했다.

"그 3년 안에 제가 죽을 수도 있잖아요. 죽고 나면 연금이 다 무슨 소용이겠어요?"

마트는 군에서 떠난 옛 친구들을 찾아다니며 군대를 그만둔 후의 삶에 관해 물었다. 친구들은 마크의 기술을 활용할 수 있는 여러 업종을 소개해주었다. 마크는 이력서를 써서 평소 좋아했던 엔지니어링 관련 업체에 지원했다. 그가 직장을 그만두겠다고 했을 때 아내는 잠시 경제적 상황을 걱정했지만 이내 그의 선택을 열렬히 지지해주었다. 아내는 내게 와서 이렇게 말했다.

"제가 결혼했던 그 사람이 돌아온 기분이에요. 그 어떤 것도 이보다 귀한 건 없다고 생각해요."

캐릴은 작품 활동에 점점 더 많은 시간을 들였고 이내 대부분 시간을 작품 활동에 쏟게 되었다.

"마침내 균형을 찾은 기분이에요. 하루에 몇 시간씩 친구며 가족들에게 시간을 쓰는 게 아무렇지 않게 되었어요."

그녀는 연하장이며 각종 기념 카드를 만들어 온라인에서 팔기 시작했다. 적은 수입을 벌어들였지만 기쁨은 컸다.

이들은 작은 변화를 꾸준히 실천했고 마침내 큰 결정을 내려야 할 때는 준비가 되어 있었다. 온전함으로 가는 길은 몰입 상태에 빠져야 하는 복잡한 기술이라는 점을 명심하라. 그 기술을 익히려면 부단히 연습해야 한다.

내게 가라데를 가르쳐준 선생님은 제자들에게 새로운 동작을 가르칠 때마다 천천히 1,000번 연습하라고 했다. 그런 다음에는 속도를 붙여 완벽한 동작이 될 때까지 다시 1,000번을 연습하고 그다음엔 각 동작에 힘을 실어 1,000번을 연습한다. 그리고 점차 힘의 강도를 높여가며 또다시 1,000번을 연습한다. 선생님은 이렇게 말했다.

"연습을 통해 반드시 완벽해져야 하는 것은 아니에요. 하지만 연습은 영원히 남습니다."

마찬가지로 철저히 온전한 삶을 살기 시작하면서 하는 연습은 영원히 남아 뇌에 물리적 변화를 일으킨다. 신경학자들은 특정 동작을 더 많이 반복할수록 그 동작이 우리의 뇌 회로에 더 많이 연결된다고 말한다. 익숙한 행동 패턴, 가령 사회 관습에 젖어서 했던 행동 등을 바꾸려면 의도적으로 새로운 행동을 선택해야 하며 선택한 후에는 뇌가 예전의 행동을 잊고 새로운 행동에 익숙해질 때까지 반복하고 또 반복해야 한다. 이를테면 자가 뇌수술인 셈이다. 온전함을 추구하는 행동을 반복함으로써 맹목적으로 복종했던 문화적 규범을 벗어버리고 정직함과 행복함을 새로 장착해야 한다.

이기적인 사람이 되는 건 아닐까?

。

사람들에게 진심으로 원하는 일을 하라고 하면 종종 당황스러운 표정으로 이렇게 말한다.

"사람이 어떻게 원하는 것만 하고 살아요? 저 좋은 것만 하고 살면 아마 세상에서 가장 이기적인 사람이 될 거예요!"

당신도 그렇다면 한번 물어보자. 정말 확실한가? 그 생각이 진실이라고 장담할 수 있는가?

우리의 문화는 삶의 보상을 주로 제로섬zero-sum 방정식으로 본다. 누군가 뭔가 얻으면 다른 누군가는 잃는다. 한 사람이 더 많이 가지면 다른 사람은 덜 가져간다. 학교에서 누군가 우등생이 되면 다른 누군가는 낙제한다. 누군가 부유해지고 유명해진 것은 다른 '힘없는 사람' 수백 명을 짓밟았기 때문이다. 이것이 문화권이 말하는 지혜다. 하지만 전혀 사실이 아니다.

연옥의 산을 오르던 단테는 베르길리우스에게 이 사실을 배웠다. 그는 베르길리우스에게 어떻게 연옥의 산에 오르는 모든 사람이 천국에 이를 수 있느냐고 물었다. 우리와 마찬가지로 단테도 모든 사람이 피라미드의 꼭대기에 오를 수 있다는 사실을 경험하지 못했다. 그래서 베르길리우스에게 어떻게 사람들끼리 선함을 나누면서 동시에 더 많은 선을 만들 수 있느냐고 물은 것이다. 그러나 연옥에서는 모든 사람이 파이 한 조각씩을 나눠 갖고 나면 처음보다 더 많은 파이가 남는다.

단테의 질문에 베르길리우스는 행복을 계산하는 두 가지 방법이 있다고 대답하면서 단테의 마음이 여전히 세상의 것에 고정되어 있다고 했다. 돈과 권력 같은, 기쁨의 산이 추구하는 관점에서 보면 보상은 나뉘어야 한다. 누군가 더 많이 가지면 다른 사람은 더 적게 가질 수밖에 없다. 하지만 잘 생각해보면 우리가 무언가를 갈망하는 이유는 그것이 평화, 목적의식, 소속감, 성취감을 준다고 생각하기 때문이다. 진심으로 좋아하는 것을 더 많이 얻는다고 해서 기쁨이 쪼개지지 않는다. 오히려 더 커진다.

요즘 사례로 생각해보자. 한 가족이 강아지 한 마리를 입양한다고 해서 그 강아지를 향한 사랑이 가족 구성원 수만큼 나뉘어 줄어들지 않는다. 강아지가 꼬리를 흔들고 안길 때마다 가족과 강아지가 주고받는 사랑은 점점 더 커진다. 한 명, 한 명은 물론 가족 전체의 사랑이 더욱더 커진다. 우리를 진정으로 행복하게 해주는 것은 제한되거나 쪼개지지 않으며 무제한 증식한다.

이 사실을 알고 나면 인간의 탐욕 저 아래에 있는 결핍에 대한 두려움이 줄어든다. 진실하게 사는 것이 모두에게 더 나은 길임을 깨닫는다면 큰 결정을 내릴 용기가 생기며, 그 용기는 온전함으로 가는 길에 힘이 되어줄 것이다.

매일 1도씩
○

'거짓말하지 않는 해'의 초반에 나는 내가 진정으로 원하는 것을 알아내는 데 꽤 많은 시간이 걸렸다. 누군가 내게 "저녁에 뭐 먹을까?" 하고 물어보면 반사적으로 "아무거나 너 좋은 걸로 먹자."라고 대답했지만 이제는 잠시 멈춰서 내 내면을 들여다보고 진실한 답을 하기로 한 맹세를 떠올린다.

이런 소소한 선택들이 내 삶의 질을 급격히 상승시켰고 때로는 큰 선택으로 이어지기도 했다. 일단 모르몬교를 떠난 것이 큰 결정이었다. 교단을 떠난 지 얼마 되지 않아 한 친구에게 박사 논문이 힘들다고 투덜댔더니 친구가 내게 이렇게 물었다.

"최근 들어 순전히 재미로만 책 읽은 적 있어?"

그러고 보니 독서의 즐거움을 잊고 있었다. 어릴 때는 대부분 시간을 독서를 즐기며 보냈지만 어른이 되고 나서는 한 번도 즐겁게 책을 읽은 기억이 없었다. 그날 나는 바로 소설책 한 권을 사서 밤새 읽었다. 아침이 되자 문득 내 귀중한 시간을 학술 논문을 쓰며 보내고 싶지 않다는 생각이 들었다. 나는 사람들이 즐겁게 읽을 수 있는 글을 쓰고 싶었다. 이미 박사 과정은 마쳤지만 내가 선택한 직업과 하버드의 가치 체계는 내 인생의 근간이었던 종교와 공동체를 따르고 있었다.

참, 한 가지 작은 깨달음과 변화가 있었다. 바로 내가 믿고 있던 나의 성적 취향이 틀릴 수도 있다는 것이었다. 그렇다고 내가 존과의 결혼을 후회한다는 말이 아니다. 존을 깊이 사랑하고 그에게 깊은 사랑을 받았다. 하지만 우리가 모르몬교 문화에서 자라지 않았더라면 우리 둘 다 자신이 양성애 혹은 동성애자라는 사실을 좀 더 일찍 알았을 것이다. 존의 입장은 그가 이야기할 부분이지만 아무튼 우리는 온전함을 추구하기 시작하면서 우리 두 사람의 관계를 바꾸기로 했다. 우린 비공식적으로 '결혼하지 않은 관계'로 살면서 앞으로 무슨 일이 벌어질지 좀 더 지켜보기로 했다.

그렇게 살다 보니 이전보다 훨씬 자유로움을 느꼈고 서로를 향한 사랑도 더욱 깊어졌다. 단테가 연옥의 산을 오르며 깨달은 대로 사랑은 나누기가 아니라 곱하기라는 사실이 점점 명확해졌다. 그래서 우리의 관계는 생각처럼 그리 즉각 변하지는 않았다. 그래도 나는 뼛속까지 흔들렸다. 살면서 한 번도 여자와 연인 관계를 맺어본 일도 없고 그 비슷한 시도도 해본 적 없었다. 막연하지만 강렬했던 환상은 있었다. 언젠가 옆집에 정말 정말 가까운 여성 친구가 살게 되고 매일 함께 시간을 보내는 것 같은 것 말이다.

나는 대체 어떤 인간이었던 것일까?

사실 몇 달 동안은 견딜 수 없는 수치심과 죄책감, 당혹감, 비참함 등의 감정에 시달렸다. 그즈음 모르몬교에서는 '후기성도교회의 가장 큰 3대 적'을 페미니스트, 지식인, 동성애자로 선포했다. 당시 내가 여전히 살고 있던 사회의 기준에서 보면 나는 삼진아웃을 당한 악인이었다. 그리고 그 사실을 숨길 수도 없었다. 1년 동안은 거짓말을 하지 않겠노라고 맹세했기 때문이다!

내 상담사는 농담조로 나의 가장 큰 심리적 문제는 새해 결심을 지키는 데 있다고 했다. 하지만 내가 판단하기에 나의 진짜 문제는 무엇이 진실인지 내가 모른다는 점이었다. 동성애자로 산다는 것은 내가 속한 문화권의 가치관을 너무도 크게 위반하는 것이어서 받아들이기 힘들었다. 나는 내가 아는 것을 알고, 내가 느끼는 것을 느끼며, 내가 무엇을 해야 할지 끝없이 자문하면서 몇 날 며칠을 뜬눈으로 보냈다.

결국 100분의 1도를 돌린 후 (정말 놀랍게도!) 단테의 《신곡》을 통해 앞으로 내가 맞닥뜨릴 상황을 볼 수 있으리라는 생각에 도달했다. 중세 유럽의 가톨릭 신자였던 단테는 그의 걸작에 고정관념을 깨는 전복적 사고를 교묘히 넣었다.

연옥의 산 위쪽을 오르면서 나태, 인색, 탐욕, 음욕을 정화하는 망자들을 보며 베르길리우스는 사실 저 모든 죄의 토대는 사랑이라고 말해 단테를 놀라게 했다. 나태와 인색과 탐욕과 음욕은 휴식과 풍요로움과 자원과 섹스와 자신의 관계가 불균형할 때 생긴다. 우리는 이런 것들과의 관계를 강박적으로 탐닉하거나 지나치게 억압하는 실수를 저지르곤 한다. 자신의 진정한 본성과 조화를 이루지 못하고 오히려 그 본성에서 멀어질 때 균형이 깨진다. 우리가 순수함에서 멀어지는 것은 자연스러운 행동 때문이 아니라 잘못된 생각 때문이다.

내면의 스승 되기

○

잘못을 바로잡은 단테는 자신에게 마지막 남은 타락과 부패를 모두 태워버릴 정화의 불을 만나게 되었다. 단테는 무서웠지만 피하지 않았다. 그 모습을 지켜보던 베르길리우스는 그에게 죽은 시인의 망령인 자신을 그만 따를 때가 되었다고 말했다. "내 말이나 암시를 기다리지 말게. 자네의 의지는 자유롭고 올곧으며 건강하다네. 그 의지가 과오를 범하지 않도록 행동하게."

이제 단테는 온전함에 극도로 가까워져서 그가 진정으로 원하는 일, 즉 그에게 가장 큰 기쁨을 안겨줄 길을 계속 따라가면 천국에 곧장 도달할 수 있었다. 단테의 내면의 스승은 외부의 스승만큼이나 그에게 도움을 주고 있었다.

당신에게도 이런 일이 일어날 것이다. 온전하게 사는 데 필요한 기술들을 훈련하면, 즉 불행을 감지하고, 잘못된 신념들을 찾아내고, 망상으로부터 자유로워지고, 진실한 길을 걷는다면 당신은 더욱 자유로워지고 진정한 자신인 내면의 스승과 연결될 것이다.

물론 그 과정에서 정화의 불을 마주할 것이고 정직해질 용기를 시험하는 여러 상황에 놓일 것이다. 내 경험을 예로 들자면 이렇다. 교단에서 떠나 정직한 한 해를 보내고 몇 년 뒤, 나는 생방송으로 전국에 방영되는 오프라 윈프리 웹캐스트 방송에 출연하게 되었다. 프로듀서가 준 방송 원고에는 내가 동성애자가 되었다는 이야기는 피해달라고 쓰여 있었다. 불과 얼마 전 코미디언이자 배우인 엘런 드제너러스가 공개적으로 커밍아웃을 했기 때문이다. 그런데 방송이 진행되던 중간에 객석에 있던 한 여성이 손을 들고 자신은 세 아이를 둔 엄마인데 최근에야 자신이 레즈비언임을 깨달았다고 말했다.

나는 잠시 망설였다. 그 여성의 상황을 그저 이론적으로만 아는 척할지, 아니면 나 역시 완전히 똑같은 경험을 했다며 그 상황을 인정해줄지 고민이었다. 방송 원고 지침을 무시하기도 겁이 났고, 내 성 정체성을 공개적으로 드러내기도 겁났다. 하지만 내 내면의 스승은 침묵도 거짓말이라고 말하고 있었다. 그래서 나는 대본을 덮어두고 그 여성에게 내 과거 이야기를 시작했다.

정신을 차리고 보니 오프라가 입을 떡 벌린 채 나를 보며 이렇게 말하고 있었다.

"잠시만요, 당신이 동성애자라고요?"

전국에 생방송으로 송출되는 방송이었다. 내가 책을 출간한 작가이자 인생 코치다 보니 수백만 명이 보는 오프라 윈프리 쇼에서 성 정체성을 밝혀도 거리낌 없으리라고 생각하는 사람도 있을 것이다. 하지만 전혀 그렇지 않았다. 말 그대로 불구덩이 속으로 걸어 들어가는 기분이었다. 모르몬교 사람들을 흡족하게 했던 내 마지막 조각들마저 불길에 휩싸여 베이컨처럼 지글지글 타는 기분이었다. 솔직히 말하자면 끔찍했다. 하지만 온전함에서 멀어지는 것보다는 덜 끔찍했다.

만약 내가 진정으로 원하는 삶으로 1도씩 바꾸는 연습을 하지 않았더라면 오프라 윈프리 쇼에 나가지도 않았을 것이고, 그 순간 진실을 말하지도 못했을 것이다. 수년 동안 나는 진정으로 원하는 일의 목록을 만들어 그 계획들이 내 진심을 반영하는지 아닌지를 내면의 스승에게 묻고 또 물었다. 그리고 작은 선택들을 하나씩 내릴 때마다 내 진정한 본성에 가까워졌다. 바로 그 습관의 힘 덕분에 정화의 불과 맞닥뜨렸을 때도 그 불길로 걸어 들어갈 수 있었다.

다음은 온전함을 향해 나아갈 때 결코 저버려서는 안 되는 내면의 스승과 깊이 유대감을 쌓을 수 있는 훈련이다.

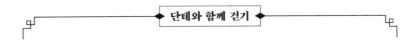

◆ 단테와 함께 걷기 ◆

내면의 스승과 연결되는 연습

짧은 버전

1. 내면의 스승이 말하는 목소리에 귀를 기울여라(제2곡을 참조하라).

2. 자신에게 물어보라. 만약 내가 완전히 자유로워진다면 지금 당장 무엇을 할 것인가?

_____

3. 그 일을 하라.

긴 버전

1. 내면의 스승이 말하는 목소리에 귀를 기울여라.

2. 자신에게 물어보라. 내가 완전히 자유로워진다면 지금 당장 무엇을 할 것인가?

_____

3. 지금 자신에게 물어보라. 지금 그 일을 하지 않는 이유는 무엇인가?

_____

4. 그 일을 방해하는 요소들을 모두 적어보자.

_____

_____

5. 방해 요소들의 근간이 되는 제한적 믿음을 추적해보자. 그 믿음이 거짓임이 드러날 때까지 묻고 또 물어보라. 다음 예를 참조하라.

- 사회적 환경 때문에 자신의 진정한 본성을 따르지 않고 있다면 그 환경이 내면의 진실과 일치하는지 아닌지 질문해보자.
- 자신의 가치관이나 능력이 진심을 훼손하지 않고 따를 수 있는지 의심된다면 그 의심을 의심해보자.
- 그 일을 방해하는 요소가 논리적인 문제라면 그 문제를 해결할 수 없다는 믿음에 질문을 던져보자. 그리고 해결하자.
- 방해 요소의 정보가 충분하지 않다면 필요한 정보를 더 모아보자.

6. 자신에게 다시 물어보라. 내가 정말 완전히 자유로워진다면 무엇을 할 것인가?

---

7. 지금 자신이 자유로운지 살펴보자.

8. 진심으로 원하는 바로 그 일을 하자.

내게 상담을 받은 많은 사람이 이 훈련대로 하다간 곧장 지옥으로 떨어질 것이라고 말했다. 하지만 이 최후의 예언은 늘 거짓으로 판명되었다. "내가 정말 원하는 건 해변에서 평생 맥주나 마시는 거야."라고 말하는 사람도, 그렇게 사흘만 살고 나면 지루해져서 새로운 일을 궁리하기 시작한다. 자식을 내버릴 것 같아 두려워하던 부모는 가끔 베이비시터의 도움을 받아 이전보다 육아를 훨씬 더 즐겁게 하게 된다. 동료들에게 주먹을 한 대 날리는 게 소원인 직장인은 자신의 삶부터 원하는 방식으로 바꿔나가면 막연했던 적대심이 서서히 우호적 감정으로 바뀐다는 사실을 깨닫는다.

진심으로 원하는 일을 시작하려는 당신에게도 이처럼 즐겁고 편안한 모험이 펼쳐지길 바란다. 나처럼 극단적이고 파괴적인 경험은 부디 하지 않길 바란다. 또 자신이 가야 할 진정한 길을 찾았으면 그 길에서 절대 멀어지지 않길 바란다. 간혹 발부리가 걸려 넘어지고 비틀대더라도 괜찮다. 나도 그랬다. 그럴 때는 그저 온전함으로 가는 기본 과정으로 되돌아가서 다시 시작하면 된다.

천천히 가되 꾸준히 가면 된다. 어두운 과오의 숲 증후군을 알아차리고, 거짓된 믿음을 추적하고, 그 믿음에 질문을 던지고, 진정한 본성과 조화를 이루고, 진정한 가치관에 따라 창의적으로 대응하기를 1,000번 반복하다 보면 매번 조금씩 좋아진다. 넘어진다고 해서 세상이 끝난 게 아니다.

레야는 죽기 몇 달 전까지만 해도 제대로 비틀대고 넘어졌다. 두려움과 신체적 아픔 그리고 말기 암의 고통을 완화하기 위해 의사들이 처방해준 엄청난 양의 아편 성분 약까지 더해지면서 레야는 몇 년 전 끊었던 약물 중독 상태로 돌아갈 뻔했다. 하지만 그녀는 그렇게 사는 건 얼마 남지 않은 생의 마지막 시간에 대한 모욕이라고 판단했고 경로를 수정했다. 레야는 1도가 아니라 엄청난 도약을 했다. 그녀는 약물 중독 경험이 있는 사람을 고용해 마약을 끊었고, 지독한 금단으로 악몽 같은 나날을 보냈다. 그리고 살면서 한 번도 경험하지 못한 온전함을 추구하게 되었다.

레야는 죽음이 얼마 남지 않은 시점에 내게 전화를 걸어 자신이 혹시라도 진통제에 취해 무례한 언행을 할지도 모른다고 말했다 (하지만 그런 일은 없었다). 전화기에서 전해지는 그녀의 에너지는 놀라웠다. 순수하고 사랑스러웠으며 오히려 내가 약에 취한 듯 기분이 좋아졌다. 레야는 이렇게 말했다.

"그동안 원하는 것을 얻으려고 너무 많은 시간을 거짓으로 살았어요. 이제야 깨달은 게 있어요. 진실하게 산다면 삶이 늘 괜찮을 거예요. 오직 진실에만 다리가 있거든요. 생의 마지막 날, 유일하게 버티고 서 있는 건 그 진실의 다리예요."

나는 내 오른쪽 발목에 그 말을 문신으로 새겨 넣었다. '오직 진실에 다리가 있다.' 이 문장을 볼 때마다 매일 내 시간을 최고의 삶으로 채우고 온전함을 기린다. 그리고 레야를 기억한다. 레야는 몇 달 더 살다가 세상을 떠났다. 마지막까지 자신이 선택한 진실한 본성의 길인 사랑, 웃음, 소속감, 목적의식, 평화를 따랐다.

제12곡

에덴으로 돌아가기

셰리는 정말 빛나는 사람이었다. 그런 셰리가 지나온 과거가 얼마나 끔찍했는지 사람들은 상상도 못 할 것이다. 셰리는 켄터키주에서 작은 기독교 종파의 일원으로 자랐는데 그 종교에 비하면 모르몬교는 사교클럽처럼 보일 지경이었다. 열다섯 살의 나이에 임신한 셰리는 고등학교를 중퇴하고 남자 친구 나단과 결혼했다. 그리고 스물네 살이 될 때까지(내가 셰리를 만나기 수십 년 전이다) 두 사람은 다섯 명의 아이를 더 낳았다. 그러던 어느 날 건설 노동자였던 나단이 건설 현장에서 추락 사고를 당하면서 심각한 뇌손상을 입었다.

수입은 끊겼고 나단의 병원비는 날로 불어났으며 여덟 식구는 뭐라도 해서 먹고살아야 했다. 셰리는 직장을 구하기 시작했다. 시

부모님이 아이들을 돌봐주면 일할 수 있을 것이라 기대했지만 셰리가 속한 종교 사회에서 여성이 집 밖에서 일하는 것은 금지되어 있었다. 시어머니는 셰리가 직장을 구하는 죄를 지어서 아들 나단이 낫지 않는다며 그녀를 비난했다. 감당하기 어려운 슬픔과 생활고에 지칠 대로 지친 셰리는 어두운 과오의 숲에서 완전히 길을 잃었고 자살하기로 마음먹었다.

셰리는 집 근처 절벽에서 투신하기로 계획을 세웠다. 그래야 사랑하는 이들에게 자신의 죽음이 자살이 아닌 실족사로 보일 수 있기 때문이다. 훗날 셰리는 그 시절을 회상하며 내게 이렇게 말했다.

"아이들만 남겨두고 싶지는 않았어요. 하지만 정말 너무 아팠어요. 너무 고통스럽다 보니 제정신이 아니었죠."

어느 날 밤 셰리는 집을 나와 해가 뜰 때까지 산을 올랐고 마침내 높은 절벽 꼭대기에 도착했다.

"더는 물러날 곳이 없었어요. 제가 죽을 수밖에 없다는 사실에는 아무 이의가 없었어요. 그래서 그 자리에 앉아 마지막으로 주위를 둘러봤어요."

해가 뜨는 모습을 바라보던 셰리는 자신의 정체성, 문화, 가족, 심지어 육체에서마저 심리적 유대감이 떨어지도록 가만히 내버려두었다. 그런데 이상한 일이 벌어졌다.

"뭔가 세상에 불이 탁 켜지는 것 같았어요. 온통 흑백이던 세상이 컬러로 변했죠. 완전한 자유가 느껴졌어요. 그 에너지가 제 온몸과 마음에 차오르더군요. 그건 삶이었어요. 제가 사랑하는 삶. 그

때 깨달았어요. 제가 삶을 끝내고 싶어 하는 게 아니라 제가 살아온 방식을 끝내고 싶어 하는 거라는 사실을요. 만약 제가 죽으면 다른 사람이 저를 어떻게 생각하든 신경 쓰지 않을 거라고 생각했죠. 그 생각이 들자 모든 일에 대한 모든 걱정을 멈춰도 된다는 허가를 받은 기분이 들더군요."

당연히 셰리는 뛰어내리지 않았다. 집으로 돌아와 여기저기 친구들에게 도움을 요청해 검정고시를 봤고 간호대학에 장학금을 받고 입학했다. 몇 년 동안 삶은 쉽지 않았지만 그녀의 내면은 다시 회색의 불모지로 돌아가지 않았다.

가끔 셰리 같은 사람들을 만난다. 어느 순간 거대한 사회와 관습을 버리고 유구한 자유를 느끼는 사람들이 간혹 있다. 앞서도 언급했지만 나도 이와 비슷한 경험을 한 적이 있다. 어느 날 노자의 《도덕경》을 읽다가 나를 괴롭히던 모든 신념이 한꺼번에 무너져내리면서 온몸에 엄청난 전류가 흐르는 기분을 느꼈다. 마치 감전된 것 같은 감정을 주체하지 못한 나는 근처 폭포수로 달려갔다. 일본말로 이런 경험을 '사토리さとり'라고 한다. 갑작스러운 깨달음이라는 뜻으로 '득도得道'로 번역되기도 한다. 그 깨달음은 작고 점진적인 방식으로 찾아오기도 하고, 거대하고 불가역적인 방식으로 찾아오기도 한다.

세계 각지에서, 무수한 역사 속에서 이런 경험을 이야기하는 사람들이 있다. 문화적 배경이나 소통 방식이 전혀 다른 이들이 묘사하는 이 경험은 대단히 비슷하다. 과학자들은 이런 깨달음이 뇌의 특정 상태와 관련 있음을 발견했다. 즉 이 현상은 실제로 일어나는 일일 뿐 아니라 주변에서 관찰할 수도 있다.

큰 깨달음을 경험한 사람들은 세상이 달라 보이기 시작한다. 세상을 보는 방식이 달라졌기 때문이다. 온전함으로 가는 길을 오랫동안 꾸준히 가다 보면 당신도 이런 경험을 하리라 생각한다. 그시점이 되면 자신이 생각하는 온전한 삶에 대한 정의와 문화에서 내리는 정의가 다를 수도 있다. 하지만 문화를 초월해 모든 생각과 마음이 훨씬 생생하고, 과감하고, 삶을 사랑하는 방식으로 재구성될 것이다.

연옥에서 만난 세 가지 깨달음

○

마침내 단테는 연옥의 산 정상에 올랐다. 그리고 그곳에서 궁극적 깨달음에 이르게 되는 세 가지 사건을 경험했다.

첫째, 단테는 평화롭고 아름다운 숲에 들어섰는데 숲을 보자마자 즉각 그곳이 '에덴의 동산'임을 알았다. 둘째, 그의 첫사랑이자 젊은 나이에 요절한 베아트리체와 만났다. 베아트리체는 단테를 깨우치기 위해 단호하게 말했다. 꿈꾸듯 생각하고 말하기를 멈추라고. 셋째, 단테는 천사들에게 이끌려 맑은 두 줄기 강에 몸을 담갔다. 한 강물은 그가 행했던 모든 잘못을 잊게 만드는 강이고 또다른 강은 옳게 행동했던 모든 것을 기억나게 하는 강이었다. 연옥의 마지막 단계는 우리 모두에게 에덴의 동산에 돌아가 잃어버린 순수를 찾으라고 말한다.

다 좋다. 그런데 어떻게 해야 할까? 한 번에 한 가지씩, 세 가지 변화를 실천해보자.

첫 번째 변화: 에덴동산의 회복

이전 장에서도 살펴봤지만 온전함으로 나아가는 기술을 단련하고 계속해서 다듬어나가면 내면의 모든 조각이 점차 제자리를 찾아가고 외적인 삶과 조화를 이룬다. 현재 삶이 자신의 진정한 본성과 맞지 않는다는 사실을 알게 되면 그런 삶의 방식을 버리고 진심이 바탕이 된 삶의 요소들로 빈자리를 채워나가려고 해야 한다. 이렇게 하면 삶이 나날이 더 좋아진다. 자신만의 에덴동산에서 진정한 자신을 만나 더할 나위 없이 평화로워질 수 있다.

셰리의 경우 갑작스러운 내적 붕괴 덕분에 서서히 외적 행동을 재창조하기 시작했다. 급작스러운 깨달음이었지만 삶은 천천히 변했다. 또 어떤 이들은 내면의 신념은 더디게 변하는데 상황이 급격히 변하기도 한다. 얼마나 빠르게 변하는지는 두 가지에 달려 있다. 즉 얼마나 깊숙이 사회화되어 있는가, 자신의 진정한 본성을 표현하는 데 얼마나 파괴적인 문화인가, 이 두 가지다.

사례를 살펴보자. 데릭과 짐은 중산층 백인 남성으로 경영대학을 졸업하자마자 함께 회사를 차렸다. 20년이 넘게 회사를 운영해오던 짐은 점점 나르시시즘과 거짓에 빠졌다. 충동적 분노와 회계 부정으로 회사는 거의 파산 직전까지 갔다. 그러나 데릭에게는 깰 수 없는 신념이 있었다. '짐은 내 친구야. 짐과 함께 갈 수 있는 길을 찾아야 해.' 그는 이 신념 때문에 신의를 지켰다. 하지만 그런 신념은 온전함을 위한 훈련의 시험대에서 빠르게 무너졌다. 데릭은 동업자 관계를 청산하고 홀로 사업을 시작했고 사업은 날로 번창했다. 이는 난이도에서부터 조화에 이르기까지 온전함을 추구하는 과정의 교과서 같은 사례다.

루시아의 여정은 더 험난했다. 루시아는 온전함을 추구하면서 미국의 문화 규범에 맞추려고 애쓰던 모든 시도를 중단했다. 그녀는 (그녀의 표현을 빌리면) "미국의 기업에 들어가 백인 세상에 사는 백인들처럼 성공하려고 아등바등 노력하기"를 멈추고 라틴아메리카계 동성애자인 자신의 정체성을 받아들이기로 했다.

루시아는 삶의 여러 부분에서 1도씩 변화를 실천하면서 자기도 모르게 집에 그녀만의 에덴동산을 만들었다. 그녀의 집은 피부색, 성 정체성, 살아온 배경, 관심사 때문에 사회에서 안전함을 느끼지 못하는 친구들이 모이는 아지트가 되었다. 생김새도, 삶도 모두 달랐지만 모두가 안전하고 사랑받는다고 느낄 수 있는 포용의 공간을 만든 것이다.

인종차별이나 억압적 정치 체제, 종교적 근본주의(종교적 교리에 절대적으로 따르려는 입장으로 원리주의라고도 한다.—옮긴이) 등 사회적 불의 속에서 온전함을 추구하려는 사람들에게 들려줄 좋은 소식과 나쁜 소식이 있다. 좋은 소식은 그런 사회 체제가 당신에게 크나큰 고통을 주기 때문에 자신의 본성과 맞지 않는 문화를 쉽게 발견할 수 있다는 점이다(음, 축하한다고 해야 하나?). 나쁜 소식은 적대적 환경에서 자신만의 에덴동산을 만들어야 한다는 점이다.

온전하게 살기 위해 단순한 변화를 추구했던 많은 사람이 그런 체제와 환경의 공격을 받았다. 그러니 온전함을 향해 꾸준히 1도씩 방향을 바꾸는 과정에서 내면의 스승을 자주 만나 부드럽게 확인해보자. 변화에 가장 위험한 장소야말로 그런 변화가 가장 절실한 곳이다.

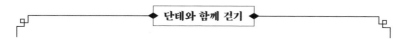

◆ 단테와 함께 걷기 ◆

나만의 에덴동산을 만들어라

앞서 배운 1도씩 방향 바꾸기 과정을 통해 일상을 바꿔나가면 차츰 자신만의 에덴동산이 만들어진다. 하지만 좀 더 야심 차게 만들고 싶다면 다음을 참조하자.

1. 주위에서 불공정하거나 부당한 공동체(이웃, 교회 모임, 직장, 국가)를 찾아 아래에 적어보자.

---

2. 제7곡에서 했던 질문에 대답해보자. 위에 적은 문제와 관련해 자신의 핵심 가치대로 행동한다면 어떤 긍정적 결과를 만들 수 있을까? 아래에 적어보자.

_____

_____

3. 위에 적은 긍정적 결과를 향해 한 걸음씩, 1도씩만 작은 변화를 만들어보자. 아무리 큰 변화도 이 작은 한 걸음에서 시작한다는 사실을 잊지 말자. 당신이 시작한 에덴동산은 생각보다 훨씬 멀리까지 파장을 미칠 수 있다.

두 번째 변화: 사랑의 빛 앞에서 솔직해지다

에덴동산을 거닐던 단테는 어느 강 앞에 도착했다. 그 강은 "아무것도 숨길 수 없을 정도로" 맑고 투명했다. 마치 어떤 비밀이나 거짓도 품지 않은 우리 내면의 순수한 중심처럼. 사회과학자들은 이런 투명성이 건강한 가족, 팀, 정부에 대단히 중요한 환경이라고 말한다. 하지만 이 단계의 온전함에서는 용기가 필요한데, 자신을 있는 그대로 보려는 의지를 발휘해야 한다.

단테가 강가에 서 있는데 어디선가 천사들의 소리가 들려왔다. 천사들은 한 아름다운 여성을 데려왔는데 바로 베아트리체였다.

수년 전 세상을 떠난 단테의 첫사랑이었다. 첫사랑을 만났으니 이후에 벌어질 장면은 영화 〈사랑과 영혼〉의 마지막 장면처럼 달콤하리라 생각하는 이도 있을 것이다. 영화 속에서 데미 무어가 죽은 연인 패트릭 스웨이지의 영혼을 볼 수 있게 되면서 달콤하고 아름다운 교감을 나누던 그런 모습 말이다. 하지만 《신곡》에 그런 장면은 없다. 죽은 여자 친구가 나타나자 단테는 오히려 괴로워졌다.

일단 베아트리체는 거짓으로 꾸며낸 억지웃음을 짓지 않았다. 그녀는 당당한 태도에 빛처럼 빛났다. 그 찬란한 빛 속에서 단테는 투명하게 솔직해졌다. 베아트리체는 단테를 꿰뚫어 봤고 잔인하지는 않았지만 인정사정 봐주지 않았다.

단테를 마주한 베아트리체는 자신이 죽은 후 단테가 사랑을 잃고 방황하는 모습, 어두운 과오의 숲에서 헤매는 모습을 천국에서 지켜봤노라고 했다. 사실 베아트리체는 그를 구해주려고 했다. 무수한 영감을 주었고 꿈에 나타나기도 했다. 천국에서 너무 멀리 내려갈 수는 없었기에 단테의 귓가를 직접 쓰다듬을 수는 없었지만 할 수 있는 모든 것을 다 했다. 마침내 그녀는 베르길리우스에게 단테를 데리고 지옥을 통과해 연옥의 산꼭대기로 와달라고 부탁했다. 단테는 온전함의 길을 걸어왔기에 신성한 존재로서 베아트리체를 받아들였지만 가까스로 인정할 뿐이었다.

단테를 연구하는 학자 중에는 상냥하지 않은 베아트리체의 모습에 당황하는 이들도 있다. 인간의 문화에서 여성은 으레 다정한 존재로 여겨지기 때문이다. 이런 베아트리체의 모습은 충격적이기까지 하다! 하지만 나는 베아트리체를 여성이라는 단어에 국한해서 보지 않는다. 내가 본 베아트리체는 30년 전 수술실에서 봤던 형언할 수 없이 환한 빛과 같다. 그 빛은 베아트리체가 단테에게 했던 말을 내게 해주었다. '나는 늘 너를 사랑했다. 나는 늘 너를 도우려 노력했다. 너는 행복하기 위해 태어난 존재다. 다시는 나를 잊지 마라.'

단테도 내가 빛과 조우했을 때와 같은 경험을 했는지는 잘 모른다(이런 경험은 흔히들 생각하는 것보다 훨씬 흔하다). 하지만《신곡》을 단테의 내적 삶의 은유로 본다면 베아트리체는 단테의 영혼일 수 있다. 단테와 모든 사람의 본질인 순수한 빛이자 사랑이며 힘이다.

메리앤 윌리엄슨Marianne Williamson은 이런 글을 썼다. "우리의 가장 깊은 두려움은 불충분함이 아니다. 우리의 가장 깊은 두려움은 우리 자신이 헤아릴 수 없이 강하다는 것이다. 우리를 가장 무섭게 하는 것은 우리의 어둠이 아니라 빛이다."

나는 온전함의 길을 따라 행복을 향해 가는 모든 사람이 이런 현상을 겪는 것을 봤다. 문화는 그들에게 스스로를 과소평가하라고 가르쳤다. 윌리엄슨이 말한 것처럼 '나는 누구인가? 이렇게 눈부시고, 멋지고, 재능 있고, 훌륭한 나는 누구인가?'라고 생각하지 않도록 가르쳤다. 하지만 진실과 일치하는 삶을 살면서 그들은 빛나기 시작했다. 셰리가 그랬고, 데릭이 그랬으며, 루시아와 친구들이 그랬다. 사람들은 눈부시게 빛나는 그들을 알아차리기 시작했고 그들의 매력에서 눈을 떼지 못했다.

이런 현상을 처음 맞닥뜨렸을 때 그들이 보인 반응은 대부분 두려움과 부끄러움이었다. 문화는 우리의 진정한 본성이 어떻게든 나쁘다고 말하면서 '원초적 수치심'을 심어준다. 그래서 우리는 다른 사람에게, 심지어 자신에게조차 본모습을 다 드러내지 않고 숨긴다. 그러다 지독한 외로움을 느끼며 자신이 있는 그대로 보이기를, 있는 그대로 사랑받기를 갈망한다.

하지만 본모습을 처음 드러내는 순간(셰리가 직장을 구할 때나 데릭이 짐을 떠날 때, 루시아가 자신의 정체성을 포용할 때) 원초적 수치심이 우리를 견딜 수 없이 나약하게 만든다. 단테는 베아트리체를 똑바로 바라보지도 못했다. 자신을 속속들이 사랑하는 베아트리체를. 그는 땅만 내려다보며 부끄러움에 눈물을 흘릴 뿐이었다.

순수한 온전함에 도달해 자신만의 에덴동산을 만들기 시작할 때 우리는 그 어느 때보다도 더 투명하게 솔직해진다. 상대가 어떤 반응을 보일지 모르는 채 불쑥 상대에게 사랑한다고 고백할 수도 있고, 새로 생긴 자존감을 존중하며 어떤 일이나 사람에게 경계선을 확고하게 그을 수도 있다. 동네 사람들과 함께하는 파티 자리에서 인기 없는 정치관을 드러낼 수도 있다. 슬픔에 빠진 낯선 이를 안아줄 수도 있다. 스스로 어색할 정도로 자신의 진실을 열렬히 옹호하기 시작할 수도 있다.

이 단계에서 무서울 정도로 자신이 노출되어 있다는 느낌을 받기도 한다. TV를 좀 본 사람으로서 말하자면 리얼리티 쇼 〈메이크오버Makeover〉에 출연한 많은 사람이 카메라 앞에서는 더없이 기쁜 척하다 집에 갈 때는 화장을 지우고 후줄근하고 소맷단이 너덜거리는 후드티를 입고 간다. 마치 자신의 삶이 맨얼굴과 후드티에 달려 있다는 듯이 말이다. 자신이 통제할 수 없는 방식으로 남들에게 보인다는 건 두려운 일이다. 이 두려움을 인식하고, 그 두려움을 유발하는 믿음을 찾아내고(대부분은 문화에서 강요하는 수치심 관련 메시지), 그런 믿음에 질문을 던지고, 앞으로 나아가야 한다.

시인 윌리엄 블레이크William Blake는 이렇게 썼다. "우리는 이 세상에 잠시 머물면서/사랑의 빛을 견디는 법을 배우는 거란다."(〈어린 흑인 소년The Little Black Boy〉에 나온 구절이다.—옮긴이) 사랑의 빛은 햇빛처럼 우리의 삶을 환히 비춘다. 이 빛은 모두가 원하는 빛이자 모두에게 필요한 빛이다. 하지만 그 빛을 처음 마주하면 너무 밝아서 고개를 돌리고 싶어진다. 단테가 베아트리체에게서 고개를 돌렸듯이 말이다. 하지만 베아트리체는 그런 단테를 눈감아주지 않는다. 단테는 자신을 바라보고 있는 그녀의 사랑을 봐야 한다. 당신도 그렇다.

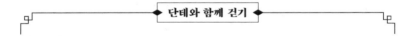

◆ 단테와 함께 걷기 ◆

사랑의 빛 앞에서 솔직해지기

1. 온전함에 가까워질수록 1도씩 방향을 바꾸며 선택하다 보면 마침내 신뢰하는 사람들과 동지가 된다. 그들은 친구일 수도 있고 중독을 극복하는 사람들 모임일 수도 있으며, 배우자나 파트너일 수도

있고 형제자매일 수도 있다. 그들을 '믿을 수 있는 상대'라고 부르
자. 마음속에 그런 사람을 떠올렸다면 2단계로 넘어간다.

2. 믿을 수 있는 상대에게 털어놓기에는 너무 민감한 이야기라고 생
   각해서 미처 하지 못한 말이 있는지 떠올려보자. 학대받는 관계였
   다거나 중요한 일에 실패한 경험 등 과거에 부끄럽다고 생각했던
   일들도 좋다. 아니면 지금 자신을 나약하게 만드는 사랑, 갈망, 바
   람 등의 감정 이야기도 좋다. 아래에 적어보자.

   _____

   _____

3. 믿을 만한 상대와 가까워질수록 숨기고 있는 걸 드러내는 두려움
   과 드러내고 싶다는 바람이 동시에 생긴다는 사실을 인지하자. 자
   신의 솔직한 모습을 모두 알리고 싶다는 바람이 강해지면 적절한
   상황이 생겼을 때 믿을 만한 상대에게 털어놓기로 하자.

4. 적절한 상황이 생기면 믿을 만한 상대에게 자신의 민감한 사안을
   이야기하자.

5. 이제 가장 중요한 부분이 남았다. 상대의 반응이 냉담하거나 무관
   심하다고 느껴지면 즉시 대화를 중단하자. 하지만 상대의 반응에
   서 사랑과 이해가 느껴진다면 그 사람의 눈을 바라보자.

나는 그룹 상담에서 이 훈련을 자주 활용한다. 용감한 참가자는 자신의 분노나 외로움을 이야기하기도 한다. 그러고 나서 그들은 한결같이 시선을 떨군다. 나는 이 발언자에게 연민이 느껴지는 사람은 손을 들어보라고 한다. 그다음 발언자에게 지금 손을 든 사람을 한 명씩 눈을 바라보라고 말한다. 발언자의 말에 공감하는 낯선 이들의 눈을 들여다보라고 말이다.

시선을 맞추면 우리 뇌의 거울 신경(타인의 행동을 보기만 해도 자신이 그 행동을 하는 것처럼 작동하는 뇌의 신경세포 체계—옮긴이)이 활성화되어 타인을 향한 감정에 변화가 생긴다. 나는 이 훈련이 사람들을 '재사회화'하는 과정을 수도 없이 봤다. 원초적 수치심은 줄어들고 사람들 사이에서 안전하다는 생각이 만들어지는 과정이다. 각자의 속도대로 이 과정을 진행하면 된다. 꼭 시도해보길 바란다.

세 번째 변화: 완전한 망각과 새로운 시작 _____

베아트리체는 단테의 눈을 또렷이 응시했지만 단테는 베아트리체를 똑바로 바라보지 못했다. 그러자 베아트리체는 더욱 극적인 수단을 동원했다. 그녀는 단테에게 '꿈꾸는 사람처럼 말하게 되는' 두려움과 수치심을 버리고 깨어나야 한다고 말했다. 그러자 베아트리체 주위에 있던 한 천사가 단테를 두 줄기 강으로 데리고 갔다. 그리고 단테에게 각각의 강물에 몸을 담그라고 했다.

단테가 처음 몸을 담근 강은 레테Lethe의 강이다. 레테는 그리스어로 '망각'이라는 뜻이다. 이 망각의 강에 몸을 담그면 단테가 그

동안 행했던 모든 악행에 관한 기억을 다 잊게 된다. 반대편에 있는 강은 에우노에Eunoe 강이다. 그리스어로 '아름다운 생각'을 의미한다. 이 강에 몸을 담그면 그동안 행했던 모든 선행이 낱낱이 기억난다.

이 낯선 장면은 단테가 주일 미사를 드리면서 배웠던 종교적 교리가 아니다. 나는 단테가 심리적 차원에서 경험한 것을 레테와 에우노에 강에 각각 몸을 담그는 장면으로 비유했다고 생각한다.

온전함을 향해 나아가는 이들을 보면 생각의 흐름이 단테가 두 강에 몸을 담갔을 때와 똑같이 바뀐다. 거짓에 기반을 둔 그들의 내적 고통이 서서히 줄어들기 시작한다. 그리고 진실에 기반을 둔 가치 있고 사랑스러운 모습이 점점 커진다.

이는 뇌에서 실제로 일어나는 물리적 변화로도 확인된다. 신경과학자들은 명상을 통해 생각을 살피고 공감에 집중한 사람들이 부정적 감정과 관련이 있는 뇌 영역의 신경세포가 덜 활성화되고 공감, 사랑, 기쁨 등과 관련 있는 뇌 영역의 세포들이 일반인보다 훨씬 조밀하다고 말한다. 더 오래 단련할수록 더 큰 변화가 생긴다. 말 그대로 행복을 위해 자신에 관한 기록을 다시 쓰는 셈이다.

여러 샤머니즘 전통이나 동양의 종교에는 이런 내적 변화를 위한 실용적이고 체계적인 방식들이 있다. 이 방식들은 대부분 오랜 기간 자신을 성찰하는 형태로 이뤄지는데, 새로운 생각을 배우는 것이 아니라 모든 생각을 얽매고 있는 자신을 느슨하게 풀어주는 방식으로 진행된다.

서구권의 종교에서도 향심 기도Centering Prayer(마음의 중심에 있는 신을 향해 마음을 모아가는 기도 방식—옮긴이)가 비슷한 효과를 낸다. 하지만 현대의 세속적인 사회에서는 두려움과 수치심을 의도적으로 없애는 단련법이 많지 않다. 상담 치료도 효과는 있지만 매우 느리다. 연구에 따르면 특정 상담 형태가 중요한 것이 아니라 치료사에게 솔직하게 말하는 것이 매우 중요하다.

내가 미국 문화에서 발견한 가장 효과적인 방법은 제6곡에서 언급한 작가 바이런 케이티의 방식이었다. 케이티는 수십 년 동안 끔찍한 우울과 불안에 시달렸으며 광장공포증을 앓았다. 우울함을 견디다 못한 케이티는 집 근처에 섭식장애가 있는 여성들을 위한 시설에 들어갔다. 집 근처에서 입원 치료를 제공하는 곳은 그곳뿐이었다. 그러나 시설에서도 케이티의 난폭한 분노와 우울은 멈추지 않았다. 결국 다른 환자들은 다락방에 케이티의 병상을 만들었다. 자는 동안 케이티가 자기들을 죽일까 봐 겁이 났기 때문이다.

그러던 중 케이티는 갑자기 깨달음을 얻었다. 어느 날 아침 잠에서 깨났는데 믿을 수 없는 생각이 펼쳐졌다. 갑자기 자기 자신을 포함해 세상 모든 것이 경이롭고, 싱그럽고, 아름답게 느껴졌다. 훗날 케이티는 그때의 경험을 이렇게 썼다.

"내 생각들을 믿을 때는 고통스러웠지만 내 생각들을 믿지 않을 때는 고통스럽지 않다는 사실을 깨달았다. 그리고 이것이 모든 사람에게 다 통한다는 생각이 들었다. 자유는 그렇게 단순한 것이었다. 고통은 선택이었다. 단 한 순간도 사라지지 않는 기쁨을 내 안에서 찾았다. 그 기쁨은 모든 이의 마음에 늘 있다."

그녀의 깨달음은 고통을 유발하는 생각에서 벗어나는 방법을 보여준다. 케이티는 이 방법을 '작업 The Work'이라고 부른다. 앞에서도 말했듯 케이티의 작업은 레테의 강과 에우노에 강에 몸을 담그게 해주는 아주 효과적인 도구다. 훈련을 시작하기에 앞서 이 방법이 내게 어떤 영향을 미쳤는지 들려주겠다.

연옥의 산을 오르고 또 오르고
○

이 책에서 내 이야기를 많이 하는 이유는 온전함으로 가는 길이 반복의 길이라는 사실을 보여주고 싶기 때문이다. 단테는 《신곡》에서 이 길을 한 번만 갔지만 우리가 삶의 각기 다른 분야에서 겪는 고통을 정화하려면 어두운 숲에서 지옥으로, 지옥에서 연옥으로 가는 여정을 수없이 거쳐야 할지도 모른다.

나는 애덤이 다운증후군 진단을 받은 후 지성을 둘러싼 믿음들을 버렸다. 유타주로 돌아온 후에는 어린 시절 트라우마로 생긴 상처를 치유했다. 그다음엔 나의 종교에 대해 다시 생각했고 직업을 다시 선택했다. 그리고 나서는 내 성 정체성을 발견했고 결혼을 다시 생각했다. 이 모든 문제를 나의 온전한 길과 일치하도록 대처하면서 예전에 나를 사회화했던 기존의 사회문화 규범들을 거의 다 깨야 했다. 그 후 나는 더할 나위 없이 행복해졌다.

나는 나의 에덴동산을 만들었다. 존과 부부관계를 청산하고 유타주에서 피닉스주로 이사했다. 그곳에서 우리는 공동으로 육아를 했으며 미국 국제경영대학원American Graduate School of International Management 에서 강의도 하게 되었다. 우리 두 사람은 각자 동반자를 만났고 우리 아이들은 부모가 둘이 아닌 넷이 되었다. 내 삶은 여느 문화의 관점에서 보면 기이하기 짝이 없다. 하지만 내 어두운 과오의 숲 증후군이 사라졌다. 살면서 처음으로 지속적인 평온과 행복을 느꼈다. '진행형 불치병'이었던 자가면역 질환도 경감되었다. 몸이 좋아지면서 글도 쓰고 첫 책도 냈다.

첫 책의 판매 실적은 별로 좋지 않았다(만약 당신이 그 책을 구매한 일곱 명 중 한 사람이라면 고개 숙여 깊이 감사한다). 문득 내가 책을 쓸 수는 있지만 아무도 읽지 않을 것이라는 생각이 들었다. 더 깊은 진실, 더 많은 진실을 이야기해야겠다는 생각이 들었다. 다시 아들에 관한 회고록을 쓰기 시작했다. 이번에는 작정했던 것보다 훨씬 더 솔직하게 썼고 그 책은 깜짝 놀랄 정도로 많이 팔려 베스트셀러가 되었다.

기적은 책을 낸 것으로 끝나지 않았다. 나는 미국의 50개 주와 다른 몇몇 나라에서 강연했다. 정말 굉장한 일처럼 보인다는 걸 잘 안다. 나도 깊이 감사한다. 잡지에도 글을 기고하기 시작해《오, 디 오프라 매거진》에 매달 칼럼을 썼다. 하지만 너무나 많은 사람이 쏟아내는 사랑의 빛을 감당하기가 힘겨웠다.

내가 온전함을 추구하는 방식이 처음으로 두렵게 느껴지는 순간이었다. 내가 늘 하던 생각이 있다. 만약에 운이 따라줘 세상의 신뢰를 충분히 얻는다면 모르몬교 사회에서 겪은 내 경험담을 쓰는 데 그 신뢰를 사용해야 한다는 생각이었다. 힘없는 많은 사람이 내가 어린 시절 겪었던 것과 비슷한 고통, 학대, 기괴한 사회적 압박에 시달리며 살고 있다. 누군가 내게 "당신 아버지 덕분에 모르몬교에 정착하게 되었어요."라고 말할 때마다 내 아버지는 교활한 정신적 지주라는 말을 하지 못했다. 그들에게 한마디 말도 없이 그 집단을 떠나는 것은 온전함과는 거리가 멀게 느껴졌다.

처음에는 모르몬교 사회에 관한 비판적 소설을 쓰려고 했다. 허구라는 장치를 이용하면 내 분노를 직접 드러내지 않고도 내 이야기를 충분히 실을 수 있다고 생각했다. 하지만 편집자가 소설 대신 회고록을 쓰면 어떻겠냐고 제안했다. 나는 그 회고록이 '사랑의 빛' 소설보다 독자들에게 훨씬 더 매력적이라는 사실을 잘 알고 있었다. 하지만 솔직히 말하면 그 회고록이 나를 죽일 수도 있다는 생각도 들었다. 그럼에도 회고록이 더 온전하게 느껴졌다. 나는 생명보험을 두 배로 늘리고 수없이 깊은 심호흡을 하며 《성도를 떠나며》를 썼다. 이번에는 지옥을 더듬거리며 갈 필요가 없었다. 사실 그러지 않아도 됐다. 지옥이 곧장 내게로 왔으니까.

모르몬 교도들이 내가 쓴 책을 알게 되면서 내게 퍼부었던 공격만으로도 책 한 권은 거뜬히 쓸 수 있을 정도였다. 내가 그 폭풍에서 살아남을 성싶지 않았다. 온갖 위협과 협박이 밀려왔다. 그중에는 나를 포함해 내 아이들과 내가 사랑하는 사람들을 어떻게 살해할 것인지 생생하게 묘사한 글도 있었다. 형제자매들이 알려준 바에 따르면 그들은 나를 연방법을 위반한 범죄자로 고소해 감옥에 넣을 계획까지 세웠다고 한다.

책 강연을 하러 전국을 다닐 때, 내가 가는 곳이면 어디든 모르몬교도들이 나타났다. 그들은 내가 뉴스나 토크쇼에 나오는 것을 필사적으로 막으려 했다. 내 가족과 모르몬교 교인들은 공개적으로 시위를 벌이며 내가 앙심을 품은 미친 여자라고 말하고 다녔다.

교인들은 내가 칼럼을 쓰는 잡지사에 나를 해고하라는 이메일을 보내기 시작했다. 누군가 모르몬교 교인들이 가지고 있는 이메일 지침서를 내게 보내주었는데, 그 지침서에는 어떻게 하면 오프라 잡지에서 나를 공격할 수 있는지 방법이 상세히 나와 있었다. 잡지사 측에는 이메일 발신지가 유타주가 아닌 다른 주이며 발신자가 모르몬 교도임을 언급하지 말라는 지침도 있었다. 어떤 사람은 위키피디아에 있는 내 프로필 페이지에서 내 학력을 다 지우고 나를 정신 질환자라고 써놓기도 했다. 나중에 알고 보니 10대였던 내 딸이 부정적 글이 올라오면 곧바로 지우고 고쳐놓았다고 한다.

이것이 내가 바이런 케이티의 책《네 가지 질문》을 처음 접했을 때의 상황이었다. 나는 우연히, 그것도 두 번이나 그 책을 만났다. 사람들의 이목을 피해 공항 서점에 몸을 숨기고 있었을 때였는데 놀랍게도 그곳에《네 가지 질문》책이 쌓여 있었다. 그런데 그 책의 공동 저자이자 케이티의 남편인 스티븐 미첼Stephen Mitchell이라는 이름이 낯익었다. 나를 폭포수로 달려가게 했던《도덕경》을 기억하는가? 그 책의 번역가가 바로 스티븐 미첼이었다. 나는 바로《네 가지 질문》을 사서 비행기에 올랐고 기내에 성난 모르몬 교도가 없는지 확인했다(참고로 알려주자면 모르몬 교도는 무척 잘 웃는다).

비행기가 순조롭게 이륙한 후 나는 케이티의 책을 펼쳤다. 케이티가 말하는 '작업'은 고통을 유발하는 생각을 없애고 삶에 대한 새로운 관점을 찾기 위한 간결하고 우아한 훈련법이었다. 이 책은 네 가지 질문과 '뒤바꾸기'라는 내용으로 구성되어 있다. 케이트의 작업에 관해 간단히 소개하려 한다. 그녀의 책이나 동영상, 각종 강연 행사 등에서 소개되는 이 작업을 시도해보길 강력히 권한다. 이 훈련은 직접 해봐야 한다. 펜을 들고 원할 때 아무 때나 깊이 빠져보길 바란다.

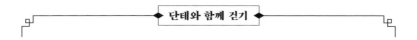

◆ 단테와 함께 걷기 ◆

바이런 케이티의 네 가지 질문

1단계

떠올리면 기분 나쁜 생각들이 있는지 살펴보고 적어보자.

괴로운 생각을 곰곰이 성찰한 후 다음 네 가지 질문에 대답해보자. 서두르거나 겉핥기식으로 대답하면 안 된다. 고통으로부터 자유로워지고 싶다면 의식의 깊은 곳에 푹 잠겨 그 생각들을 성찰하고 거기서 떠오르는 생각들을 살펴보자.

1. 그 생각이 진실인가? ('예/아니오'로 대답하고 답이 '아니오'라면 3번 질문으로 가라.)

2. 그 생각이 진실이라고 완전히 확신할 수 있는가? (예/아니오로 답하라.)

3. 그 생각이 진실이라고 믿는다면 나는 어떻게 반응하며, 어떤 일이 일어나는가?

4. 그 생각을 하지 않는다면 나는 어떤 사람 또는 상황이 되는가?

이제 '뒤바꾸기'를 해보자. 고통을 주었던 생각을 정반대로 뒤집어 생각하는 과정이다. 괴로운 생각을 최대한 다양한 방식으로 바꿔서 생각해보자. '자신'과 '대상'의 입장을 바꿔서도 생각해보자. 예를 들면 당신을 괴롭히는 생각이 '폴은 나를 싫어한다'라고 해보자. 이 문장을 '폴은 나를 좋아한다'로 바꿀 수 있다. 또 주어를 바꿔서 '나는 나를 싫어한다'로 바꿀 수도 있고 대상을 바꿔서 '폴은 폴을 싫어한다'로 바꿀 수도 있다. 이렇게 바꾼 문장들 가운데 원래 생각인 '폴은 나를 싫어한다'보다 더욱 진실에 가까운 문장이 있는지 살펴보자.

처음 이 훈련을 할 때 나는 수많은 괴로운 생각들이 떠올랐다. 그중 반복적으로 떠오르는 생각을 하나 골랐다. '내가 이 책을 썼기 때문에 뭔가 끔찍한 일이 생길 거야.'

케이티의 첫 번째 질문인 '그게 진실인가?' 항목은 편안하게 느껴졌다. 열여덟 살 때부터 늘 나 자신에게 내 생각이 진실인지 아닌지를 물으며 살아왔기 때문이다. 하지만 '내가 이 책을 썼기 때문에 뭔가 끔찍한 일이 생길 거야'라는 지옥 같은 생각은 무척 완고했다. 분노한 이들이 내게 그런 일이 벌어질 거라고 끊임없이 말했기 때문이다. 하지만 두 번째 질문인 '그게 진실이라고 완전히 확신할 수 있는가?'에는 '아니오'라는 답이 나왔다. '완전히' 확신하지는 못했기 때문이다(칸트의 철학이 여기에도 적용된다).

그다음에는 세 번째 질문으로 넘어갔다. '그 생각을 믿는다면 나는 어떻게 반응하며, 무슨 일이 벌어지는가?' 나는 내 감정적 반응과 신체적 반응을 적어봤다. '내가 이 책을 썼기 때문에 뭔가 끔찍한 일이 생길 거야'라고 생각하면 아프고, 두렵고, 갑갑했다. 나는 진실한 생각은 독처럼 느껴지지 않는다는 사실을 오랜 세월에 걸쳐 터득했다.

그다음에는 네 번째 질문으로 넘어갔다. 이 질문은 마치 레테의 강에 몸을 담그는 기분이었다. 제11곡에서 했던 질문, '완전히 자유롭다면 무엇을 할 것인가'와도 유사하다. 하지만 이 자유는 모든 행동에서의 자유가 아니라 단지 하나의 생각에서의 자유다. '그 생각을 하지 않는다면 나는 어떤 사람 또는 상황이 될 것인가?'

'내가 이 책을 썼기 때문에 뭔가 끔찍한 일이 생길 거야.' 이 생각을 하지 않는 상상을 하는 데만도 꽤 오랜 시간이 걸렸다. 하지만 마침내 그 생각을 하지 않는 상상을 하게 되었다. 저 무시무시한 문장이 레테의 강, 망각의 강에 잠겨 잊혔다. 평온하고 편안한 기분이었다. 홀로 비행기를 탄 기분이었다. 나를 위협하며 다가오는 무서운 이들도 없고 딱히 해야 할 일도 없는 아름다운 상태였다. 나는 안도의 숨을 쉬며 그곳에 앉아 있을 수 있었다. 특별한 일은 벌어지지 않았다. 특별할 게 없다는 사실이 내겐 곧 천국이었다. 나는 그 상태를 한동안 음미했다. 그리고 작업의 마지막 단계인 뒤

바꾸기로 넘어갔다.

뒤바꾸기 과정 역시 시간이 좀 걸렸다. '내가 이 책을 써서 나쁜 일이 생길 것'이라는 생각과 반대되는 생각들이 잘 떠오르지 않았기 때문이다. 이 문장을 뒤바꿔서 '나쁜 일은 전혀 생기지 않을 거야'라고 하면 거짓말처럼 느껴졌다. 이미 우리 집 마당에 있는 식물들을 모조리 죽여서 우리 가족을 공포에 몰아넣은 사람도 있었다. 그래서 나는 내 생각이 터무니없게 보이는 문장이 나올 때까지 다른 방식으로 문장을 계속 바꿔봤다. 그러다 이런 문장이 만들어졌다. '내가 그 책을 썼기 때문에 나는 끔찍한 일을 당할 거야.' 나는 이 문장을 한참 생각했다. 생각에 푹 빠질수록 에우노에 강물에 가라앉는 기분이었다.

'나는 끔찍한 일을 당할 거야.'

브리검영대학교의 내 연구실 앞에서 흐느껴 울던 젊은 모르몬교 여성들이 떠올랐다. 내가 비밀을 털어놓고 얼마 후 스스로 목숨을 끊은 친구가 떠올랐다. 평생을 신 앞에서 거짓으로 살았던 아버지가 떠올랐다.

'나는 끔찍한 일을 당할 거야.'

마음을 달래주는 문장은 아니었다. 베아트리체의 말투처럼 낯설고 날카로웠다. 이 문장을 보니 예전의 내가 떠올랐다. 세상의 관심을 거의 받지 않던, 자유롭고 의식 있으며 운이 좋았던 나를. 모든 분노가 가라앉고 연민이 우러나올 때까지 기다렸다가 쓴 《성도를 떠나며》도 생각났다.

나는 깨달음과 아주 멀리 떨어져 있었다. 하지만 '그 책을 썼기 때문에 나는 끔찍한 일을 당할 거야'라는 문장은 내 두려움의 상당 부분을 영원히 산산조각 냈다. 여전히 내 머릿속에는 내가 파산하고, 감옥에 갇히고, 살해당하는 생각들이 자리하고 있었지만 진심으로 괜찮았다. 사람들을 해친다고 믿었던 사회에 맞서지 못하는 것보다는 훨씬 평화롭게 느껴졌다. 내 삶의 이 한 부분에서만큼은 두려움과 수치심으로부터 해방되었다.

나는 더 이상 꿈꾸는 사람처럼 말하지 않았다.

각성의 시작

○

꿈은 문화와 트라우마가 우리에게 보여주려고 프로그램한 현실의 변형이다. 온전함을 추구하면 그 꿈은 반드시 끝날 것이다. 그리고 당신의 주위에는 에덴동산이 생길 것이다. 마음이 열리기 시작하면서, 진정한 본성을 드러낼 것이고 이때 필연적으로 나타나는 영혼의 빛과 사랑의 빛을 견디는 법을 배울 것이다.

어느 분야에서든 온전한 진리에 도달하면 깨달음의 순간이 찾아온다. 그 순간에는 갑자기 억누를 수 없는 낯선 에너지가 폭발하듯 느껴지고 세상이 더욱 생생하고 다채롭게 보인다. 또렷하고 맑은 상태에 몰입하게 되고 모든 고통이 망각의 강으로 사라지며 그 자리에 아름다운 생각들이 솟아난다.

바이런 케이티가 제안하는 작업의 정수는 우리가 사회와 문화에서 훈련받은 모든 것과 고통스러운 신념을 초월하는 방법을 보여준다는 데 있다. 이 방식은 자신을 가장 괴롭히던 믿음이 각성으로 가는 과정과 얼마나 정반대의 위치에 있는지 보여준다.

셰리의 경우 '죽고 싶다'라는 거짓말이 '살고 싶다'라는 진실로 바뀌었다. 데릭은 '짐과 함께 일할 방법을 찾아야 한다'라는 거짓말이 '짐 없이 홀로 설 방법을 찾아야 한다'라는 진실로 바뀌었다. 루시아는 '더욱 평범해져야 한다'라는 생각을 '덜 평범해져야 한다'로 바꾸었다. 당신에게는 별로 와닿지 않는 변화일지 몰라도, 그들에게 생각을 바꾸는 과정은 깊은 진실의 울림을 주었다.

이 방식은 문화적으로 세뇌된, 가장 고통스러운 거짓말을 드러내는 깨달음의 관문이다. 자신을 괴롭히는 믿음이 생길 때마다 이 방법을 활용하면 그 지독한 고통이 결국은 자신을 깨우기 위해 노력하는 고된 현실이었음을 깨닫게 된다. 괴로운 거짓을 망각의 강에 흘려보내고 강 건너편에서 보면 전혀 다른 관점이 생겨나면서 문화를 초월하는 법을 알려줄 것이다. 이 과정을 통해 우리는 자유로워지고 완전한 자신으로 거듭나게 된다. 하지만 이것이 여정의 끝은 아니다. 단테의 말대로 이 지점에 도달하면 이제 '별을 향해' 올라갈 준비가 된 것이다.

제4막

천국편

The Way of Integrity

신비로운 여정으로

단테는 의식을 찾고 에우노에 강에서 나왔다. 자기기만도, 두려움도, 수치심도 없이 온전함만이 가득했다. 몸과 마음과 정신과 영혼이 진실과 조화를 이루고, 모든 부품이 완벽하게 맞물려 돌아가는 비행기처럼 그는 날 수 있게 되었다.

단테는 애쓰지 않고도 날아올랐고 베아트리체가 그의 곁에서 천국의 입구까지 함께했다. 이 시점에서 작가 단테는 일반 작가라면 하지 않을 말을 한다. 그것도 상냥한 말투로 "원하신다면 더 이상 읽지 않으셔도 됩니다."가 아니라 "당장 읽기를 중단하라!"라고 경고한다. 단테는 자신을 깊은 물을 건너는 배 한 척에 비유하며 독자들에게 "그대들은 조각배를 타고 노래하며 항해하는 내 배를 뒤따라왔구려. 깊은 바다로 들어서지 말고 해안을 볼 수 있는 지금

돌아가시오. 나를 잃고 길도 잃을 수 있으니."라고 말한다. 우리가 그의 뒤를 따라갈 수 있으리라는 확신은 전혀 없다.

《신곡》을 연구하는 이들 중에는 이 부분을 단테가 장난스럽게 오만함을 드러내는 장면으로 해석하는 사람도 있다. 단테 자신이 너무도 엄청난 재능이 있는 작가여서 그 어떤 독자도 자신의 빛나는 논리와 정교한 예술성을 감히 따라올 수 없을 것이라고 뽐내는 부분이라고 말이다. 하지만 나는 그 해석에 동의하지 않는다. 나는 단테가 내적으로 엄청난 경험을 했으며 이를 어떤 글로도 표현할 수 없다는 사실을 잘 알았다고 생각한다. 말하자면 거대한 깨달음을 얻은 것이다.

단테는 '꿈꾸는 사람처럼' 생각하지 않으면 형언할 수 없이 밝게 빛나는 곳에 있는 자신을 발견할 수 있다고 했다. 그의 묘사는 절대적 온전함, 즉 자각과 깨달음 현상을 이해하는 사람들이 사용하는 표현과 비슷하다. 단테가 천국에 관해 묘사하는 이미지와 개념은 선에 통달한 선사禪師나 힌두교의 요가 수행자, 영지주의靈知主義(그노시스gnosis라고도 하며 영적 인식 혹은 신비적 직관의 의미를 포함한 종교적 개념—옮긴이)와 수피교 신비주의자, 수많은 부족 문화의 샤머니즘 주술사 등이 깨달음의 경지에 도달한 상태와 유사하다. 그래서 나는 단테의《신곡》에서 천국편이 깨달음에 관한 내용이라고 생각한다. 천국편에서 환상처럼 묘사된 부분은 환상이라기보다 있는 그대로의 묘사에 가까울 수도 있다.

최근 연구에 따르면 깨달음이라는 경험은 평소와 다른 수준에서 일어나는 일관된 신경학적 현상이다. 온전함을 충분히 추구하다 보면 자신의 의식이 고양되는 경험을 할 수 있다. 그 경험은 작은 것일 수도 있고, 큰 것일 수도 있다. 이 장에서는 깨달음이라는 심원한 개념에 담긴 실용적인 측면들을 살펴보고 그것이 어떻게 작동하는지, 어떻게 대처해야 하는지 살펴볼 것이다.

깨달음은 어떻게 작동하는가

○

어떤 이들은 깨달음을 하나의 거대하고 돌이킬 수 없는 사건으로 경험한다. 또 어떤 이들은 통찰력을 얻고 무언가를 지각하는 경험을 점점 더 자주, 더 오래 하기도 한다.

바이런 케이티와 에크하르트 톨레는 큰 깨달음을 경험한 현대 작가다. 두 사람 모두 끔찍한 불행이 갑작스레 더없는 기쁨으로 바뀌었다. 둘 다 그 경험으로 큰 혼란을 겪었고 사회에서 정상적으로 기능하며 다시 적응하기까지는 수년이 걸렸다. 온전함을 추구하는 사람 대다수는 잔잔한 깨달음의 순간들을 겪으며 이를 계기로 세상을 보는 관점이 완전히 달라진다.

큰 깨달음이든, 작은 깨달음이든 그 경험을 말로 설명하기란 무척 어렵다. 우리 문화에 이런 현상을 설명할 표현이 없기 때문이기도 하고, 단테의 말대로 인간의 상태를 초월한 것 같은 그 경험을 묘사할 단어가 없기 때문이기도 하다. 수백 년 전 중국의 철학자 노자는 이렇게 말했다. "아는 자는 말하지 않고, 말하는 자는 알지 못한다." 깨달음을 경험한 이들이 흔히 겪는 일이다. 언어로는 이 경험을 전달하지 못한다. 몇 년에 걸쳐 꿀의 맛을 설명한들 직접 한 입 먹어보는 것보다 못한 것과 같은 이치다.

그러나 깨달음을 얻은 이들은 자신이 아는 것을 설명해주려 노력하며 단테도 그중 한 명이다. 단테는 천국의 여정 내내 인간의 경험과는 다른 두 가지 기본적 인식에 관해 설명했다.

첫째, 단테는 그 누구에게서도, 그 무엇에서도 더 이상 분리감을 느끼지 않았다. 그는 온 우주가 하나의 전체로 존재한다는 사실을 명확히 인식했다. 둘째, 그의 개인적 의지[불교에서는 이를 '자아'(불교에서의 자아는 무엇에도 오염되지 않은 본래의 나, 참된 나를 의미한다.―옮긴이)라고 부르기도 한다]는 점점 흩어져 천국에 더 깊숙이 들어갈수록 소멸해갔다. 단테는 절대적 사랑에 이끌리는데, 이 절대적 사랑은 천국에 있는 모든 사람의 행동 원천이다. 그가 천국에서 만나는 사람들은 저마다 각기 다른 정체성과 목적이 있지만 동시에 모두가 하나이며, 모두의 사랑이 그들의 원동력이다.

역사적으로 깨달음을 얻은 이들도 이와 같은 이야기를 한다. 사랑에 녹아들고 하나가 되는 감정은 깨달음을 경험한 이들이 일관되게 묘사하는 내용이다. 철학자 윌리엄 제임스William James는 고전 《종교적 경험의 다양성》에서 어느 시대건, 어느 장소건 깨달음에는 공통적인 요소가 있다고 말한다. 요약하자면 그 요소는 다음과 같다.

- '내면의 빛'을 경험함
- 도덕적 가치관이나 영적 가치관이 깊어짐
- 지적인 이해가 확장되는 느낌
- 죽음에 대한 두려움이 사라짐
- 죄의식이나 죄책감이 사라짐
- 인격의 지속적 변화

이 시대 문화에서 교육 수준이 높은 사람들은 이런 계몽 상태를 무시하거나, 과장되고 광적인 신앙으로 폄훼하거나, 정신 질환으로 본다. 이런 상태를 경험한 후 기존에 믿던 종교를 버리고 정신적으로 훨씬 안정적이고 행복하며 사랑이 풍부한 사람이 되는 사람이 많은데도 말이다. "그딴 거, 누가 신경 쓴다고!" 이 시대의 합리주의와 물질만능주의 문화는 이렇게 말한다. "다 헛소리야! 내면의 빛을 자각하고, 죽음에 대한 두려움이 사라지고, 죄책감이 모두 사라진다는 건 망상이야! 그런 망상이 우리 삶의 방식을 공격하고 있어!" 맞는 말이다. 그렇다고 해서 깨달음이 망상인 건 아니다. 깨달음은 현실이다.

신경과학자 앤드루 뉴버그Andrew Newberg는 평생 뇌를 연구한 끝에 이런 글을 썼다. "과학적 증거를 토대로 나는 이제 고대 문헌에 나오는 이야기들을 믿는다. 그 이야기들에는 신경학적으로 발생하는 특정 사건이 뇌의 구조와 기능을 영구적으로 바꿀 수 있다는 내용이 담겨 있다. 뇌에서 깨달음을 추구하는 경로는 실제로 존재할 뿐

아니라 인간은 생물학적으로 그 깨달음을 찾으려고 하는 경향이
있다." 뇌과학자들은 이런 현상이 어떻게, 왜 일어나는지 알아내기
위해 연구를 거듭하고 있다.

각성의 신경학적 의미

○

한 번이라도 어려운 수수께끼를 풀고 나서 '아하' 하고 만족감을
느낀 적이 있다면 당신도 소소한 깨달음의 순간을 경험한 것이다.
그렇다면 갑작스럽고 폭발적인 각성이 일어나 삶의 모든 문제가
한꺼번에 해결된다면 어떤 기분일지 상상해보라. 벼락을 맞듯 갑
자기 쿵! 하고 깨달음의 순간을 맞는 것이다.

뇌과학자들은 '아하'의 순간이 뇌의 두 영역의 전기 활동이 감소
하는 증상과 관련이 있다고 말한다. 득도하기 위해 수만 시간을 수
행에만 매진한 승려들의 뇌에서는 이 두 영역의 전기가 완전히 꺼
진 것처럼 보인다. 이 두 영역은 일상에서 경험하는 두 가지 주관
적 감정과 관련이 있다. 하나는 현실과 괴리된 듯한 분리감이고,
다른 하나는 자신과 상황을 통제하고 있다는 감각이다.

단테는 천국에서 모든 현실이 하나이며 모든 행동이 사랑으로
움직인다고 느꼈다. 이런 감정은 분리와 통제를 담당하는 뇌 영역
이 잠잠할 때 느끼는 감정이다. 이런 경험은 일상에서의 지각 못지
않게 현실적이지만 일상의 지각보다 우리를 훨씬 더 행복하게 해

주며, 지극히 짧은 순간의 경험만으로도 영구적인 변화를 일으킬
수 있다.

여러 연구자들이 실로시빈 버섯(환각을 일으키는 버섯으로 우울증
등의 치료제로 연구되는 중이다.―옮긴이) 같은 특정 물질이 평소 늘
사용하던 뇌의 패턴을 비활성화하고 뇌의 다른 영역 간 상호작용
을 활성화한다는 내용을 토대로 연구를 진행했다. 결과는 어땠을
까? 엄격한 의료 지침을 준수하며 다수의 피실험자에게 이런 물질
을 1회 투여하자, 각성과 연관 있는 뇌의 특정 영역이 활성화되어
강박적 행동을 영구히 멈추거나 불치병 진단을 받은 환자들이 죽
음의 공포에서 벗어났다.

우리는 이런 물질의 도움을 받지 않고도 경험할 수 있다. 오랜
세월에 걸쳐 사람들은 이 책에 소개한 방법과 유사한 방법들, 즉
자신의 생각을 예민하고 섬세하게 관찰하고, 의문이 해소될 때까
지 계속 질문을 던지는 방법이 뇌에서 동일한 작용을 일으킨다
는 사실을 발견했다. 하버드대학교의 심리학자 대니얼 골먼Daniel
Goleman과 위스콘신대학교의 리처드 데이비슨Richard Davidson은 수년간
명상의 신경과학을 연구하고 있다. 이들은 지속적인 자기 성찰과
탐구가 뇌에서 일시적으로 일체감과 사랑의 감정을 유발하는데,
이렇게 형성된 감정이 영구적이고 구조적인 뇌의 특질로 바뀐다는
사실을 발견했다.

그렇다고 해서 오랜 기간 동굴이나 수행 시설에서 명상을 수련
할 필요는 없다. 앞서 뉴버그의 말대로 인간의 뇌는 생물학적으로

각성을 지향하도록 프로그램되어 있다. 이 과정은 우리가 믿음에 대한 집착을 버리고, 뇌에서 분리와 통제를 담당하는 영역을 비활성화해 진정한 본성과 조화를 이루도록 해준다. 정말 그런지 궁금한가? 다음 훈련을 해보자.

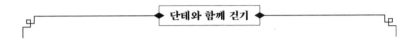

단테와 함께 걷기

깨달음 훈련

1. 양 손바닥을 위로 향하게 하고 앉는다. 이때 자세는 편안해야 한다. 양손을 들어 올리면 뇌의 양쪽 반구가 활성화된다. 이 단계를 건너 뛰면 훈련이 제대로 진행되지 않으므로 반드시 이 단계를 수행한다.

2. 굳이 생각하지 않아도 되는데 주기적으로 생각하는 문제를 떠올린다. 밤마다 헤어진 연인을 생각하며 괴로워한다든지, 직장에서 컴퓨터 게임을 한다든지, 쉴 때마다 포털 사이트에 자신의 이름을 검색한다든지 같은 것들을 생각해보자. 이런 것들을 '금지된 일'이라고 부르자.

3. 앉은 자세에서 왼손 손바닥에 작은 야생 동물이 있다고 상상한다. 이 야생 동물은 금지된 일을 하고 싶어 한다. 졸리거나 짜증이 나면 이 동물은 잠자는 호랑이가 될 수도 있다. 반면 긴장하고 억눌

리면 이 동물은 오들오들 떠는 토끼가 될 수도 있다. 예민하고 길
들지 않은 그 야생 동물을 가만히 들여다보라. 그 동물을 '생물'이
라고 부르자.

4. 오른손에 사회적으로 가장 이상적인 모습을 한 자신이 8센티미터
남짓한 크기로 있다고 생각한다. 그 존재는 금지된 일을 잘못된 일
이라고 생각한다. 자신의 분신인 이 존재는 사회화가 매우 잘 되어
있다. 뷔페에서 새우요리만 먹어대지도 않고, 엄마에게 버릇없이
말하지도 않으며, 코를 후비지도 않는다. 이 버전의 자신을 '통제
자'라고 부르자.

5. 통제자가 생물에게 무슨 일을 할지 명령하고 강요한다고 생각해보
자. 이 상황에서 생물은 어떻게 자유를 얻는지 살펴보자. 또한 통제
자가 생물을 억압하기 위해 얼마나 애를 쓰는지도 살펴보자. 통제
자는 모든 일을 해낸 듯 보이지만 실상은 생물이 억압 상황에서 탈
출해 금지된 모든 일을 하게 했을 뿐이다.

6. 두 가지 형태의 자기 모습을 관찰하며 생각해보자. 둘 다 좋은 존
재다. 생물은 자유로워지고 싶어 한다. 통제자는 사회적으로 인정
받으려 노력한다. 통제자가 잔소리할 때마다 생물이 얼마나 피곤
할지 느껴지는가? 통제자는 또 얼마나 지칠지 느껴지는가?

7. 두 존재의 상태가 느껴진다면 두 존재에게 애정을 듬뿍 담은 소망
을 동시에 빌어준다. '둘 다 건강하기를.' '행복하기를.' '자유롭기

를.' '안정감을 느끼기를.' '바라는 모든 것을 이루기를.'

8. 생물과 통제자 모두에게 진심으로 공감한다면 이제 자신에게 물어
   보자. 지금 이 순간 나는 무엇인가?

당신은 생물도, 통제자도 아니다. 당신은 그 두 존재를 바라보고
있고 보살피고 있다. 그들이 행복하기를 바라고 있다. 이 시점에서
당신의 뇌는 내면의 갈등이 잠잠해지고 평화가 우러나오는 방향
으로 활성화되고 있다. 이를 '공감의 목격자'라고 부르자. 이 목격
자가 자신의 가장 중요한 정체성임을 되새겨보자. 제자리로 돌아
온 걸 환영한다.

"마음을 모르겠어요"

○

깨달음을 과학적 관점에서 모두 뇌의 작용이라고 본다면 이를
문화적 패러다임의 관점으로도 볼 수 있으며 그 사실에 마음도 어
느 정도 편해진다. 하지만 내적 깨달음을 경험한 사람들의 '기적에
가까운' 경험을 뇌의 회백질(척추동물의 중추신경에서 신경세포가 모
여 있는 조직으로, 육안으로 관찰했을 때 회백색을 띠는 부분—옮긴이)
에서 일어나는 전기 자극 활동만으로 설명하기란 불가능할 때가

많다. 나도 그런 경험을 수없이 많이 했고, 내 고객들 역시 같은 경험을 했다.

예를 들어 상담했던 고객 중에 예지몽을 가끔 꾸는 바이올렛이라는 여성이 있었다. 바이올렛과 상담을 진행할 무렵 나는 할리우드의 한 영화배우를 상담하고 있었다(당연히 고객과 관련된 내용은 철저히 비밀이었다). 하루는 바이올렛이 내 꿈을 꿨다며 꿈 이야기를 들려주었다. 바이올렛이 들려준 꿈 이야기는 내가 며칠 전 할리우드 배우 고객과 진행했던 상담과 소름 끼칠 정도로 똑같았다.

내가 그 배우를 만난 장소는 이국적인 수족관이 가득한 그 배우의 자택이었다. 그런데 바이올렛은 그 배우의 이름을 정확히 거론하며 그 집과 수족관을 생생히 묘사했고 심지어 우리 두 사람이 입은 옷까지 그대로 설명했다. 이런 현상을 정확히 어떻게 설명할 수 있을까? 나도 모르겠다.

또 다른 고객, 루스의 사례도 살펴보자. 루스는 절망적인 상실감에 빠져 뉴욕에 왔는데, 렌트한 차를 잠시 세워두고 지도를 펼쳐 길을 찾고 있었다. 당시는 내비게이션이 나오기 전이었다. 그러다 그가 차를 세운 장소가 아버지의 묘지가 있는 공동묘지 바로 옆이라는 사실을 알게 되었다.

루스의 부모님은 그가 다섯 살 때 이혼했고 아버지는 그 후 사라지다시피 했다. 루스는 '난 좋은 아들이 아니었어', '난 사랑받을 자격이 없어' 같은 생각을 하며 자랐다. 열다섯 살이 되었을 때 그는 아버지의 사망 소식을 들었다. 장례식이 열린 날이 그가 유일하게 이 묘지에 온 날이었다. 나중에 루스는 내게 이렇게 말했다.

"제 삶을 구하려고 일부러 그 무덤을 찾은 것도 아니에요."

우연히 아버지의 묘지에 가게 된 루스는 차에서 나와 아버지의 무덤으로 갔다. 그리고 그곳에서 그동안 품었던 지옥 같은 생각들을 모두 흘려보냈다. 마침내 이전에는 한 번도 경험하지 못한 순수한 평화가 찾아왔다.

그때였다. 뭔가 발밑에서 잡아당기는 기분이 들어 내려다보니 작은 푸들 한 마리가 그의 바짓단을 물고 있었다. 루스는 강아지를 쓰다듬으려고 쪼그려 앉았고 강아지는 신이 나서 루스의 주위를 깡충깡충 뛰었다. 잠시 후 그 개의 주인으로 보이는 한 여자가 미안한 표정으로 얼굴을 붉히며 루스에게 왔다.

"액설! 이리 와, 액설!"

개 주인은 루스를 보며 말했다.

"죄송해요. 한 번도 이런 적이 없는 아인데. 액설! 이리 오라고!"

하지만 개는 주인에게 가지 않았다. 결국 주인이 개를 안아 올리려고 루스 쪽으로 와야 했다.

"참 이상한 우연이 다 있더군요. 우리 아버지 이름이 액설이었어요."

루스가 내게 해준 말이다. 이런 현상을 정확히 어떻게 설명할 수 있을까? 나도 모르겠다.

사실 온전함을 향해 더 멀리 나아갈수록 온전함이 실제로 어떻게 작동하는지 점점 더 알 수 없는 경우가 많다. 미국인으로서 이렇게 완벽한 무지를 인정하기란 정말 어렵다. 미국인은 모든 것을

'알아야만' 한다. 우리 사회는 알지 못하는 것은 멍청하고 부끄러운 일이라고 생각하도록 가르쳤다. 하지만 선불교에서 '마음을 모르는 것'은 공기처럼 맑고 유동적인 개념이다. 스즈키 로시(스즈키 순류鈴木俊隆)는 이렇게 말했다. "초심자의 마음에는 무수한 가능성이 있다. 전문가의 마음에는 그 가능성이 매우 적다." 깨달음의 경지에서 마음이 하는 일은 믿음을 단단히 굳히는 것이 아니라 흘려보내는 것이다.

지옥 같은 수많은 생각을 흘려보내고 나면 자신도 모르게 온전함의 기술을 확고한 사실, 가령 '비가 내린다' 같은 것에 적용하기도 한다. 비가 내리는 것이 진실이라는 걸 정말 확실히 알고 있는가? 아니, 어쩌면 꿈을 꾸고 있는 건지도 모른다. 이 책을 읽는 지금 이 순간도 꿈속일 수 있다. 장자는 이렇게 말했다. "내가 나비 꿈을 꾼 것인가, 나비가 내 꿈을 꾼 것인가." 인도의 현자 니사르가닷타 마하라지는 이런 말을 했다. "마음이 할 수 있는 유일한 진술은 오직 '모른다'뿐이다."

깨달은 자는 '안다'고 말하지 않는다

○

나는 완숙한 깨달음의 경지가 아닌 깨달음에 가까운 상태다. 그런데도 신비로운 경험을 무척 많이 했다. 나는 과학을 무시하는 듯한 느낌을 주는 '마법'을 믿지 않는다. 다만 아직도 밝혀내지 못한 과학이 무수히 많다고 생각한다. 그리고 내 안에 고통이 점점 사라질수록 이 신비로운 일들이 점점 더 자주 일어난다.

교단의 추문을 폭로하는 회고록 《성도를 떠나며》가 출판될 무렵 이 신비한 경험은 급격히 증가했다. 책이 나오면 어떤 일이 벌어질까 걱정하고 불안해하던 내 지옥 같은 생각들을 수도 없이 태워버려야 했는데, 책 출간일 몇 주 전 〈뉴욕 타임스〉에 내 책에 관한 기사가 실렸다. 언론에서 이 책을 기사로 쓸 줄은 전혀 몰랐다. 유타주에서 분노한 사람들의 반응이 있을 것이라고는 짐작했지만 다른 나라에서까지 이 문제에 관심을 가질 줄은 몰랐다.

기사가 실리기 전, 나는 세계 최고의 포커 선수처럼 포커페이스를 한 〈뉴욕 타임스〉 기자와도 인터뷰했다. 그가 무슨 생각을 하는지 도통 알 수 없었다. 〈뉴욕 타임스〉에 내 기사가 실리는 날 일어날지도 모르는 모든 일에 대비했다. 아니, 대비하려고 마음을 먹었다. 사실 그날 실제로 벌어질 모든 일에 내가 준비할 수 있는 건 없었다.

드디어 그날이 되었다. 이른 아침 나는 깊은 잠에 빠져 있다가 마치 총에서 발사된 총알처럼 갑자기 잠에서 깼다. 그때 그 상황을 뭐라고 묘사해야 할지 모르겠지만 최대한 비슷하게 설명하자면 온 방이 아름다움으로 가득한 기분이었다. 보이는 것도, 들리는 것도 없었지만 형언할 수 없이 아름다운 그 무엇이 내 감각을 통과해 내 감정으로 곧장 도달했다. 난생처음 느껴보는 감정이었지만 나는 그 정체를 알 것 같았다. 바로 내 아버지였다. 태어날 때부터 내가 알고 지낸 고약한 그 사람이 아니라 그의 본질, 그의 진정한 본성이었다.

평생을 망가진 라디오로 교향곡을 들으려 애쓴다고 생각해보자. 신경에 거슬리는 잡음과 왜곡된 소리로 그 아름다운 음악의 자취라도 더듬는다고 생각해보자. 그러다 어느 날 잠에서 깼는데 갑자기 오케스트라가 연주하는 곳 한복판에 내가 있는 기분이었다. 잡음도 없고 분리감도 없는, 오직 아름다운 곳에서.

나는 사랑에 가득 둘러싸인 채 한참을 앉아 있었다. 도대체 왜 이런 일이 일어나는지 궁금했다. 〈뉴욕 타임스〉 기사가 미국 이스트코스트 일대를 충격에 휩싸이게 해서였을까? 아버지와 아버지의 종교에서 나에 관한 이야기를 쏟아냈듯, 나도 내 이야기를 이제 세상에 내놓았다. 그렇다면 비겼다. 이제 거리낌 없이 마음껏 아버지를 사랑할 수 있다는 마음이 생겼다. 아침 해가 뜰 때까지 이런 마음이 내내 궁금했다. 나는 자리에서 일어나 또 다른 인터뷰를 준비했다. 한창 인터뷰를 진행하고 있는데 어디선가 벨이 울렸다. 아버지의 죽음을 알리는 전화였다.

기자를 바로 앞에 두고 나는 흐느끼기 시작했다. 부모의 죽음은 늘 격렬한 감정을 불러일으킨다. 설령 멀어진 사이라 할지라도. 하지만 내가 운 이유는 또 다른 감정의 파도, 아름다운 파도를 느꼈기 때문이다. 완전한 유대감, 순수한 사랑이 화음을 이룬 침묵의 교향곡을 들었기 때문이다.

아버지가 사망하면서 법적인 공격들은 대부분 끝났지만 불법적인 공격들이 오히려 거세게 불붙었다. 그렇지 않아도 내게 분노하던 사람들은 아버지의 죽음으로 더 크게 분노했다. 책 강연을 다니는 곳이면 어느 곳에나 모르몬 교인들이 나타났다. 서점에도, 방송국에도, 라디오 녹화장에도 나타나 내 출연을 필사적으로 막으려 했다. 강연이나 책 사인회를 위해 옷을 입을 때마다 죽음의 위협이 찾아왔다. 저 군중 사이에서 누군가 내게 총을 쏘지 않을까? 그렇다면 이 옷이 내가 입은 마지막 옷이 될 텐데. 하지만 지독한 공포에 시달릴 때마다 아버지가 죽은 날 아침 밀려왔던 그 부드러운 에너지가 차분하게 나를 감싸는 기분이었다.

아버지가 실제로 형이상학적인 형태로 나타나 내게 평안과 위로를 해주었다는 말이 아니다. 하지만 그러지 않았다고도 말하지 못하겠다. 어느 쪽이든 내가 잘 이해하지 못하는 무언가를 확실하다고 주장하는 것은 온전함이 아니다. 나도 잘 모르겠다.

나의 잃어버린 조각을 찾아서

○

'마음을 모른다'라는 말은 결국 제한적인 신념들로부터 자유로워진다는 의미다. 자신이 모든 것을 알지 못한다는 사실을 안다고 해서 실없는 소리나 지껄이는 무식한 사람이 되는 것은 아니다. 오히려 그와 반대로 모른다는 걸 인정하면 내면에 잠자고 있던 거대한 지적 본성이 깨어나 문화가 가르쳐준 대로만 보는 것이 아니라 모든 것을 있는 그대로 보는 혜안이 생긴다.

《신곡》의 주인공 단테는 그저 유구한 영광을 향해 떠돈다. 하지만 작중 인물이 아닌 실제 저자인 단테는 현실의 삶에서 깨달음의 경험을 한 후(라고 나는 생각한다)에도 빛으로 사라지지 않았다. 그는 현실에 머물러 사회에 거대한 충격을 주었다. 일단 그는 당시의 관습대로 라틴어로 글쓰기를 거부하며 자신의 모국어인 이탈리아 토스카나의 언어를 사용했고, 여러 지역의 사투리를 통합해 구사함으로써 '이탈리아 문학의 아버지'가 되었다.

그가 창조한 이미지는 오늘날에도 대중의 상상 속에 살아 있다. 그는 강력한 정치적 언어로 정치인들과 가톨릭 종교에서 자행되는 권력 남용을 묘사했다. 그리고 《신곡》을 통해 깨달음으로 가는 지침서를 만들었다. 단테는 현실 세계의 베르길리우스가 되어, 어두운 과오의 숲으로 돌아가 길을 잃은 사람들에게 평화로 가는 길을 인도해주었다. 자신이 직접 경험한 자유를 타인에게도 알려준 것이다.

이 점에서 단테는 깨달음의 경지에 오른 선각자들과 무척 비슷하다. 각성을 경험한 사람들은 모든 사람과 사물을 자신의 일부로 경험하고 공감대를 토대로 움직인다. 그래서 그들의 가장 중요한 목표는 다른 사람을 자유롭게 해줌으로써 자신도 완전히 자유로워지는 것이다. 노벨 문학상 수상자인 토니 모리슨Toni Morrison은 이렇게 말했다. "자유의 기능은 다른 사람을 자유롭게 하는 것이다."

부처나 예수 같은 위대한 영적 지도자들이 평생토록 다른 이들에게 고통에서 벗어나는 길을 보여주려 노력한 것도 이런 이유다. 나는 지금까지 살면서 완전한 깨달음을 얻은 사람을 세 명 정도 만났다. 세 사람 모두 자신이 지독한 고통에서 어떻게 벗어나 각성했는지 들려주었으며 지금도 모두 다른 사람들을 위해 봉사하는 삶을 살고 있다.

첫 번째는 바이런 케이티다. 내가 케이티를 만난 건 그녀의 책을 읽고 그녀가 말한 작업을 실천한 지 한참 후였다. 케이티가 갑작스러운 깨달음을 경험한 후 그녀의 고향인 캘리포니아주 바스토의 사람들은 그녀를 '빛나는 여성'으로 부르며 그녀의 이야기를 하기 시작했다. 의도한 것은 아니지만 케이티는 지역의 유명 인사에서 세계적으로 유명한 영적 스승이 되었다. 이것이 케이티의 목표는 아니었다. 케이티의 유일한 목표는 '고통받는 이들을 위해 세상 끝까지 가는 것'이다.

두 번째는 아니타 무르자니Anita Moorjani다. 아니타는 아시아 남쪽 지역의 문화권에서 자랐다. 아니타가 나고 자란 문화권에서는 정해진 사람과 결혼을 하고 평생 집안일을 하며 살아야 했다. 그녀는 마흔 살이 되던 해에 림프종이 발생했고 암이 악화되면서 혼수상태에 빠졌다. 가족들이 마지막 작별 인사를 하려고 모인 자리에서 아니타는 사랑과 아름다움으로 가득한 빛나는 현실을 경험했다. 그 빛 속에서 아니타는 세상을 떠난 아버지를 만났는데, 아버지는 아니타에게 아직 살날이 많이 남았으니 돌아가라고 말했다.

아니타는 그 말이 의심스러웠다. 뼈대만 남아 40킬로그램도 되지 않는 앙상한 몸에 레몬 크기만 한 종양들이 자라고 있는데 어떻게 살날이 많이 남았단 말인가. 그러나 아버지는 걱정하지 말라고 했다. 진실을 이해하고 나면 병은 아무것도 아니라고 했다. 이후에 일어난 일은 의료 기록으로도 생생히 남아 있다. 아니타는 혼수상태에서 깨어나 의식을 찾았을 뿐 아니라 몸의 종양들이 차츰 사라지기 시작했다. 그리고 90일 뒤, 아니타의 암은 완전히 사라졌다.

아니타의 암 치유 소식이 퍼지면서 미국의 한 출판사에서 그녀에게 회고록을 출간하자고 제안했다. 그렇게 해서 《그리고 모든 것이 변했다》가 출간되었고 아니타는 영적 스승이 되었다. 아니타도 케이티와 마찬가지로 세상을 돌아다니며 고통받는 사람들을 도와 기쁨 속에서 살도록 해주고 싶다고 했다.

세 번째는 삶을 치유받은 후 다른 사람을 치유하기 시작한 남자로, 그를 래리라고 부르겠다. 그는 마약이나 알코올 등에 중독된 사람들을 위한 갱생 프로그램인 '12단계twelve-step'의 후원자다. 브루클린에서 자란 래리는 온갖 학대와 무시를 당하며 살았다. 그의 꿈은 경찰관이었지만 주변의 흑인들과 마찬가지로 경찰에게 온갖 모욕과 괴롭힘을 당하면서 꿈을 접었다. 훗날 래리는 내게 이렇게 말했다.

"그때는 경찰들이 다 죽어버렸으면 좋겠다고 생각했어요."

래리는 어린 나이에 술을 마시기 시작했다. 매일 아침 눈을 뜨면 술부터 마셨다. 성인이 되어 알코올 중독자가 된 그는 손쓸 수 없이 몸이 망가져 '익명의 알코올 중독자들Alcoholics Anonymous'에 가입해

90일 동안 90번의 모임에 참석하라는 권유를 받았다.

"그런데 70일째 되던 날, 깨달음이 오더군요. '하느님 맙소사, 내가 알코올 중독자구나!' 하고요."

래리는 그 순간을 회상하며 웃음을 터트렸다.

"빌어먹을, 그제야 비로소 각성이 일어난 것 같았어요!"

이야기는 여기서 끝나지 않는다. 래리는 이렇게 생각했다. '지금은 술을 마시지 않으니까 머리가 훨씬 맑을 거야. 그러면 도박도 훨씬 더 잘하겠지!' 몇 년 후 래리는 재산을 완전히 거덜 내고 빈털터리가 되어 자살을 시도하다 '익명의 도박 중독자들Gamblers Anonymous'에 가입했다. 이번에는 온전함의 여정을 끝까지 가기로 했다. 지옥을 거치며 온갖 실수를 남김없이 불태웠다. 익명의 알코올 중독자들에서는 이 과정을 '결점 제거'라고 부른다. 그렇게 해서 연옥의 산으로 첫걸음을 뗀 그에게 산은 오를 수 없이 높아 보였다.

"제 후원자가 제게 이렇게 말했어요. '아내에게 반드시 사실대로 말해야 해요.' 전 이렇게 대답했죠. '이봐요, 제가 지금 사는 곳이 5층이에요. 사실대로 말하면 아내가 절 5층 창문 밖으로 집어 던질 거라고요.'"

그러나 래리의 아내는 그를 떠나지 않았고 40년이 지난 지금도 여전히 함께 살고 있다. 래리는 타인을 돕는 데 점점 헌신하게 되었다.

"이제는 아주 대단한 상사를 모시고 살죠. 제가 돕는 이들이 다 제 상사예요. 아침에 눈을 뜨면 늘 이렇게 말해요. '나는 누구지? 나는 어디에 있지? 나는 어떤 존재지?' 그다음엔 사람들을 돕죠. 어쩌면 다른 사람들은 생각조차 하지 않을 질문이죠."

그는 알코올 중독 치료 프로그램인 12단계 과정을 밟는 이들의 전화를 매일 받으며 도움을 원하는 다른 사람들이나 친구들의 전화도 받는다. 아프고, 혼란스럽고, 몸과 마음에 상처 입은 채 래리를 찾아온 이들은 그의 지혜를 나눠 받고 한껏 고양되어 돌아간다.

살아온 환경은 다르지만 세 사람은 각자 다른 분야에서 같은 노래를 부르고 있다. 나는 그들이 자신의 순수함, 자신의 낙원에 이르는 길을 따라갔다고 생각한다. 단테의 베르길리우스처럼, 단테 자신처럼 그들 역시 어둠 속에서 길을 잃은 사람들에게 자유로 가는 길을 안내하는 데 헌신하고 있다.

온전함의 길에서 타인 도와주기

○

온전한 깨달음을 얻어야 타인을 도울 마음이 생기는 것은 아니다. 그런데 어떤 방식이든 온전함을 추구하다 보면 봉사활동을 하게 되는 경우가 많다. 내가 《성도를 떠나며》를 쓸 때도 이런 일이 생기기 시작했다. 선더버드 비즈니스스쿨Thunderbird Business School에서 강의할 때 나는 학생들에게 일이 자신의 진정한 본성과 반대로 흘러갈 때는 문화적 훈련 내용을 버리라고 조언하곤 했다. 몇몇 학생들이 수업 시간과 별도로 상담료를 낼 테니 상담을 해줄 수 있냐고 물어오기 시작했다. 그렇게 해서 나는 세미나를 운영하게 되었고 풀타임으로 고객들을 상담하게 되었다.

혼란스러웠다. 나는 본격적인 상담가로 활동했던 적도 없는 데다가 성격도 무척 내향적이었다. 그래서 누군가에게 도움이 될 만한 생각들을 글로 쓰기로 했다. 그렇게 되면 직접 대면하지 않고도 사람들에게 도움을 줄 수 있기 때문이다. 이 전략은 역효과를 불러일으켰다. 책이 출간되자 더 많은 상담 고객이 찾아왔기 때문이다.

신문에는 나를 '인생 코치'라고 소개하는 기사가 실렸다. 한 코칭 모임에서 강의를 한 적이 있는데 누군가 내게 마케팅 전략을 물은 적이 있었다. 나는 진심을 담아 마케팅은 '은폐와 회피'라고 대답했다. 하지만 사람들은 계속 나를 찾아왔고 내 마음에는 그들을 돕고 싶다는 생각이 늘 있었다. 고객 한 명, 한 명이 나 자신의 잃어버린 조각처럼 느껴졌다.

몇 년 후 고통에서 벗어난 고객과 독자들이 이번에는 코칭 방법을 가르쳐달라며 찾아오기 시작했다. 그들은 고통을 겪고 있는 모든 이에게 유대감을 느꼈으며 그 유대감의 토대는 두려움이 아니라 사랑이었다. 그들은 어두운 과오의 숲에서 길을 잃은 이들을 만나 베르길리우스처럼 행복에 이르는 길을 알려주고 싶어 했다. 그들의 바람은 간절했다. 그래서 나는 십수 명을 대상으로 코칭 훈련을 했다. 훈련을 마치고 또 다른 십수 명을 훈련했다. 현재는 수천 명을 대상으로 코칭 훈련을 하고 있다.

나는 이 훈련을 받는 모든 이에게 내 길이 아닌 자신만의 길을 따르라고 말한다. 온전함으로 가는 길은 사람마다 다르다. 똑똑하고 뛰어난 이들이 내가 한 번도 생각하지 못했던 형태로 봉사하는 모습을 수도 없이 많이 봤다. 그들은 저마다 자신이 겪은 천국의 경험으로 타인을 돕고 있었다. 그리고 그 과정에서 크건 작건 무수히 많은 기적을 경험했노라고 내게 말해주었다. 그들 주변에는 그들만의 천국이 자연스럽게 나타난다.

누군가에게 코칭을 해주고 또다시 누군가에게 코칭하는 방법을 가르쳐준 지 몇 년이 흐른 어느 날, 누군가 내게 직업이 뭐냐고 물었다. 내가 이러이러한 일을 하고 있다고 대답하자 그 사람은 이렇게 말했다.

"정말 굉장해요! 어떻게 그런 직업을 갖게 된 거예요?"

내가 이 일을 하게 된 경위는 이렇다. 먼저 나는 컴컴한 과오의 숲에서 시작했다. 그다음엔 몇 번의 지옥을 통과했고 그다음엔 연옥의 산을 오르기 시작했다. 기본적인 온전함의 수준에 도달할 때까지 그 산을 올랐다. 그러고 나서는 나의 진정한 본성에 맞는 방향으로 1도씩, 무수히 방향을 바꿨다.

당신도 이런 과정을 따라간다면 자신만의 천국에 도달할 것이다. 하지만 당신의 여정은 나와 같지 않을 것이다. 그 여정은 각자에게 최고의 인생과 저마다 얻은 깨달음이 반영된 입체적인 자화상이 될 것이다. 하지만 고통을 뒤로하고 떠난 후에도 또 다른 곳에서 고통받는 다른 이들을 위해, 자신의 잃어버린 조각을 찾기 위해 어느 정도 시간은 어두운 과오의 숲으로 되돌아가지 않을까 생각한다.

그 시점이 되면 기존의 문화와 쉽게 어울릴 수도 있고 그 문화에 이질감을 느낄 수도 있다. 이질감이 너무 큰 나머지 기존의 문화에 도전할 수도 있다. 심지어는 단테처럼 문화를 변화시킬 수도 있다. 진실을 파괴하는 문화에 속해 있었다면 자신을 형성했던 거짓 믿음들을 모두 버리고 더 깊은 진실을 소리 내어 말함으로써 온전함을 향해 나아가도록 도울 수도 있다. 이는 폭력적 행위가 아니라 진실한 삶에 따르는 창의적이고 자연스러운 결과다.

이 특별한 순간에 문화를 산산조각 내는 행위는 자신의 행복뿐 아니라 인류의 미래를 위해서도 대단히 중요하다. 변화에 가속도가 붙기 시작하면 온전함 이외의 모든 것은 떨어져 나가기 시작할 것이다. 생명체가 과밀한 곳에서는 알지 못하는 바이러스가 동물에게서 인간으로 전이되기도 한다. 노예의 노동을 토대로 세워진 경제학 모델은 이제 그 토대가 무너지기 시작했다. 인간의 파괴적 행위가 쌓여 세계적인 이상 기온 현상이 벌어지고 있다. 지금은 어둡고 두려운 시기다. 한 사람의 작은 힘이 얼마나 도움이 될 수 있는지는 확언하기 어렵다. 하지만 당신은 할 수 있다. 온전함으로 가는 당신의 다음 단계는 모든 것을 바꿀 수 있다.

문 앞의 인류애

비행기에서 숲을 내려다보면 숲이 브로콜리 다발처럼 보이기도 하고 뭉게구름처럼 보이기도 한다. 바다를 향해 구불구불 흘러가는 강줄기는 식물의 뿌리와 비슷하게 보이기도 하고 우리 몸에 복잡하게 얽혀 있는 신경과 혈관처럼 보이기도 한다. 이는 우연이 아니다. 자연의 요소가 뭉치고 분기하는 현상은 비슷한 자연의 패턴이 반복해서 계속 생겨날 때 발생한다. 이런 현상을 '프랙탈Fractal'이라고 부르는데 자연은 이 프랙탈로 가득하다.

프랙탈이 생기는 이유는 물질세계를 구성하는 기본적인 형태와 힘 사이의 상호작용 때문이다. 예컨대 물 분자는 산소 원자 하나에 수소 원자 두 개가 붙어 있는데 그 모양은 삼각형에 가깝다. 물 분자가 낮은 온도에서 상호작용을 하면 수소 원자들끼리 달라붙어

제각기 다른 모양과 크기로 육각형을 형성한다. 눈 입자가 무한히 다양한 것도, 그 무한히 다양한 입자들이 모두 육각형인 것도 다 이 때문이다.

기본적인 프랙탈 구조가 합쳐지면 유사한 형태의 구조들이 다른 크기로 형성된다. 프랙탈의 원리는 물리의 근본적 특징이다. 프랙탈은 어떤 형상이 반복될 때 하나의 패턴이 계속 동일하게 형성되면서 만들어지는데, 이런 현상이 생기는 이유는 그 구조를 만드는 형태와 힘이 계속 반복적으로 발생하기 때문이다.

나무줄기의 형태는 기본적으로 그 나무에서 뻗어나간 큰 가지와 비슷하며 큰 가지의 형태는 그 가지에서 뻗은 작은 가지와 비슷하다. 하지만 그 형상이 완전히 동일한 것은 없으며 매우 유사할 뿐이다. 구글에서 '프랙탈' 혹은 '망델브로 집합Mandelbrot sets'을 검색하면 수학자들이 단순한 방정식으로 만든 아름다운 프랙탈들을 볼 수 있다.

그런데 우리가 온전함을 추구하며 행동을 변화시킬 때도 이 프랙탈과 유사한 현상이 나타난다. 우리 인생의 형태, 우리 말과 행동의 형태가 주변 사람들에게 영향을 미치면서 변화를 일으키는 것이다. 온전함의 패턴은 비슷한 모양이긴 하지만 점점 더 큰 형태로 되풀이된다. 나무의 작은 가지가 큰 가지와 비슷하고 큰 가지가 나무줄기와 비슷하듯 한 사람의 온전함은 그 사람의 동반자와 가족, 국가로 뻗어나간다. 이런 방식으로 개인과 작은 집단이 많은 사람에게 영향을 미친다.

예를 들어 이 책을 읽고 난 후 당신은 행복한 삶에 진짜 필요한 것이 무엇인지에 관해 좀 더 솔직해질 수도 있다. 그렇게 되면 가장 친한 친구나 동반자에게 자신이 필요한 것에 관해 좀 더 솔직하게 말할 것이다. 이런 소통 방식이 원활해지면 직장에서도 좀 더 단호히 행동할 수 있는 경험적, 정서적 토대가 만들어진다. 그리고 가까운 사람과 자신의 내적 삶에 영향을 미친 것처럼 함께 일하는 동료들에게도 영향을 미쳐 팀 전체의 개방성과 명확성을 더 높은 수준으로 끌어올릴 수 있다.

더 높은 수준의 온전함에 도달하면 유대감과 사랑이 어떤 방식으로든 타인을 돕는 방향으로 향하게 된다. 이는 순수한 진실에 가까워질수록 점점 생겨나는 일체감과 공감의 필연적 결과다. 이 단계가 되면 주변 사람들에게 미치는 영향력에 속도와 힘이 붙는다. 온전함의 프랙탈이 점점 더 크게 뻗어나가고 조금씩 형태는 달라도 유사한 아름다움을 지닌다.

물론 어둠에도 프랙탈이 있다. 탐욕, 욕심, 억압 등에서 비롯된 가치 체계가 부도덕한 리더와 부패한 집단에 생겨나고 곧 한 나라의 문화 전체로 퍼진다. 부패한 가치가 종종 뉴스에 오르내리고 사회 전체가 그런 가치에 압도된 듯 보이기도 한다. 하지만 긍정적 특질이 부정적 특질보다 더 빠르게 확산되고 복제된다. 바이런 케이티, 아니타 무르자니, 래리 모두 추종자를 만들려고 크게 노력하지 않았지만 이제 그들의 추종자는 수백, 수천 명으로 늘어났다. 노자, 부처, 예수 같은 이들은 수십억 명에게 영향을 미쳤다.

요컨대 그저 자신의 고통을 끝내기 위해 온전함의 길을 따랐을 뿐인데 마침내는 전 세계를 도울 수도 있다는 말이다. 그리고 이 세상에 필요한 것도 바로 그것이다.

어두운 과오의 숲에 있는 세상

o

오늘날 인류에게는 어두운 과오의 숲 증후군이 거대하게 자리 잡고 있다. 가장 지배적인 사회들은 거짓되고 분열된 믿음으로 가득 차 있다. 우리는 깊은 문화적 괴리를 느끼고 있으며 인종과 계층별로 '우리'와 '그들'을 분리하고, 잘못된 기준으로 '인간'과 '자연'을 분리한다. 이런 분리가 수백 년에 걸쳐 이뤄지고 있으며 온전함은 파괴되어 개인뿐 아니라 집단에도 영향을 미치고 있다. 당신이 이 책을 읽을 때는 세상에 어떤 일이 벌어지고 있을지 잘 모르겠다. 다만 내가 이 책을 쓰는 2020년 중반에는 상황이 그리 좋아 보이지 않는다.

기술은 더욱 화려하게 발전하고 억만장자들은 더욱 많아졌다. 그러나 인류가 기쁨의 산에서 그토록 많은 것을 성취했음에도 불구하고 전체적인 상황은 더 나아진 것 같지 않다. 현대 사회에 나타나는 어두운 과오의 숲 증후군을 더 생각해보자.

최근 인류의 감정 상태는 어떤가? 한 설문 조사에 따르면 "오늘날 사람들은 그 어느 때보다 스트레스를 많이 받고 걱정을 많이 하며 더 많이 고통스러워한다." 신체적 질병은 어떨까? 한 단어로 요약할 수 있다. '팬데믹.' 인간관계는 어떨까? 한 전문가에 따르면 이데올로기의 갈등이 "전 세계 민주주의의 이음새를 찢고 있다." 경제 상황은 어떤가? 경제적으로 현 상황은 세계 대공황과 유사하거나 그보다 더 안 좋다. 온갖 행위와 물질에의 중독은 늘 높은 수준이다. 과학자들이 끊임없이 내보내는 엄중한 경고의 메시지도 잊지 말자. 지금까지 우리가 생태계에 끼친 해악은 이미 돌이킬 수 없는 지점을 넘어섰다.

요약하자면 인류는 온전함의 경로에서 벗어나 있다. 비행기로 치자면 우리는 곧 추락할 것이다. 인구는 점점 빠른 속도로 늘어나는데 여기저기서 자기 파괴적 행위가 빈번하게 일어나고 있다. 사방에서 못들이 튕겨 나오고 엔진에 불이 붙기 시작했다. 우리는 고도와 방향을 조절하는 능력을 점점 상실하고 있다. 역사가 시작된 이래 인류가 지옥의 나락으로 떨어질 것이라는 불길한 예언은 늘 있었다. 그 어떤 논리적 잣대로 봐도 지금 우리는 그 불길한 예언이 현실이 되는 과정을 지켜보는 중이다.

그런데도 개인과 정부, 인류에 이르기까지 인간의 전형적 프랙탈은 여전히 더 많은 돈, 더 큰 권력, 더 높은 지위를 찾아 기쁨의 산을 오르는 데만 집중되어 있다. 이런 것들은 문제의 해결책이 아니라 문제의 근원이다. 집단 수준에서 우리가 자멸하지 않으려면 개인 수준에서 우리가 자신을 파괴하는 행위를 멈춰야 한다.

당신도 이 과정이 어떻게 진행되는지는 잘 알 것이다. 이 과정은 모든 인간 집단에서 동일하게 일어나기 때문이다. 우선 우리는 진실에서 어긋난 문화적 장소들을 식별해야 한다. 예를 들면 인간과 자연이 연결되어 있지 않다고 믿는 곳이다. 그런 곳을 식별한 다음에는 거짓 전제들을 없애고, 진실을 향한 다음 단계를 인지한 후, 행동을 변화시켜야 한다. 온 인류가 온전함으로 가는 길을 필사적으로 찾아야 한다.

세상은 보고 싶은 모습으로 변화한다

o

인류가 직면한 문제의 규모와 강도를 보면 패닉에 빠지기 쉽다. 미약한 한 개인이 70억 명 이상의 사람들에게 어떤 도움이 된단 말인가? 혼자 온전함의 길로 간다고 해도 마치 침몰하는 타이타닉호에서 아주 약간 편한 자리에 앉는 기분일 것이다. 하지만 자연은 프랙탈로 작동하며 온전함은 전체 시스템을 움직여 경로를 수정한다는 사실을 잊지 말자. 자신만의 온전함을 추구하다 보면 주위의 모든 사람, 모든 것에 영향을 미친다. 그리고 그 숫자는 생각보다 많을지도 모른다.

나쁜 소식은 만약 당신이 자신만의 온전함으로 가는 길을 찾지 못한다면 아무리 의도가 좋아도 기껏해야 문화의 잘못된 기능만 복제할 뿐이라는 것이다. 망가진 부품으로는 고성능 비행기를 만들 수 없다. 좋은 소식은 온 삶을 진실에 맞춰나가기 시작하면 문제가 있는 모든 곳에서 저절로 복구가 시작될 것이라는 점이다. 자신만의 창조적인 방식으로 대응하지 않으면 어떤 고통도 볼 수 없다. 삶을 행복을 향해 1도씩 조정해나가면 우리의 삶은 인류가 처한 문제의 일부가 아닌 해결책의 일부가 된다.

이 시점에서는 사회적 압박이 거세질 수 있다. 내가 상담한 많은 고객과 코치들이 세상에서 그들이 보고 싶어 했던 변화로 나아가는 것을 봤다. 온전함의 수준이 높을수록 더 많은 관심을 끌게 되고 그 관심이 두려울 수도 있다. 마치 소형차를 타고 시속 10킬로미터 이하로 주차장을 운전하며 다니다가, 고속도로에서 바퀴가 18개 달린 대형 트럭을 몰고 시속 120킬로미터로 달리는 기분일 것이다. 속도와 운동량이 증가할수록 운전 실력이 더 좋아야 한다.

사람들의 관심에 압도당하는 기분이라면, 점점 더 큰 집단의 에너지에 휩쓸리는 기분이라면 기본적인 온전함의 기술을 점검해야 길을 잃지 않는다. 다음 복습 목록을 다시 점검해보자.

- 아주 약한 증상이라도 자신에게 어두운 과오의 숲 증후군 증상이 없는지 살펴보자. 슬쩍 짜증이 났던 순간, 피로함이 밀려왔던 순간을 떠올려보자. 어떤 수준의 고통이든 즉각 대처하자. 별것 아닌 듯 보여도 프랙탈이 커지면 심각한 결과를 초래할 수 있다.
- 온전함의 근원이라 할 수 있는 영적 스승들과 자주 만나자. 그들의 책을 읽고, 온라인 강의를 듣고, 현실 세계에서 직접 소통하자.
- 자신의 진심, 내면의 스승과 매일 교감하는 훈련을 하자. 중심에서 벗

어나게 하는 생각과 중심과 조화를 이루게 하는 생각의 차이를 예민하게 살펴보자.

- 문화의 여러 목소리가 이리 가라, 저리 가라며 혼란스럽게 할 때는 모든 문화적 지침을 떠나 오직 자신의 내면에 있는 진실을 확인하라.

- 실수를 저질렀다면 즉시 인정하라. 겁쟁이가 되지 마라. 실수를 부인하지 않고 인정할 때, 인정하고 용감하게 나아갈 때 더욱 정직해질 수 있다.

- 늘 믿었던 신념과 모순되는 무언가를 배웠다면 반사적으로 더 강경하게 자신의 의견을 내세우지 마라. 마음을 열고 자신에게 가장 기본적인 신념이라 해도 틀릴 수 있다고 생각해보라. 내면의 스승을 통해 자신이 실수했음을 깨달았을 때 그 실수에 전전긍긍하지 말고 너그럽게 놓아주어라.

- 다른 사람을 '타자화'하기 시작했던 모든 순간을 찾아보라. 분열이 너무도 만연하고 온갖 형태의 공격이 난무하는 시대를 살다 보면 나도 모르게 파괴와 공격을 일반화하고 거기에 가담하고 싶은 유혹에 빠지기 쉽다. 불의에 대한 분노를 무작위적 파괴 행위로 드러내지 말고 의도적인 창조 행위로 드러내라. 선을 긋는 것도 창조 행위에 포함된다.

- 고통을 유발하는 것을 믿음으로써 자신을 배신하지 마라. 예컨대 누군가 당신이 남들보다 못하다고 하면 그 말을 믿지 마라. 누군가 당신이 남들보다 낫다고 해도 그 말 역시 믿지 마라. 바이런 케이티는 이렇게 말한다. "자신에 관한 말들은 믿지 마라."

- 자기 안에서 명료함을 찾았다면 거짓말을 버려라. 때론 침묵조차 거

짓이 된다는 사실을 명심하라. 남들이 인정해주지 않아도 스스로 옳다고 생각되면 진심을 말하라.

- 항상 진심으로 원하는 일을 하라. 정말로 원하는 방향으로 1도씩 조정하라.
- 솔직해져라. 자신을 숨기지 마라. 마크 트웨인Mark Twain은 이렇게 말했다. "바른 일은 몇몇 사람을 만족시킬 것이고 나머지 사람은 화들짝 놀라게 할 것이다." 화들짝 놀란 사람들은 당신에게서 분리되고 만족한 이들은 당신에게 깊은 유대감을 느낄 것이다. 점점 마음이 맞는 사람들끼리 모일 것이다.
- 마음이 맞는 사람들과 만나고 교류하게 되면 그들의 말에 진심으로 귀를 기울여라. 그들의 눈을 바라보고, 그들의 말을 다정히 들어주고, 그들의 포용력을 느껴라. '사랑의 빛'이 내면의 삶을 환히 비추게 하라.
- 온전함을 잘 몰랐던 시절에 자신이 저지른 잘못과 실수를 용서하라. 실수는 이제 놓아주어라. 진실과 조화를 이루며 행했던 모든 일을 기억하고 소중히 여겨라.

이 모든 것이 너무도 엄격하고 도덕적인 삶의 방식처럼 느껴지는가? 실은 정반대다. 온전함으로 가는 길은 주변의 모든 것을 봉사하고 섬기는 길로 당신을 이끌 것이고 그 길에서 행복은 더욱 커질 것이다. 래리는 이렇게 말했다. "행복으로 가는 길에서 우리의 최종 목적지는 봉사다."

온전함은 어떻게 확산되는가

o

온전함을 추구하는 많은 사람이 자신의 진정한 본성에 맞게 공공의 이익에 기여한다. 내가 고객과 코치들에게 가장 흔히 듣는 말이 "제가 이런 일을 하게 되다니 믿을 수가 없어요!"이다. 아예 본격적인 직업으로 남을 돕는 사람이든, 가족을 부양하고 직장 생활을 유지하면서 틈틈이 봉사하는 사람이든 모두 천국에 도착한 단테처럼 들뜨고 눈부시게 빛나며 기적에 가까운 지지를 받는다고 느낀다. 단테가 연옥에서 무엇을 배웠는지 기억하는가? 사랑은 모두에게 골고루 전해주기 위해 선함을 나누는 것이 아니라 모두를 위해 곱하는 것이다.

세상을 치유하기 위해 어떤 일을 하든 그 일은 어두운 과오의 숲 증후군을 자신의 본성과 잘 맞는 목적과 행복, 활력, 사랑, 풍요, 매혹으로 대체할 것이다. 주어진 시간을 베르길리우스처럼 보낼 수도 있다. 길을 잃고 비참함에 빠진 사람들을 만나 공감해주고, 그들이 내적 고통을 다 태우도록 도와주고, 행동을 변화시켜 온전함으로 나아가게 해줄 수도 있다. 아니면 과학, 봉사, 정치 행위, 예술적 표현 등으로 진실의 대의를 드러낼 수도 있다. 단테는 문화를 바꾸기 위해 엄청나게 노력했다. 그는 천재이기도 했지만 암흑의 시대에 불을 밝히려고 노력한 유일한 사람이기도 했다.

내 인생에서 온전함으로 가는 길은 모든 사람의 취향에는 안 맞을지 몰라도, 누군가의 간절한 바람을 장기적으로 충족시키는 방향이다. 어떻게 그렇게 되었는지는 잘 모르겠지만 만약 내가 온전함에 집중하지 않았다면 그토록 멋진 기회들이 많이 생기지 않았으리라는 사실은 확실히 안다.

예를 들면 나는 태어날 때부터 동물에 집착했다. 정말 말 그대로 집착이었다. 이미 두 살 때 우리 집 책에 있는 700종류의 포유류 동물 이름을 다 알 정도였다. 집에 TV가 없었기 때문에 매주 일요일에는 할머니 댁에 가서 야생 동물과 자연 다큐멘터리 〈뮤추얼 오브 오마하즈 와일드 킹덤Mutual of Omaha's Wild Kingdom〉을 봤다. 그 프로그램을 보며 자연과 동물에 깊은 교감을 느꼈고 끝도 없이 상상의 나래를 펴곤 했다. 그때 내 꿈은 동물학자나 생태학자였다.

어른이 되면서 삶 어딘가에서 그 꿈을 접은 나는 기쁨의 산을 오르기 시작했다. 명망 있는 교수가 되고 그다음에는 더 높은 지위로 오르고, 뭐 뻔한 이야기다. 그러다 이 책에서 이야기한 다양한 '인생 사고'들을 겪었다. 아들의 다운증후군 진단, 다시 떠오른 어린 시절의 트라우마, 모든 것을 밝힌 책 발간과 그 책을 둘러싼 온갖 반응, 동성애자로 커밍아웃 등. 이 일들은 평온함을 추구하는 일에 전념하지 않은 내 정신을 낱낱이 분해했다.

그러다 남아프리카에서 책 강연을 하게 되었고 그곳에서 바티 가족을 만났다. 바티 가족은 '에덴 회복Restoring Eden'이라는 프로젝트에 헌신하고 있었다. 이들은 크루거 국립공원Kruger National Park 인근에 있는 불모지에서 소 목장을 시작했는데 수로를 연결하고 해로운 식물을 제거해 토착 생물과 동물이 돌아오도록 힘썼다. 현재 이 가족은 론돌로지Londolozi라 불리는 사냥 금지 구역을 만들어 유지하고 있다. 론돌로지는 줄루족Zulu 언어로 '모든 생물의 수호자'라는 의미다. 또한 이들은 남아프리카 주민들이 더 높은 교육과 소득 수준에 도달할 수 있도록 돕고 있다.

이들과 이야기를 나누다 보니 나의 일부분이 깨어나면서 기쁨의 산 어딘가를 오르고 있던 내 의식이 떨어져 나갔다. 그때부터 나는 어떻게 하면 내가 가진 것으로 에덴 회복에 기여할 수 있을지 궁리하기 시작했다. 이후 몇 년 동안 바티 가족과 나는 '인생 전환 사파리 세미나Change-your-life Safari Seminars'를 공동으로 만들었고 지금도 론돌로지에서 매년 이 세미나를 열고 있다. 남아프리카로 찾아온 세미나 첫 참석자들은 자연과 교감하고 세계에 유대감을 느끼며 회복된 마음으로 돌아갔다. 나는 세미나에서 발생한 수익 전부와 약 한 달가량의 시간을 에덴 회복 프로그램에 쏟았다.

그 결과 내가 얻은 것은 무엇일까? 아마도 가장 자연에 가깝고 소중했던 어린 시절의 꿈을 실현할 기회를 얻었다고 말할 수 있을 것 같다.

내 기억을 돌이켜보면 내가 느낀 감정은 이렇다. 어린 시절 나는 할머니의 집에서 TV를 볼 때마다 자연 속에서 동물들과 마음껏 어울리고 싶었다. 그러다 중년의 여성이 되어 나는 남아프리카의 드넓은 초원에 앉아 내 주위를 어슬렁거리는 원숭이와 영양들을 보게 되었다. 나는 지붕이 열리는 랜드로버 차 안에서 내 신발을 핥고 있는 새끼 하이에나를 보며 함박웃음을 짓고, 손을 뻗어 사교성 좋은 야생 타조의 부리를 쓰다듬었다. 캄캄한 밤에는 손만 뻗으면 닿을 듯한 거리를 사이에 두고 코끼리 한 마리와 서 있기도 했다. 코끼리의 커다란 머리는 그림자처럼 별 무더기 한 움큼을 가리고 있었다. 이 놀라운 선물을 받은 나는 그곳의 대지와 식물, 동물, 세상에서 가장 취약한 사람들을 돕는 일을 하게 되었다.

내가 이 직업을 어떻게 갖게 되었을까? 내 안의 지옥들을 통과하고, 내 거짓을 불태우고, 내 삶을 온전함과 일치하는 방향에 맞춰 1도씩, 1도씩 방향을 조정했다.

물론 여기서 봉사를 끝내려는 것은 아니다. 아직 찾지 못한 내 안의 사각지대와 온전함과 진실을 더 찾고 나면 이 삶이 나를 어디로 데려갈지 모르겠다. 하지만 지금까지 내가 걸어온 온전함의 길은 나를 이곳까지 데려왔다. 당신이 선택한 길은 당신의 진정한 본성으로 데려다줄 것이고, 그곳에서 당신은 갈망했던 보상과 더없이 큰 기쁨을 찾을 것이다.

다음은 내 고객과 친구들이 온전함을 확산시키며 펼치고 있는 활동들이다.

- 세스는 부유한 토지 소유주들이 농장을 만들도록 돕고 있다. 여기서 키우는 채소로 지역의 가난한 이들에게 유기농 음식을 공급하고, 이로써 도축되는 동물의 수를 줄이려고 노력한다. 또한 이들 농장에서는 대기 중 이산화탄소를 흡수하고 산소를 더 많이 발생시키는 식물도 기르고 있다.

- 아미라는 트라우마를 극복하는 방법을 배운 후 자신의 고향인 시리아에서 사람들에게 그 방법을 가르치기 시작했다.
- 리암은 매일 일정 시간을 할애해 사회 곳곳에서 다양한 형태로 벌어지는 불의와 부정한 행위를 파악하고 이에 관한 글을 온라인에 올리고 있다. 리암은 재치 있고 통찰력 있으며 때론 정곡을 아프게 찌르는 언변으로 기부금을 모아 열 군데 이상의 단체를 후원하고 있다.
- 재스민은 임신 중이다. 그녀는 아기를 사랑과 관용, 세상에 선한 힘을 보태는 사람으로 키울 계획이다.
- 조는 세계 각지를 다니며 해양생물을 연구 중이다. 해양 생태계 파괴를 막기 위해 책도 쓰고 각종 기고 글도 쓰고 있다.
- 그레이스는 유기된 동물들이 행복한 가정에 입양될 수 있도록 돕고 있다.
- 캘런은 외딴 지역들을 다니며 팟캐스트를 운영하는데 개인의 성장, 영적 깨달음, 자연과의 교감 등을 알리고 있다.
- 알렉스는 논바이너리nonbinary(남성과 여성으로 나누는 이분법적 성에 속하지 않은 사람—옮긴이)로 온라인에 자유로운 젠더 세상을 그리는 소설을 올려 사람들이 젠더의 역할을 상상할 수 있도록 창구를 열어준다.

내가 아는 한 이들 중 누구도 처음부터 지금 하는 일을 작정하고 시작하지 않았다. 이들은 모두 자신의 진정한 본성에서 멀리 벗어난 문화에서 자랐다. 모두 어두운 과오의 숲 증후군으로 고통받았으며, 자신에게 맞지 않는 문화적 전제들 속에서 생겨난 믿음을 없애려고 저마다의 지옥을 통과했다. 다들 느리지만 지속적으로 기쁨의 산에서 멀어졌으며 진심으로 행복한 일을 추구했다. 온갖 반대와 그들을 원래 문화로 되돌리려는 공격을 받았지만 다들 자신을 두 번 다시 버리지 않았다. 지금 이들이 세상에 봉사하는 이유는 도덕적인 사람이 되기 위해서가 아니라 저마다 가장 깊숙한 곳에 품은 갈망을 충족하기 위해서다.

깨달음의 프랙탈 만들어가기

나는 온전함의 길을 가는 사람들이라면 가장 어두운 시대라 할지라도 빛을 비출 수 있다고 믿는다. 수천 년 인류 역사가 더디고 불안하고 불완전하게나마 자유와 평등 같은 이상에 조금씩이라도 가까워진 것도 이런 이유다. 진실함을 추구하기 위해 자신이 속했던 문화를 떠난 비범한 사람들, 궁궐을 떠나 숲으로 들어간 부처나 광야로 나선 예수 같은 이들이 수십억 사람들의 삶을 바꾸게 된 것도 이런 이유다. 당대에는 낯설고 기이한 이야기와 이미지였던 단테의 《신곡》이 인류 문학사에서 가장 위대한 작품으로 평가받는 것도 이런 이유다.

우리가 이런 이들을 주목하는 것도 우리 안의 어떤 부분이 멈출 수 없이 온전함에 끌리기 때문이다. 어느 정도 수준에 오르면 거짓말이 우리를 아프게 하고 괴롭히며 길을 잃어버리게 한다는 사실을 알게 된다. 모르고 거짓말을 할 때도 마찬가지다. 우리는 진리가 우리를 자유케 한다는 사실을 뼛속 깊이 느낀다. 어느 시점이 되면 고통에서 벗어나고 싶은 모두가 깨달음을 향해 어둠 속을 더 듬거리며 나아간다. 한 개인으로서가 아니라 인간이라는 종으로서 우리는 생물학적으로 깨달음에 이끌리게 되어 있다.

다음은 순수한 온전함을 향해 나아가며 모든 사람과 모든 것을 바로잡도록 도와주는 훈련이다. 지금까지는 개인의 온전함을 세상에 드러내는 방식을 이야기했다. 이제는 그 과정을 뒤집을 것이다 (프랙탈 패턴은 작은 것에서 큰 것으로도, 큰 것에서 작은 것으로도, 어느 방향으로도 움직일 수 있다). 이 훈련은 당신이 개인의 삶을 개선하기 위해 하는 일들과 세상에 영향을 미치기 위해 하는 일들 사이의 연결 고리를 찾도록 도와줄 것이다.

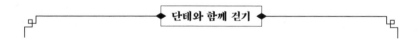

◆ 단테와 함께 걷기 ◆

세상과 나를 회복하는 연습

1. 눈을 감고 가만히 앉아 우주에 있는 지구를 떠올려보자. 칠흑 같은 진공의 우주에서 푸른색과 갈색, 흰색이 어우러진 완벽한 구형의 지구를.

2. 고향 행성을 바라보면서 그 행성에 가장 위협이 되는 문제들과 고통의 근원을 생각해보자.

3. 특히 문제가 된다고 생각되는 부분에 집중하자. 인종차별이나 정치적 부패, 가난, 기후 변화, 동물 학대, 전쟁, 범죄 등 어떤 주제도 좋다. 내면에서 가장 강렬한 반응을 일으키는 화두가 무엇인지 살펴보자. 무엇이 가장 도덕적으로 옳은지, 정치적으로 옳은지 판단하며 억지로 정답을 찾으려고 애쓸 필요 없다. 자유롭게 느끼고 생각해보자.

4. 자신에게 가장 크게 와닿은 문제를 확대해보자. 고통스럽더라도 정말 무엇이 잘못되고 있는지에 집중해보자. 자신이 그 문제에 관해 알고 있는 모든 내용을 떠올려보자. 그중 자신이 정말 알고 있는 부분은 무엇인지 파악해보자.

5. 그 문제에 대해 분노가 치밀거나 절망감이 든다면 그 문제에서 무엇이 잘못되었는지 모두 적어보자. 이때는 진심만을 적어야 한다. 그 목록을 만들어보자. 빈칸이 부족하면 다른 종이에 적어도 좋다.

나를 가장 괴롭히는 세계적 이슈는 이런 문제들을 일으킨다.

_____

_____

_____

6. 이 문제를 해결하기 위해 꼭 필요한 것이 무엇인지 적어보자. 구체
   적이고 논리적인 대답을 하지 않아도 된다. 다만 진심을 담아 적어
   보자. 가령 이런 정도도 괜찮다. '사람들이 서로 열등하다고 여기는
   태도를 멈춰야 한다!' '바다에 쓰레기를 버리지 말자!' '동물을 물건
   이 아닌 함께 살아가는 동반자로 대하자!'

   누군가(혹은 모두가) 이 문제를 해결하려면 이렇게 해야 한다.

   _____

   _____

   _____

   _____

   _____

7. 다시 아까 떠올렸던 지구로 돌아가 보자. 이제 지구의 이미지를 자
   신의 몸으로 바꿔보자. 이때 부정적 반응이 느껴진다면 지구도 우
   리 몸이 느끼는 부정적 영향을 받는다는 사실을 기억하자.

8. 관심 분야의 문제들을 살펴보자. 그리고 자신에게 물어보자. '내가

걱정하는 세상의 문제를 정작 나 자신에게도 똑같이 하고 있지는 않은가?' 다음 예시를 살펴보자.

- 토지와 해양의 오염을 걱정하면서 정작 자신의 몸에는 유독하고 해로운 물질을 섭취하거나 바른다.
- 타인을 열등한 존재로 폄훼하는 누군가에게 분노하면서 자기 자신을 열등한 존재로 본다.
- 동물 학대를 혐오하면서 자신은 걸핏하면 과로로 몸을 혹사하거나, 밖에 나가고 싶은데도 참고 특정 공간에서 억눌려 지내거나, 하기 싫은 일을 억지로 한다.
- 빈곤 문제를 염려하면서 자신에게는 휴식, 친절함, 여가, 자유 시간 등을 허용하지 않아 삶의 질을 '빈곤하게' 만든다.

자신이 염려하는 세상의 문제를 자신에게도 똑같이 하고 있다면 아래 빈칸에 적어보자.

나의 삶에 드러난 '세상의 문제'는 이것이다.

----

9. 문제를 해결하기 위해 누군가가 혹은 모두가 반드시 해야 한다고 생각하는 일을 떠올려보자. 그 해결책을 자신의 행복을 회복하기 위해 적용할 방법이 있는가?

이 문제와 관련해 나 자신의 삶을 회복할 방법들은 이것이다.

----

10. 오늘은 20분 정도 시간을 내서 9번에 적은 방법들을 생각해보자. 20분 중 10분은 자신의 상처를 치유하는 방향을 고민해보고 나머지 10분은 세상을 더 나은 곳으로 만들기 위해 할 수 있는 일을 고민해보자. 이제 진심으로 원하는 일을 해보자. 명심하라. 거대한 변화도 작은 한 걸음부터 시작된다.

깨달음의 티핑 포인트

○

온전함으로 가는 첫걸음은 더러운 유리창을 닦는 것과 비슷하다. 이 여정은 마음에 덕지덕지 달라붙은 거짓 신념의 더께를 닦아내는 과정이다. 처음에는 어둠 속에서 닦다 보니 자신이 무슨 일을 하는지도 잘 보이지 않는다. 그렇게 어느 정도 시간이 흐르면 여기저기서 희미한 빛들이 반짝이기 시작한다. 그러다 어느 시점이 되면 가속도가 붙는다. 깨끗하게 닦은 구역이 넓어질수록 더욱 동기부여가 되고, 이 과정이 어떻게 진행되는지 더욱 잘 알게 된다. 그리고 어느 순간 유리창은 사라지고 빛이 막힘없이 환하게 쏟아져 들어온다.

이 과정은 개인뿐 아니라 집단과 인류 전체에 적용될 수 있다. 역사를 돌이켜보면 깨달음을 얻은 이들은 다른 사람에게 빛을 비추는 이정표가 되었다. 문화인류학자 마거릿 미드_{Margaret Mead}는 이런 말을 했다. "생각이 깊고 헌신적인 소수의 시민이 세상을 바꿀 수 있다는 사실을 절대 의심하지 마라. 실제로 이 세상은 그 소수가 바꿔왔다." 이들은 진심과 공감으로 헌신하면서 사회의 반투명한 혹은 투명한 일부가 된다. 이 과정이 지속된다면 어느 시점에 인류는 깨달음의 티핑 포인트에 도달할지도 모른다.

만약 그렇게 된다면 예기치 않은 일들이 빠르게 진행될 수 있다. 2020년 화석 연료의 사용을 반드시 줄여야만 하는 시점에 바이러스가 전 세계를 휩쓸었고 단 몇 주 만에 인류의 행동이 급격하게 달라졌다. 인류의 행동이 바뀌자마자 근 100년간 탁했던 공기와 물이 조금 깨끗해졌다. 일본의 거리에는 사슴들이 나타났다. 유럽 곳곳에 그동안 볼 수 없었던 곰과 멧돼지가 출몰했다. 호주 애들레이드 거리에는 캥거루들이 뛰어다녔다. 모든 것이 본래의 모습을 회복하면 더욱 빠르고 극적으로 치유될 수 있다.

따라서 고통을 버리고 최대한 행복을 누리려면 저마다의 방식으로 온전함의 길을 가야 한다. 이 과정에서 삶이 더욱 맑아져 이전과는 비할 수 없이 풍부한 빛이 통과하는 투명한 공간이 된다 해도 놀라지 마라. 인류가 파괴적인 종말을 향해 가는 듯 보이지만 정말 그런 일이 벌어지리라고 확신할 수 있는가? 그렇게 되리라는 걸 온전히 알 수 있는가? 그런 일이 벌어지지 않는다면 우리는 어떤 존재가 될 것이며 무슨 일을 하게 될까?

어쩌면 우리가 가장 두려워하는 것과는 정반대의 현실을 보게 될 수도 있다. 어쩌면 모든 것이 뒤집혀 하강하는 것이 상승하는 지점에 도달할 수도 있다. 모든 사람이 저마다 마음을 갈고닦아 타인과 자연과 조화롭게 어우러져 살아가는 프랙탈의 일부가 될 수도 있다.

이 프랙탈 패턴이 확산되면 어쩌면 인류는 전혀 새로운 방식의 삶을 시작할 수도 있다. 공격적이고 독단적이며 파괴적인 인류는 지옥의 여정을 끝내고 천국의 여정을 시작할 수도 있다. 온전함을 추구함으로써 우리는 우리 자신을 구원할 수도 있다.

위대한 파괴

　《신곡》의 천국편은 낯설고 이해하기 어렵다. 지옥편과 연옥편에서 이어지던 서사 구조가 거의 사라지고 단테는 낯선 언어를 사용하기 시작한다. 예컨대 대명사를 동사로 사용하기도 한다. 그는 자신이 물리적 육신인지 순수한 의식인지 확신할 수 없다고 말하며 빛의 속도로 더 높은 차원의 찬란함과 아름다움을 지나가는 것 같다고 한다. 하지만 베아트리체는 단테에게 실제로는 전혀 움직이고 있지 않다고, 천국에서는 모든 것이 하나이며 모두가 모든 장소에 있다고 말한다.

　낯설게 들리는 이 이야기는 미치광이나 통속소설 작가의 얼토당토않은 환상이 아니다. 이런 현상은 깨달음을 경험한 이들이 말하는 현실 인식과 정확히 일치한다. 또한 깨달음을 얻은 이들이 말하는 현실은 과학적 방식과도 연관이 있다. 물론 이들이 말하는 진실은 통념을 토대로 한 것이 아니다. 예를 들면 빛의 속도에서는 시간이 정지한다. 빛의 속도로 여행한다면 그 사람은 동시에 모든 곳에 존재할 수 있다.

우리가 '물질'이라고 부르는 것은 측정하기 전까지는 에너지로만 존재할 수도 있다. 사실 가장 확고한 양자물리학의 법칙은 베아트리체가 단테에게 한 말과 정확히 일치한다. 그녀의 말에 따르면 우주 만물이 하나의 단일체이며(에너지장) 우리는 물질의 작은 일부만 본다. 우리의 인식 방식(인식론epistemology)으로는 현실을 있는 그대로[온톨로지ontology(온톨로지는 '실제'를 의미하는 그리스어 onto와 학문을 의미하는 logia의 합성어로 사물의 존재 의미를 논의하는 철학을 말한다.─옮긴이)] 인식할 수 없기 때문이다.

단테가 그저 우연히 양자물리학뿐 아니라 다른 계몽적 사고와 맥을 같이하는 개념이자 당시의 관념과는 완전히 반대되는 것을 이야기했을 가능성은 매우 희박하다. 나는 사람들이 진실을 갈망하고 열심히 추구할 때 기존 문화의 전형적 관점을 넘어 훨씬 더 정확하게 사물을 볼 가능성이 크다고 생각한다. 단테가 그랬듯 말이다.

서양의 물질주의는 세상을 뉴턴의 물리학과 같은 방식으로, 즉 '모든 것은 서로 충돌하는 물질 덩어리로 만들어진다'고 가정한다. 하지만 적어도 한 세기가 지난 지금 우리는 이 가설이 정확하지 않다는 사실을 알고 있다. 실제로 입자는 주로 에너지 클라우드clouds of energy 형태로 존재한다. 아인슈타인은 '유령 같은 원격 작용'이 양자의 움직임에 영향을 미친다고 말했다. 우주는 단테가 상대적으로 이해하기 쉽게 묘사한 지옥이나 연옥보다는 천국에 가깝다.

온전함의 여정을 충분히 멀리 떠난다면 우리의 삶은 문화에서 규정하는 정상 범위를 벗어날 수도 있다. 이는 우리가 현실과 동 떨어져서가 아니라 현실과 이어지기 때문이다. 마음의 창을 더 깨 끗하게 닦을수록 과오에서 더욱 자유로워지며 세상과 분리된 느 낌이 아니라 세상 모든 것과 계속 연결되면서 존재한다고 느낄 것 이다. 이런 연결이 우연히 일어날 가능성이나 상상한 대로 일어날 가능성은 희박하다. 어쩌면 당신은 단테의 천국과 비슷한 세상을 경험할지도 모른다. 그 시점에서 당신이 무엇을 할지는 예측할 수 없다.

현실과 마법

○

나는 온전함의 길로 나아갈수록 점점 더 이상한 일들을 겪었다. 내가 이 이상한 경험들에 관해 글을 쓸 때 뉴에이지(서구식 가치와 문화를 배척하고 종교·의학·철학·천문학·환경·음악 등의 영역을 탐구 하는 시대. 점성술이나 신비주의가 유행하는 시대—옮긴이)를 살아가 는 독자들은 종종 내가 기적의 초능력을 개발하거나 내 마음대로 세상을 통제하는 법을 연구한다고 보기도 한다. 하지만 나는 기적 을 믿지 않는다. 과학이 알아내지 못한 것들을 믿을 뿐이다. 그리고 세상의 그 무엇도 내 마음대로 통제할 수 없었다. 심지어 내 생각조차 내 마음대로 통제할 수 없었다. 뉴에이지라는 유행이 하도 나를 성가시게 해서 요즘은 '마법 같은' 일들에 관해 언급을 피하거나 심지어 생각조차 하지 않는다. 그러다 보니 내게 코칭받고 싶어 하는 사람들도 피하게 되었다.

하지만 줄행랑은 효과가 없다. 나는 경험을 통해 우리가 온전함에 가까워질수록 삶이 더욱 마법처럼 변해간다고 확신하게 되었다. 예를 들어 이 책을 쓰기 10여 년 전, 나는 아침마다 내가 캘리포니아의 한 국립공원 인근에 살게 되리라는 사실을 알았다. 단순히 생각하는 것이 아니라 그냥 알았다. 말도 안 되는 소리라는 걸 잘 안다. 나는 캘리포니아는커녕 국립공원 근처에도 살아본 적이 없다.

하지만 애리조나주 피닉스에 있는 우리 집 침대에 누워서 나중에 내가 아침에 눈을 떴을 때 무엇을 보게 될지 알았다. 참나무 숲, 푸른 초원 위에 서 있는 검은 말 한 마리, 지평선 너머 어렴풋이 보이는 산등성이들. 그 풍경들을 몇 번이고 봤고 그때마다 나는 내가 아직 애리조나에 있다는 사실에 화들짝 놀라곤 했다.

아침마다 봤던 그 풍경들이 너무도 또렷하고 매혹적이어서 결국 나는 인터넷으로 내가 본 캘리포니아의 풍광을 찾기 시작했다. 검색 자체는 그다지 어렵지 않았다. 침대에 누워 눈을 감은 채 마음으로 그 풍경 속을 거닐다 보면 그곳에 무엇이 있는지가 선명하게 보였기 때문이다. 하지만 몇 주 동안 아무리 인터넷을 뒤져봐도 내가 환상 여행에서 선명하게 본 그 풍경과 똑같은 곳은 찾지 못했다. 그런데 조지가 그곳을 찾았다.

50세 생일에 나는 가족과 함께 캘리포니아 중부의 로스 파드리스 국유림Los Padres National Forest 맞은편의 작은 집으로 이사 왔다. 사실 이사해야 할 구체적 명분은 없었다. 다만 이 장소를 향한 주체할 수 없는 갈망만 있었을 뿐이다. 그곳에서 나는 땅과 식물, 동물들과 강렬한 교감을 느꼈다. 전에 없이 새로운 집착도 생겼다. 바로 명상이었다. 나는 몇 년 동안 '앉은 자세'를 해왔다. 비타민도 챙겨 먹고 운동도 했다. 이것들이 내 몸에 좋다는 정보를 읽었기 때문이다. 하지만 명상은 달랐다. 명상해야 한다는 느낌이 압도적으로, 거부할 수 없이 밀려왔다.

처음에는 명상이 무척 낯설고 이질적으로 느껴졌다. 명상은 내게 재미의 정반대 지점에 있는 행위였기 때문이다. 약 1년 정도 나는 하루 중 대부분 시간을 명상하며 보냈고 그 시간이 지독히도 두려웠다. 마음속으로는 '이건 옳지 않아! 뭔가 더 생산적인 일을 해야 해! 직장을 구하고 일을 해야 해!' 같은 긴급 메시지들이 쉴 없이 울려대며 소란을 피웠다. 하지만 나는 이 책에 언급했던 여러 훈련을 다년간 해오고 있었기에 그 소란스러운 메시지에 굴복하지 않았다. 그런 생각들이 해소될 때까지 지켜보면서 계속 질문을 던졌다.

명상을 시작한 지 2년 정도 지나자 마음의 창이 훨씬 맑아졌다. 두려움도 사라졌다. 20년 전 폭포수 아래에서 온몸이 감전된 것 같은 전율이 자주 느껴졌다. 나는 이를 견디는 법을 배웠고 그다음에는 그 현상을 순수한 신체적 기쁨으로 받아들였다.

어느 날, 평소처럼 야외에서 명상에 잠기기 전 문득 내 몸에 새 모이를 뿌려야겠다는 생각이 들었고 그렇게 했다. 내 무릎에 새 한 마리가 날아와 호기심 어린 눈으로 내 눈을 빤히 바라봤다. 그 순간 베아트리체의 사랑이 단테의 기억을 사라지게 한 것처럼, 새의 사랑에 나 자신이 사라지는 기분이 들었다. 머지않아 하늘을 날던 새들이 내 머리 위에 멈춰 서서 나를 향해 다가와 작은 발을 내 몸에 딛는 경험에 익숙해졌다. 하루는 줄다람쥐 두 마리가 내 손에서 엎치락뒤치락하며 마치 작은 씨름 선수들처럼 영역 다툼을 벌이기도 했다. 내 인생 최고의 순간들이었다.

때론 땅 자체에서 맑은 울림이 들리기도 했다. 내 시야는 자주 바뀌었고, 숲 전체가 빛 세례를 받은 듯 보이기도 했다. 시간은 멈추기도 했고 역행하기도 했으며 뒤집히기도 했다. 하루는 '이 몸으로 아이를 셋이나 낳았다니 이상하기도 하지'라는 생각이 들었다가 이내 그것이 사실이 아님을 깨달았다. 우리 몸의 원자는 7년마다 교체되기 때문에 내가 아이들을 낳았을 때의 원자는 지금 내 몸에 하나도 없다. 내 몸은 하나의 고체가 아니라 의식 주위를 끊임없이 소용돌이치며 변화하는 분자들의 집합체다.

문화에서 멀리 동떨어져 산 지 몇 년 후 나는 모든 것을 이런 방식으로 보기 시작했다. 이때부터 지금까지 온 우주가 '지금'이라 불리는 무한한 화면에 투영된 상처럼 보였고, '지금'이야말로 유일하게 현존하는 물질적인 무언가로 보였다. 미래는 이곳에 없고 세상은 매 순간 유구히 과거로 흘러가 돌이킬 수 없이 사라진다. 진정한 것은 그렇게 완전히 사라질 수 없다.

숲으로 이사 온 후 나는 정말 이상해졌다. 기존의 문화를 토대로 쌓은 신념들이 홀연히 사라졌다. 신념이 사라진 자리에는 인간의 의식과 우주의 다른 측면들이 끊임없이 상호작용하며 서로 연결된 자애로운 현실에 대한 지각이 자리 잡았다.

천국의 평화를 얻는 법

○

자메이카에 사는 친구가 자신도 '과학으로는 설명할 수 없는' 경험을 몇 번 했다고 내게 말했다. 내 경험을 말했더니 그 친구는 큰 한숨을 쉬더니 이렇게 말했다.

"맙소사! 나만 미친 게 아니구나!"

이 짧고도 멋진 말은 '이 세상에서 나만 혼자 미친 채 살지는 않겠구나!'라는 뜻이리라. 우리는 이 세상이 집요하리만치 기계적이고 물질적이지만 그래도 이 기이한 경험이 나만의 일은 아니라는 좋은 증거를 찾은 것이다. 나만 홀로 미친 게 아니다! 나뿐 아니라 수백만 명의 평범한 사람들이 이렇게 우주와 연결되는 듯한 현실을 경험한다.

2018년 제러미 클리프톤Jeremy Clifton을 필두로 한 심리학자들이

5년간의 연구 결과를 발표했다. 연구 내용은 어마어마한 인터넷 데이터를 분석해 인간 행동 방식의 주요 흐름을 파악하는 것이었다. 이 연구팀은 우리 문화가 우주를 위험하고 두렵고 무의미한 공간으로 보는 집단과, 안전하고 매혹적이고 살아 있는 공간으로 보는 집단으로 나뉜다는 사실을 발견했다. 이들은 이 두 관점을 '원초적 세계관'이라고 부른다. 그리고 인간의 인식이 신념 체계에 따라 선택적으로 투영되고 해석되기 때문에 양쪽 진영의 사람들은 저마다 세계관을 뒷받침할 증거를 충분히 찾을 수 있다고 한다.

캘리포니아로 이사 왔을 때만 해도 나는 내가 살던 문화에서 '정상적' 범주에 속하는 원초적 세계관을 가지고 있었다. 나 자신을 육체적 존재로 여겼고 늘 두려웠으며 다른 인간과 마찬가지로 언젠가는 죽을 운명이라고 생각했다. 하지만 캘리포니아 숲에서 5년 동안 온전함을 추구하면서 다른 원초적 세계관을 갖게 되었다. 나를 둘러싼 모든 것이 안전하고 매혹적이며 살아 있는 존재로 느껴진 것이다. 이 관점에서 보면 우리는 모두 단테가 말한 '존재의 큰 바다lo gran mar de l'essere'에 뒤섞여 있다. 완전히 통합되고 완벽하게 독창적인, 끊임없이 소통하는 바다에.

이런 내적 변화를 겪으면서 삶은 그동안 내가 갈망했던 것들을 점점 더 많이 베풀어주었다. 그리고 나는 우주가 이렇게 돌아간다고 상상하기 시작했다. 인간이 뭔가를 갈망할 때마다 힘을 가진 존재Powers That Be가 즉각 그것을 보내준다. 하지만 우리가 주문한 것은 우리의 진짜 집 주소인 '평화'로 배송된다. '나는 평화롭게 살아야 할 사람이다'라는 문장을 다시 떠올려보자. 모든 자아가 이 개념과 조화를 이루며 몸과 마음이 평온해지는 걸 느끼는가? 절망하고 낙 담한 상태에서 아등바등할 때는 바라는 게 즉각 오지 않는 것도 이런 이유다. 부조화 상태에서는 아무것도 작동하지 않는다. 하지만 평온한 상태로 돌아가면 우리가 주문한 것들은 우리에게 온다.

결론은 이렇다. 평화는 우리의 고향이다. 온전함은 고향으로 가는 길이다. 그곳에서 우리가 바라는 모든 것을 만날 수 있다.

숲에서 거의 아무와도 연락하지 않고 지내는 동안에도 현실 세계에서 책을 통해 몇몇 정신적 스승들을 만났다. 바이런 케이티와 스티븐 미첼은 방송 촬영을 하며 만났다. 케이티는 모든 일정을 취소하고 나를 숲속 우리 집으로 데려다주었다. 우린 그날부터 친구가 되었다. 오랜 세월 그녀의 책을 읽어왔던 터라 케이티와 친구가 되었다는 사실은 지금 생각해도 놀랍다. 케이티와 친구가 된 뒤 얼마 지나지 않아 또 다른 정신적 스승인 아니타 무르자니와 인터뷰 일정이 생겨 애리조나주로 가게 되었다.

이 모든 일이 내게는 마법처럼 느껴져도, 서로 관심사가 같은 사람들이 사회적 관계를 맺는 것은 마법이 아닐 수도 있다. 하지만 내가 사랑하는 다른 존재들, 특히 야생 동물들은 점점 더 놀라운 방식으로 나와 소통을 지속했다. 그 동물들은 내가 부르면 왔다. 소리나 휘파람으로 부른 것이 아니다. 오직 상상만으로 부른 것이다.

론돌로지에서는 이런 일이 일상다반사였지만 그곳 아프리카에는 주위에 야생 동물들이 워낙 많기도 했다. 내가 아니타 무르자니를 만난 세도나 리조트는 그렇지 않았다. 리조트에 도착해 인터뷰를 하루 앞둔 날 밤, 나는 문득 애리조나 사막에서 페커리peccary(멧돼지와 비슷하게 생긴 동물―옮긴이)의 일종인 자벨리나의 흔적을 본 기억이 났다. 자벨리나는 온몸에 털이 난 작은 돼지와 비슷하게 생겼다. 어둠 속을 응시하던 나는 애리조나에 머무는 동안 자벨리나가 보고 싶다는 생각이 들었다. 하지만 다음 날 이른 시간에 인터뷰 일정이 있었고, 인터뷰를 마치면 리조트에서 곧장 공항으로 갈 예정이었다. 아쉬웠다.

다음 날 아침 일찍, 나는 눈부시고 사랑스러운 여인인 아니타와의 인터뷰를 마쳤다. 그런데 누군가 호텔 문을 두드렸다. 조수가 누군지 확인하러 나갔는데 문밖에는 아무도 없었다. 정확히 말하자면 사람은 없었다. 그곳에는 근사한 수컷 자벨리나가 서 있었다. 마치 '당신이 부른 거예요?'라고 말하듯 내 쪽을 빤히 보면서. 조수는 소리를 질렀다.

"돼지다!"

우린 혹여라도 이 수줍음 많은 야생 동물이 숲을 향해 달려가다가 우리 쪽을 흘끗 봐주지 않을까 기대하며 창문으로 달려갔다. 하지만 창문 밖에 자벨리나는 보이지 않았다. 자벨리나는 여전히 호텔 문 앞에 서 있었다. 우리는 문을 열었다. 자벨리나는 꼼짝도 하지 않았다. 우리 일행은 조심스레 밖으로 나갔다. 불과 몇 발짝 앞에 서 있는 커다란 몸집의 수컷 자벨리나는 혼자가 아니었다. 그 자벨리나 뒤로 스무 마리가 넘는 자벨리나들이 있었다. 그들은 어슬렁거리며 선인장을 우적우적 씹어 먹으면서 사랑스러운 새끼 자벨리나들을 돌보고 있었다. 그때 한 호텔 직원이 주먹을 불끈 쥐며 말했다.

"자벨리나는 공격적인 동물이에요. 아주 사나워요!"

어쩌면 그 직원의 현실 세계에선 그 말이 맞을지도 모른다. 하지만 내 현실 세계에서 자벨리나는 깨달음의 존재이자 천국의 동반자였다.

어쩌면 그 리조트는 내가 가기 전부터 자벨리나들의 주요 활동 공간이었을 수도 있다. 하지만 자벨리나는 그 큰 리조트 어디든 갈 수 있었다. 그런데도 그 많은 호텔 건물 중에서, 그 많은 호텔 객실 중에서 하필 우리가 있는 곳으로 왔다. 마치 영화 〈카사블랑카〉의 한 장면처럼. 그 덩치 큰 동물이 어떻게 문을 두드렸는지는 지금도 알 수 없다.

또 다른 이야기도 있다. 와이오밍에 길게 뻗은 야생의 들판 사이를 운전하며 갈 때의 일이다. 나는 운전하며 가다가 문득 이런 생각이 들었다. '그러고 보니 가지뿔영양을 한 번도 본 적이 없네. 오늘 한번 보고 싶다.' 그때 찌르르하고 낯선 느낌이 들었다. 마치 손을 움직이는데 그 손이 몇 킬로미터 떨어진 곳에 있는 기분이었다.

몇 시간 후 끝없이 펼쳐진 거대한 하늘 같은 대초원을 운전하며 지나가는데 지평선 너머 흰색 물체가 드문드문 보였다. 나는 차를 세우고 좀 더 자세히 들여다봤다. 단박에 그 흰 물체의 정체를 알 수 있었다. 가지뿔영양 떼가 구름처럼 먼지를 일으키며 달려가고 있었다. 가지뿔영양 떼는 내 차를 향해 곧장 달려왔다. 그 넓은 평원에 사람이라고는 나 하나뿐이었다. 차를 향해 돌진해오던 가지뿔영양 떼는 내 차 앞에서 멈췄다. 숨을 쉬느라 콧구멍을 벌름거리며 천사 같은 눈망울로 조용히 나를 바라보는 가지뿔영양들은 이렇게 말하는 듯했다. '당신이 부른 거예요?' 나는 눈물을 흘렸다.

한번은 가족들과 함께 론돌로지 교외를 차로 이동하다가 사자 무리가 있는 곳에 차를 세웠다. 뚜껑이 열리는 차였고 애덤은 조수석에 앉아 있었다. 조용히 차에 앉아 있는데 거대한 수컷 사자 한 마리가 일어나더니 우리 쪽으로 오기 시작했다. 사자는 애덤과 코가 닿을 정도로 가까운 거리까지 왔다. 솔직히 고백하자면 그 황금색 연쇄살인마가 내 아들의 눈을 빤히 쳐다봤을 때 조금 무서웠다. 하지만 훗날 애덤에게 사자가 무섭지 않았냐고 묻자 애덤은 이렇게 대답했다.

"아뇨. 전혀 무섭지 않았어요. 사자를 느끼고 있었거든요. 사자도 나를 느꼈고요."

"아, 그래? 사자는 어떤 느낌이었어?"

"사자들이 늘 느끼는 느낌이죠."

"그래? 사자들은 늘 어떤 느낌인데?"

"평화로움이요."

애덤이 옳았을 것이다. 애덤과 사자 모두 순수한 온전함, 완벽한 평온함 속에 있었기에 서로를 느낄 수 있었을 것이다. 이 존재의 바다에서 애덤과 사자는 연결된 동시에 개별적으로 존재했다. 단테는 천국의 사람들은 서로 어우러지며 평화의 상태를 공유하므로 굳이 언어로 소통할 필요가 없다고 말했다. 그곳에서 사람들은 서로 이해한다. 순수한 온전함에 점점 더 가까워질수록 마음의 창은 점점 더 투명해지고, 그렇게 되면 모든 것을 사랑하게 된다. 그리고 모든 것을 향했던 사랑은 자신에게로 되돌아온다.

우리는 모두 연결되어 있다

○

하루는 숲에 앉아 있는데 머릿속에 들릴락 말락 한 작은 목소리가 들려왔다. 그 소리는 또렷하게 이렇게 말했다.

"네 이름은 고요stillness야."

순간 보이지 않는 손이 내 마음을 붙잡아 깊디깊은 곳, 마음의 중심에 있는 무한히 작은 점으로 끌고 내려가는 기분이 들었다. 그곳에는 완전한 고요함이 있었다. 이전에는 한 번도 느껴보지 못했던 고요였다. 내 어휘로 그 고요를 설명할 수 있는 말은 '해소'다. 마치 오랜 갈증 뒤 달고 순수한 물을 마시는 기분이었다.

그 후 '네 이름은 고요야'라는 말이 마법의 암호처럼 작용하기 시작했다. 나는 그저 마음속으로 이 문장을 되뇌면서 마치 진주를 찾는 잠수부처럼 이전에 도달했던 그 무한히 작은 점을 향해 내려가기만 하면 되었다. 절대 변하지 않는, 늘 새롭고 신선한 그 지점으로. 장담컨대 만약 이런 기분을 느끼게 해주는 마약이 이 세상에 있다면 나는 당장이라도 그 마약을 할 것이다. 당신도 꼭 이런 기분을 느껴봤으면 좋겠다.

하루는 호주의 작가 로언 맨건Rowan Mangan이 숲속 우리 집을 찾아왔다. 그의 방문이 무척 반가웠다. 론돌로지에서 만나자마자 급속도로 가까워진 친구이기 때문이다. 우리는 둘 다 사회과학 분야의 학위를 받았고 '에덴 회복'이라는 론돌로지의 프로젝트에도 깊은 관심이 있었으며 문학적 관심사도 같았다.

우리 집에 온 지 며칠 되던 날 로언은 내게 직접 쓴 시를 보여주었다. 제목은 '전환The Turning'이었다. 이 시는 먼 미래에서 온 신성한 존재가 인간이 세상을 거의 파괴했던 시대를 회상하는 내용이다. 미래의 전능한 인물인 화자는 현재 우리가 사는 시대를 이렇게 묘사한다. "그대들은 이 세상을 갈기갈기 찢었고, 나는 그것을 지켜봤지. 공기는 점점 탁해지고, 해수면은 점점 높아졌어." 그러다 훼손된 지구가 거의 돌이킬 수 없는 지점까지 왔을 때 인간이 바뀌기 시작한다.

마지막에 무슨 크나큰 영감이 그대를 바꾸었나?
무엇이 그대들을 허물었는지
어떤 재앙인지, 어떤 외침인지
혹은 어떤 은총인지
나는 알지 못하겠지

404

하지만 그대들이 하나가 되어 무릎을 꿇은 모습은 장관이었다네.

그대들은 배고픔을 땅 위에 내려놓고

널브러진 낡은 논리들 사이에,

잔인함과 탐욕의 시체 옆에

그것을 남겨두었지.

…그러고 나서 위대한 파괴의 순간이 왔지

모두의 이름이 고요인 곳에서.

(중략)

이 시는 계속 이어지지만 로언이 위 구절을 읽었을 때 나는 온몸에 전율이 돋았다. 이제는 무척이나 친근해진 전율감이었다. 나는 명상을 하다가 '네 이름은 고요야'라는 목소리를 들은 후 몇 달 동안 하루도 빠짐없이 이 말을 되뇌었다. 하지만 다른 사람에게는 한 번도 이 마법의 암호를 말한 적이 없었다.

"저 구절, '모두의 이름이 고요인 곳'이라는 말은 어떻게 떠올린 거야?"

나는 로언에게 물었다.

"나도 모르겠어. 그냥 상상 속에서 떠올랐어."

육체적 한계가 없는 육체적 존재의 상상력이 어쩌면 나를 자벨리나나 가지뿔영양 같은 동물과 교감하게 해주었듯이 다른 인간과도 교감하게 해주었는지 모른다. 서로 지구 반대편에 사는 나와 로언은 어쩐 일인지 상상의 영역을 공유하고 있었다. 어쩌면 깨달음의 프랙탈이 확산되기 시작해 마음을 맑게 하고 다른 사람에게 그 빛을 전달하는 것도 우리의 상상 속에서 벌어지는 일일 수도 있다.

상상력은 개인의 삶과 모든 생명체의 삶, 모든 의식 속에서 천국을 찾는 열쇠인지도 모른다. 단테 역시 그렇게 생각했던 것 같다. 《신곡》의 천국편에서 단테는 "우리의 감각을 초월하는" 아름다움을 묘사하려면 상상력을 이용해야 한다고 정확하게 말했다. 그는 세 번 연속 '상상해보라'라는 표현을 사용하며 빛나는 별과 입자들의 황홀한 자태를 묘사한다. 그리고 우리에게 "내가 말하는 동안 뿌리 깊은 탑처럼 이미지를 간직하라!"라고 주문한다. 이 문장을 통해 시인 단테는 우리가 인지하는 것은 천국에서 본 이미지의 그림자와 비슷하다고 말한다.

단테가 보여주는 이미지는 깨달음을 경험한 사람들이 묘사하는 우주의 상과도 유사하다. 고대 불교 승려들은 '인드라의 그물'(인다라망因陀羅網)이라는 상징적 이미지를 통해 현실 구조를 묘사했다. 사방으로 무한히 뻗은 다차원의 거미줄을 상상해보라. 거미줄이 교차하는 곳마다 다면체의 다이아몬드가 걸려 있다. 모든 다이아몬드는 스스로도 빛을 내지만 다른 다이아몬드가 내는 빛을 반사하기도 한다. 그리고 반사된 다이아몬드는 모두 다른 다이아몬드의 반영이다. 이 패턴이 상상할 수 없이 작은 차원부터 가늠할 수 없이 큰 차원에 이르기까지 다양한 크기로 무한히 반복된다.

구원으로서의 상상

○

거미줄에 맺힌 다이아몬드의 이미지는 매우 아름다울 것이다. 하지만 실제 우리의 삶과 거미줄의 다이아몬드가 무슨 상관이 있을까? 단테와 선각자들은 어쩌면 이 상상이 우리의 실제 삶이라고 말하는지도 모른다. 우리가 보는 방식에 따라 원초적 세계관은 우리에게 위험하고 두렵고 무의미한 우주를 보여주기도 하고, 안전하고 매혹적이며 살아 있는 우주를 보여주기도 한다.

인간이 이전 세대의 감각을 뛰어넘는 현실을 만들 수 있는 것도 이런 이유다. 듣도 보도 못한 무언가를 상상하고 '뿌리 깊은 탑처럼 이미지를 간직'하는 것이야말로 역사가 시작된 이래로 인류가 사용해온 마법이다. 이런 방식으로 고대 메소포타미아 문명은 최초로 쐐기문자(설형문자)를 발명했다. 쐐기문자 덕분에 중국의 누군가는 조판 인쇄 아이디어를 떠올렸다. 이 아이디어 덕분에 스티브 잡스는 주위 동료들에게 소리 지르고 야단치며 그들을 반쯤 미치게 만들어 '미치도록 위대한' 장치를 만들었다. 오직 그의 마음속 눈으로만 볼 수 있었던 장치를 말이다.

지금 나는 이 상상의 산물인 문자와 인쇄와 아이폰 앱을 사용해 내 생각을 전달하고 있다. 이것은 마법이 아니라 마법에 엄청나게 가까운 그 무엇이다.

이 시점에서 무언가 우리를 구원해줄 수 있다면 그것은 완벽에 가깝게 마음을 맑게 해서 복합적인 문화적 창조물을 초월하는 그 무엇을 보고, 그 이미지를 확고히 간직하고, 세상이 그 중심으로 돌아가게 하는 일종의 마법일 것이다. 우리를 고통과 자기 파괴에서 벗어나게 했던 그 과정이 점점 더 많은 사람에게 퍼져 온 인류가 이전보다 훨씬 큰 깨달음을 얻은 존재로 변모할 수도 있다.

다음은 당신의 상상을 현실로 만들기 위한 훈련이다. 어쩌면(나는 이것을 믿지 않지만 그렇다고 아예 믿지 않는 것도 아니다) 이 훈련은 명상이라는 걸 통해 당신이 모든 것과 교감하도록 도울지 모른다.

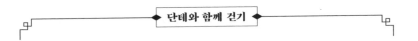

◆ 단테와 함께 걷기 ◆

상상을 현실로 만드는 상상하기

이전 장에서 나는 당신에게 마음을 창문이라고 상상하면서 온전함을 추구하는 과정을 창을 닦는 과정으로 상상해보라고 했다. 이훈련에서도 무언가를 시각화하는 과정은 비슷하지만 앞에서 언급했던 것보다 훨씬 더 복잡하고 구체적인 상상을 하게 될 것이다. 조용한 장소에서 혼자만의 시간을 마련해 다음 단계들을 밟아나가길 바란다.

1단계

인드라의 그물을 볼 수 있다고 상상해보자. 다차원으로 얽힌 그물망이 사방으로 무한히 뻗어 있다. 그리고 그물이 교차하는 지점마다 투명하게 반짝이는 다이아몬드가 맺혀 있다. 다이아몬드마다 무한한 정보가 담겨 있으며 모든 다이아몬드는 저마다 고유의 빛을 뿜어내며 빛난다. 각각의 다이아몬드는 다른 모든 다이아몬드가 뿜어내는 빛을 반사한다.

2단계

자신이 인드라의 그물에 맺힌 다이아몬드 중 하나라고 상상해보자. 그 다이아몬드에는 수천 개의 면이 있다. 자신의 가장 본질적인 본성은 완벽하게 순수하고 맑은데 다이아몬드의 면에 진흙(실수나 망상)이 묻어 있다고 생각해보자. 그 진흙 때문에 자신의 눈부신 광채를 밖으로 발산하지 못하며 주위의 다른 다이아몬드가 뿜어내는 빛을 반사하지 못하고 있다.

3단계

실수를 바로잡고 온전함을 추구할 때마다 다이아몬드에 묻은 진흙이 떨어져 나간다고 상상해보자. 인드라의 그물 전체에서 더 많은 빛을 뿜어낼수록 우주는 완전해진다. 다른 모든 다이아몬드가 뿜어내는 빛도 반사할 수 있다. 완벽한 온전함에 가까워질수록 자신이 바깥으로 뿜어내는 빛은 더욱 찬란해지며 내면에는 더욱 완벽한 아름다움이 흡수된다.

4단계

다이아몬드인 자신이 완벽하게 깨끗한 상태에 도달했다고 상상해보자. 이 시점에서는 자신이 하는 모든 생각이 즉각 인드라의 그물

바깥으로 빛이 되어 뻗어나가서 우주 전체를 찬란하고 눈부시게
빛낸다.

5단계

마음속에 확고히 품고 있는 모든 것이 이전에 한 번도 존재하지
않았던 새로운 것, 새로운 생각을 창조해낸다고 상상해보자. 완벽
하게 깨끗한 상태에 도달하면 우리의 삶은 자신에게서 떠오른 새
로운 것들을 반영하지 않을 수 없다. 인드라의 그물은 그 새로운
무엇을 즉각 인식해 상상으로 존재했던 모든 것에 형태를 부여할
것이다.

6단계

자신에게, 사랑하는 사람에게, 세상에 일어날 수 있는 가장 좋은
일을 상상해보자.

7단계

그보다 더 나은 것을 상상해보자.

8단계

그보다 더 나은 것을 상상해보자.

9단계

그 상상을 뿌리 깊은 탑처럼 간직하라. 글로 적어보라. 그림으로도
그려보라.

이제 무슨 일이 벌어지는지 지켜보자.

지금, 이 순간에 존재하라

수십 년 동안 점점 더 많은 철학자와 학자들이 인류가 '의식의 전환' 가장자리에 있다고 주장하고 있다. 에크하르트 톨레는 이를 바이러스 확산에 비유해 설명한다. 처음에는 여기저기서 사례가 나타나기 시작하고, 그다음에는 가까운 사람들에게 군집 형태로 나타나다가 폭발적으로 커져서 마침내 지구상 모든 사람에게 영향을 미칠 것이라고 말이다. 2020년에 우리는 바이러스가 폭발적으로 커져서 전 세계로 확산되는 것을 봤다. 인터넷 영상과 아이디어도 이와 비슷하게 퍼지는 현상을 자주 목격했다. 만일 온전함을 추구하는 사람들의 수가 임계점에 도달하면 깨달음이 폭발적으로 일어나는 광경을 보게 될 수도 있다.

나는 인류가 스스로 만든 지옥에서 곧 멸망할 것이라는 시나리오보다는 깨달음이 폭발적으로 일어나는 시나리오를 상상하는 편이 훨씬 좋다. 만일 정말로 인류의 의식 전환이 일어난다면 우리는 건설이 아닌 붕괴를, 더 열심히 생각하는 게 아니라 덜 생각하는 태도를 추구할 것이다. 노자의 말대로 "학문을 연구하는 것은 매일 무언가를 보태는 것이요, 도를 닦는 것은 매일 무언가를 덜어내는 것이다."와 맥락을 같이한다고 보면 된다.

온전함이 마음을 깨끗하게 할 때, 우리는 어설프고 복잡한 언어와 문화를 초월해 우리 자신의 진정한 본성, 모든 것의 진정한 본성에 담긴 무한한 지성에 동참하게 된다. 그렇게 되면 생각조차 하지 않았던 해결책을 만들어낼 수 있다.

단테가 그랬듯, 우리는 우리의 상상력이 도달하지 못했던 곳까지 온전함의 여정을 계속 이어나갈 것이다. 단테가 《신곡》의 천국편 서두에서 독자들에게 돌아가라고 경고했던 것을 기억하는가? 그는 아무도 항해해본 적 없는 바다로 나아가면서 일단 그 바다를 항해하기 시작하면 멈출 수 없다고 직설적으로 말한다. 《신곡》의 후반부에서 단테는 현실의 보편적 인식 차원을 넘어 시공간을 초월한 곳을 여행한다.

이 작품의 마지막 부분에서 단테가 사용한 문학적 장치는 로언 맨건의 시에서도 나타났다. 이들은 모두 과거 시제를 현재 시제로 바꾼다("그리고 나서 위대한 파괴의 순간이 왔지/모두의 이름이 고요인 곳에서."). 단테의 작품에서도 단테가 우주의 궁극적 원천에 가까워졌을 때, 즉 천국의 정점에 가까워졌을 때 이런 표현이 나온다. 그는 이 우주의 원천을 영원한 장미로 묘사한다. 이 묘사는 기독교보다는 동양에서 만물의 개념을 진흙에서 피어나는 연꽃에 비유한 것과 비슷하다.

단테의 인식이 형언할 수 없이 눈부시게 펼쳐진 빛과 연결되기 시작하면서 그의 언어는 과거 시제에서 현재 시제로 바뀐다. 단테는 더 이상 과거에 일어났던 일들을 말하지 않고 지금 일어나는 일을 말한다. 바로 지금 이 순간에 일어나는 일들을.

나는 단테가 《신곡》을 완성한 시기인 1320년을 '지금'이라고 말하지는 않았다고 생각한다. 내 생각에는 그가 이 서사시의 마지막을 쓸 때 종이를 넘기면서 독자들을 똑바로 바라봤다고 생각한다. 지금, 이 순간, 이 책을 읽고 있는 당신을. 그는 영원한 현재로 접어들었다. 여기서 '영원'은 긴 시간 지속되는 무엇을 의미하는 것이 아니라 시간을 초월한 그 무엇을 의미한다. 단테가 빛과 같아졌으며 시간이 존재하지 않는 빛의 속도에 도달했음을 잊지 마라. 광양자는 역사의 모든 순간에, 모든 공간에 존재할 수 있다.

우리가 '지금'이라고 부르는 순간은 영원의 평면과 시간의 평면이 교차하는 지점과 같다. 바로 지금 이 순간 우리는 한 평면에서는 시간이 무한히 뻗어나가고, 또 다른 평면에서는 영원이 무한히 뻗어나가는 것을 볼 수 있다. 단테는 이곳에 존재한다. 영원한 지금에. 우리 모두 이곳에 존재하기 때문이다. 우리는 개별성을 잃고 무한히 다양하지만 완전히 통합된 그 무엇에 섞여들었다. 지금도 존재하고, 앞으로도 영원히 존재할 것이고, 과거에도 존재했던 모든 것과 함께인 궁극의 온전함에.

따라서 우리는 저마다 자신의 시간을 살아가고, 마음과 삶의 면을 맑게 닦고, 혼란과 우울에서 벗어나 명료함과 기쁨을 누리고 있지만 우리의 일부는 이미 단테가 지금 이 순간 우리를 향해 직접 쓴《신곡》의 영원한 평면에 함께 있다. 우리는 수백 년을 초월해 지금 우리를 보고, 지금 우리를 이해하며, 지금 우리에게 용기를 주는 공감의 눈들과 만날 수 있다. 우리는 과거 수백만 번의 우여곡절을 겪은 삶들, 역사 속 십자군 전쟁과 역병과 세계대전과 달 착륙을 볼 수 있다. 우리는 모두 하나이기 때문에, 하나의 존재이기 때문에 각각의 경험은 모두의 경험이다.

이 지점은 단테가 "아무리 높은 상상력이라도 실패한다."라고 말했던 지점이다. 이 지점에서 해야 할 일은 오직 하나, 마지막 실수를 놓아주는 것이다. 우리가 상상하는 물질의 조각들과 우리의 관념을 초월해 모든 것을 포용하는 진리 사이에 어떤 구분이 있으리라는 믿음을 버리는 것이다. 우리가 우리 자신 안에 고립되어 있다는 거짓말을 완전히 버릴 때 우리는 단테와 모든 사람, 모든 것과 함께할 수 있다. 우리가 멸망 위기에 처한 지구에서 죽을 운명을 안고 살아가는 미약한 존재라는 생각은 잊자. 그리고 기억하자. 우리는 '태양과 별들을 움직이는 사랑 l'amor che move il sole e l'altre stelle'이라는 사실을.

◆ 감사의 글 ◆

이 책을 쓰는 데 도움을 준 많은 사람에게 이토록 감사했던 적이 없다. 우선 기꺼이 자신의 경험담을 나눠 준 모든 고객과 내 방식을 연구하며 따라준 동료 코치들에게 진심으로 감사한다. 같은 생각, 같은 마음을 가진 이들과 온전함을 추구하는 여정은 더없는 기쁨이었다. 어쩌면 많은 사람이 이 책에 소개된 이야기에서 자신의 모습을 발견했을지도 모른다.

이 책을 쓰는 동안 끝없는 응원과 지지를 보내준 멋진 우리 팀원들에게도 감사한다. 2020년 팬데믹으로 우리 삶에 큰 변화가 불어닥쳤을 때도 이들은 멈추지 않고 계속해서 나를 도와주었다. 제니퍼 보스, 카르멘 슈레플러, 크리스티나 브랜트, 라라 앤도프 그리고 '기적의 산증인' 제니퍼 팔치에게 깊이 감사한다. 우리는 12가지 모험을 함께했고 이들은 그 누구보다도 뛰어나고 성실한 동료들이었다.

감사하게도 나는 세계 최고의 스승들에게 지도를 받았다. 특히 바이런 케이티, 아니타 무르자니, 래리 J., 알렉산드라 바르보는 내 삶의 중심과 이 책의 모든 지면을 관통하는 귀중한 지혜를 나눠 주었다.

운 좋게도 내게는 가족이나 다름없는 친구들도 있다. 특히 폴라 키오, 레니오 메이프레디, 수전 케이시, 제니퍼 존슨, 카티야 엘크, 바티 가족, 마리아 슈라이버 모두가 눈부신 영혼과 빛나는 마음, 아름다운 영혼을 지닌 이들이다.

훌륭한 문학팀이 있다는 사실에도 감사한다. 나의 에이전트인 린다 로웬탈은 이 책 제안서만 보고도 흔쾌히 받아들여 주었으며, 수없이 초고를 들여다보면서 내가 더 나은 글을 쓰도록 영감을 주는 아이디어를 제공했다. 패멀라 도먼과 제러미 오턴은 이 프로젝트를 믿고 2020년 코로나19로 도시가 락다운된 상태에서도 교정 작업을 해주었다. 최악의 시기에 그들이 보여준 끈기와 헌신에 감사한다. 캐런 와이즈는 그 이름대로 현명하게 내 실수를 바로잡고 고쳐주었다. 모두에게 깊이 감사한다.

나는 나의 다음 세대 가족들이 촘촘하고도 넓게 짠 애정의 그물에 살고 있다. 애덤 벡, 엘리자베스 벡, 샘 벡, 캣 포스터, 스콧 포스터. 재능 있는 작가인 샘은 내 초안을 읽어주고 귀한 조언을 해주었다. 캣은 예리한 편집자의 눈으로 몇 차례 교정본이 나오는 동안 내 글과 생각을 바로잡아 주었다. 그대들은 정말 멋진 가족이다. 온 마음을 다해 사랑한다.

스티븐 미첼은 내가 수십 년 전 그의 책을 읽은 후부터 줄곧 내게 특별한 관심을 보이며 지도를 해주었다. 스티븐의 용기와 우리의 우정이 없었다면 이 책은 나오지 못했을 것이다. 스티븐은 나와 많은 대화를 나누며 나만의 독창적인 생각을 이끌어주었고 내 생각과 글이 더욱 차별성을 갖도록 해주었다. 세계 최고의 영적 지침서를 쓴 사람에게 그토록 많은 시간과 관심을 받을 수 있으리라고는 상상도 하지 못했다. 나는 그것을 기적이라 부르고 싶지만 아마 스티븐의 까다로운 기준을 통과하지는 못할 것이다. 그저 내 진심 어린 사랑과 감사를 표현하는 것으로 만족해야겠다.

사랑하는 친구 엘리자베스 길버트는 이 책이 나오는 데 정말 큰 도움을 주었다. 코로나19로 락다운된 상황에서 전화기를 붙잡고 이 책 전체를 읽어주는 내내 열심히 들어주었고 몇몇 단어는 자신의 일기장에 있던 멋진 표현으로 바꿔주기도 했다. 엘리자베스는 내가 아는 사람 중 가장 헌신적으로 온전함을 추구하며 영혼의 빛으로 세상을 비추는 사람이다. 고마워, 엘리자베스! 넌 늘 눈부시게 빛날 거야!

마지막으로, 내 사랑하는 동반자 캐런 게르데스와 로언 맨건에게 깊이 감사한다. 캐런은 오랜 세월 동안 내 생명줄이자 내 피와도 같은 존재다. 로언은 놀라운 마음, 정신, 재능, 헌신으로 이 책과 내 삶을 상상할 수도 없이 훌륭하게 만들어주었다. 캐런과 로언,

이들과 함께 있는 한 나는 온 우주가 안전하고 매혹적이며 살아 있다고 느껴지는 거대한 존재의 바다에 흠뻑 빠질 수 있다.

만약 내가 인생의 어느 시점에 이 모든 사람을 만나리라는 사실을 알았더라면 온전함을 추구하는 여정이 그렇게 어렵다고는 느끼지 않았을 것이다. 이 책을 읽는 당신의 걸음걸음마다 행운이 가득하기를.

The Way of
Integrity

어두운 숲길을 단테와 함께 걸었다

초판 발행 · 2022년 10월 28일
초판 2쇄 발행 · 2023년 1월 9일

지은이 · 마사 벡
옮긴이 · 박여진
발행인 · 이종원
발행처 · (주)도서출판 길벗
브랜드 · 더퀘스트
주소 · 서울시 마포구 월드컵로 10길 56(서교동)
대표 전화 · 02)332-0931 | **팩스** · 02)323-0586
출판사 등록일 · 1990년 12월 24일
홈페이지 · www.gilbut.co.kr | **이메일** · gilbut@gilbut.co.kr

책임편집 · 송은경(eun3850@gilbut.co.kr), 유예진, 정아영, 오수영 | **제작** · 이준호, 손일순, 이진혁
마케팅 · 정경원, 김진영, 최명주, 김도현, 이승기 | **영업관리** · 김명자 | **독자지원** · 윤정아, 최희창

디자인 · 어나더페이퍼 | **조판** · 정희정 | **교정교열** · 김순영
CTP 출력 및 인쇄 · 금강인쇄 | **제본** · 금강제본

- 더퀘스트는 (주)도서출판 길벗의 인문교양·비즈니스 단행본 브랜드입니다.
- 이 책은 저작권법에 따라 보호받는 저작물이므로 무단전재와 무단복제를 금합니다. 이 책의 전부 또는 일부를 이용하려면 반드시 사전에 저작권자와 (주)도서출판 길벗(더퀘스트)의 서면 동의를 받아야 합니다.
- 잘못 만든 책은 구입한 서점에서 바꿔 드립니다.

© Martha Beck
ISBN 979 -11- 407-0172-8 (03190)
(길벗 도서번호 090191)

정가 19,800원

독자의 1초를 아껴주는 정성 길벗출판사
(주)도서출판 길벗 | IT교육서, IT단행본, 경제경영서, 어학&실용서, 인문교양서, 자녀교육서 www.gilbut.co.kr
길벗스쿨 | 국어학습, 수학학습, 어린이교양, 주니어 어학학습, 학습단행본 www.gilbutschool.co.kr